中国企业
信用建设报告
（2018—2019）

中国行为法学会企业治理研究分会 编

王 伟 / 主编

中国法制出版社
CHINA LEGAL PUBLISHING HOUSE

总目录

总报告

分报告

上篇　企业信用制度、监管与共治

下篇　企业运行与信用建设

目录

总报告

分报告

上篇　企业信用制度、监管与共治

下篇　企业运行与信用建设

总报告

一、研究背景及逻辑结构

《左传》有云，“信，国之宝也，民之所庇也”。人无信不立，业无信不兴，诚信不仅是个人安身立命的根本，也是社会良序发展的基石。近年来，党和国家越发重视信用建设，我国的信用建设正向纵深发展。2018 年、2019 年“两会”国务院政府工作报告均明确提出要加强社会信用体系建设，打造共建共治共享社会治理格局，指出实施更大规模减税、着力优化营商环境和推动消费稳定增长等工作任务，须以完善的社会信用体系为保障。目前，我国正处在全面建成小康社会的决胜阶段，加快推进社会信用体系建设，对于把我国建设成为富强民主文明和谐美丽的社会主义现代化强国、实现中华民族的伟大复兴有着重要意义。

2018 年至 2019 年，我国的信用体系建设向着更高层次、更高质量发展，加强信用体系建设已经成为多方共识。信用体系建设在支撑“放管服”改革、提高金融服务实体经济的能力、维护市场秩序、优化营商环境和提升社会诚信意识等方面发挥了积极而重要的作用。

我国企业信用建设取得跨越式发展，多方合力推进企业信用建设，信用越发成为促进市场资源优化配置的有效手段之一。我国企业信用制度建设日趋完善，信用监管的实施路径进一步优化，信用机制的作用范围日渐扩大；企业信用信息平台无论是从数量上还是从质量上都取得了巨大进步，政府平台与市场平台优势互补的局面已经形成；行业协会信用建设成效显著，在加强行业自律方面发挥了重要作用；信用中介服务行业应用场景不断拓展，服务能力持续增强；与消费者权益密切相关的产品质量、食药、广告和价格四个方面诚信建设取得重要进展，消费者权益得到了更好的保护；电商、环保、能源和交通等领域的信用建设稳步推进；资本市场监管有效性和市场诚信水平方面取得更好效果。

本报告立足我国企业信用体系建设现状，在掌握大量实证材料的基础上，从多角度展现 2018 年至 2019 年我国企业信用建设的大体情况、主要做法和成效。本报告分为上下两篇，上篇以“企业信用制度、监管与共治”为主题，对我国企业信用制度与监管体系建设、企业信用信息平台建设、地方信用建设、行业协会信用建设以及信用中介服务建设进行了分析；下篇以“企业运行与信用建设”为主题，分别对企业债务履行与信用建设、消费者权益保护与企业信用建设、行业信用建设分析、上市公司信用建设进行了相应总结、提炼与归纳。本报告以多元视角分析了 2018 年我国企业信用建设的突出成就与尚存问题，并对今后我国企业信用建设提出了一些可供参考的建议。

二、企业信用制度、监管与共治

作为一项社会综合工程，企业信用建设离不开法治环境的塑造与配合。以制度为依托，完善信用监管，推动社会共治成为企业信用建设的主要路径。信用制度的顶层设计不断优化，各大信用信息平台更加完善，地方信用建设快速发展，行业协会的信用治理能力逐步提升，信用中介服务市场越发成熟。

（一）谋篇布局制度顶层设计，着眼长远发展

我国信用制度与监管体系建设全面展开，信用立法与制度建设成效显著，信用信息平台建设取得跨越式发展，各部门的信用监管制度逐步落地，信用建设向纵深发展。

在立法方面，中央立法与地方立法齐头并进。2018 年至 2019 年新修订的多部法律明确规定了信用制度，实现了信用制度与社会经济生活的高度融合，企业信用制度的顶层设计日趋完善。同时，专门的社会信用立法项目已列入十三届全国人大常委会立法规划。地方立法方面，除上海、湖北、浙江、河北等地外，其他省市的信用立法工作也在进一步推进。

在社会信用标准化体系建设方面，社会信用的标准化体系也正在形成，并在相关领域得到了广泛应用。截至 2019 年 6 月，在全国标准信息公共服务平台可检索到信用类行业标准 27 项，信用类地方标准 57 项，信用类团体标准 42 项，信用类企业标准 14 项（由非征信机构制定的某领域信用系统标准），这些标准是信用国家标准在行业、地方、团体、企业等领域必要的补充，共同构成相辅相成、互为补充的社会信用标准体系。

在信用联合奖惩制度建设方面，信用联合奖惩的相关举措不断推出，信用联合奖惩制度向纵深发展，全方位的失信联合奖惩正在展开，重点领域的治理取得积极成效。截至 2019 年 5 月底，60 多个部门共签署了 51 个联合奖惩合作备忘录，涉及慈善捐赠、婚姻登记、社会保险、政府采购、交通运输、检验检疫、文化旅游、家政服务、科学研究、知识产

权和统计等诸多领域，社会信用联合惩戒格局正在形成。

在信用修复方面，信用修复呈现出精细化、差异化的发展特性，体现了包容审慎的原则。中央部门和地方相继出台了一系列关于信用修复的相关规定，信用修复制度进一步完善，其中，涉及信用修复的部门规章 3 部，地方性法规 4 部，地方政府规章 2 部。已经形成了 4 种主要的信用修复类型：时间性修复、注释性修复、异议性修复、删除性修复。

在部门信用监管方面，随着信用建设的进一步推进，国家各部门结合本部门的工作内容，出台了一系列信用相关规定，进一步填补了相关领域信用监管的空白，为企业信用建设提供了有力支撑，对于构建以信用为核心的新型市场监管体制具有重要意义。

（二）完善信用信息平台建设，夯实监管基础

企业信用信息平台建设持续推进，呈现“遍地开花，百花齐放”之态。

基础性的国家信用平台建设趋于完善。目前我国已经形成了全国信用信息共享平台、国家企业信用信息公示系统以及中国人民银行征信系统（即金融信用信息基础数据库）三大平台鼎立的局面。全国信用信息共享平台是覆盖全部信用主体、所有信用信息类别、全国所有区域的信息化基础设施，发挥着全国信用信息共享“总枢纽”作用；国家企业信用信息公示系统自 2017 年年底全面建成以来，拓展了涉企信息在政府部门间的开放共享，实现了政府部门间注册登记备案、行政许可、行政处罚和监督检查等工作的联动响应；人民银行的征信系统在促进金融交易、降低金融风险、帮助公众节约融资成本、创造融资机会以及提升社会信用意识等方面发挥了重要作用。

专门性的信用平台相继建立。在解决司法“执行难”方面，最高人

民法院建设开通全国法院决胜“基本解决执行难”信息网，并对“中国执行信息公开网”进行了改版升级。同时，中国互联网金融协会信用信息共享平台、企业纳税信用等级查询平台、中国海关企业进出口信用信息公示平台、全国旅游监管服务平台、中国建设信用平台、全国行业信用公共服务平台、环保产业信用平台、全国水利建设市场信用信息平台、商业特许经营信用平台、“互联网 +”综合信用服务平台等专门性信息平台相继成立。

市场主体的信用平台发展迅速。央行企业征信机构备案在时隔 3 年后于 2018 年 11 月开始全面重启。截至 2019 年 2 月，全国共有 133 家备案企业征信机构，包括 132 家企业征信机构和 1 家个人征信机构，涌现出以百行征信、新华信用等为代表的大型征信企业。

（三）积极推进地方信用建设，激发信用活力

地方信用建设稳步推进，信用活力进一步激发。各地纷纷加快推进建章立制，稳步推进社会信用法律法规体系不断健全完善，为社会信用体系建设提供强有力的法治保障。

各地结合实际、多措并举、探索创新，通过培育扶持本土信用服务机构和跨区域的省级信用服务机构，加强对信用服务机构的规范管理，发展信用服务行业；充分发挥银行、企业在开发“信易贷”系列产品上的作用，创新产品和服务，一定程度上缓解了中小微企业融资难问题。

各地探索应用公共信用综合评价，精准治理、多方激励。一是立足大数据技术，拓展评价应用场景，广泛应用信息化手段，提升联合奖惩高效便捷水平。二是多途径精准治理，多方面正向激励。三是推动公共信用信息和市场信用信息融合，推进多领域多行业公共信用综

合评价全覆盖。

各地相继建立健全以信用为基础的新型监管机制，深化“放管服”改革。积极推进事前信用承诺，全面建立企业信用记录，并强化全流程信用监管。同时探索开展企业信用修复，制定地方信用修复规范，创新信用修复模式，广泛听取公众意见，严格规范信用修复程序，保障失信企业合法权益。

（四）深化行业协会信用建设，实现行业自律

行业协会信用建设继续深化，各行业协会在建立自律规约与信用承诺、重要信用信息公开、完善会员信用档案、提高信用管理能力、开展信用评价、加强信用信息归集共享、统一信用制度标准、协助红黑名单认定发布、协调信用激励和奖惩、探索信用建设创新举措等方面发挥了重大作用。

但与此同时，行业协会信用建设也存在认识普遍不足、定位存在偏差、制度供给不足、创新能力不强、行业协会信用优势未充分发掘、行业协会信用能力有待提升、行业协会主动性未充分发挥、行业协会信用透明度不高和基础设施建设支撑缺乏等问题。这些问题需要通过加强行业协会自身建设，培育行业公信力，培养行业协会信用能力和建设行业信用体系等加以解决。

（五）加快发展信用中介服务，完善信用市场

资信调查业、资信评级业、信用担保业、信用保理业、信用保险业、商账追收业等信用中介服务业制度建设不断完善，应用场景不断拓展，服务能力有所增强。随着国际贸易的不断发展，信用中介服务呈现出立

足本土、对标国际的发展趋势。以人工智能、大数据等技术为依托，信用中介服务行业将信用信息与前沿技术不断融合，开发出更实用、更贴近百姓生活的征信产品，信用信息的价值不断凸显。

未来信用中介服务行业的发展，需要多方共同努力，政府需要重点防范风险的发生，行业需要规范自身业务的开展，机构需要避免同质恶性竞争，从业人员需要不断提高自身专业能力，以确保我国信用服务市场的规模壮大发展，信用服务机构的竞争力不断增强，信用服务行业的国际影响力不断提高。

三、企业运行与信用建设

诚实守信是市场经济的道德律令，而在反复交易过程中，信任、信誉等伦理价值构成了市场经济伦理的基本内核。企业运行离不开信用机制的支撑，信用建设越发同企业发展紧密联系在一起。本部分从制度回归到企业本身，从企业债务履行与信用建设、消费者权益保护与企业信用建设、若干行业企业信用建设和上市公司信用建设四个方面切入，观察企业在运营管理、市场交易以及社会往来中的信用状况。

（一）破产重整企业信用修复逐步完善

本部分以破产重整企业信用修复为例对企业债务履行与信用建设进行了分析。破产重整企业信用修复与否，直接关系到企业破产重整成功与否，进而影响到企业的再生发展。破产重整企业信用修复应当包括信贷信用信息修复、纳税信用信息修复、工商登记信息信用修复、法院执行信息信用修复以及政府采购信息信用修复等相关内容。

对相关破产重整企业案例进行分析后笔者认为，为使重整后的企业迅速恢复生机，还需要在信用修复、适当的税收优惠等方面予以支持，使其顺利恢复生产经营活动，这是完整发挥重整制度价值的关键。在今后的制度建设中，为了进一步优化破产重组企业信用修复机制，应当从以下几个方面着手：1. 各信用信息认定单位和平台建立专门的破产企业信用信息修复制度；2. 各信用信息认定单位和平台形成多方融通的信用信息修复机制；3. 建立政府对各信用信息认定单位和平台信用信息修复的协调机制。

（二）消费者权益保护领域的信用建设成效显著

当前，我国供给侧结构性改革持续推进，信用经济建设方兴未艾，大力加强消费者权益保护，有效促进企业诚信建设，有利于提振市场信心，提高人民群众的获得感、幸福感和安全感。在涉及消费者权益的产品质量、食药、广告和价格四个方面，信用机制发挥了重要作用。

在产品质量方面，中央与地方相继颁布了一系列政策法规，对违法失信企业进行信用联合惩戒；相关部门按照《企业质量诚信管理实施规范》的相关规定，组织企业开展产品质量标准的宣贯和实施工作；与产品质量（或服务）相关的企业自我声明信息平台、监管平台等相继建立；市场监管总局组织开展了“网剑行动”、红盾质量维权行动等质量专项执法行动；原质检总局加强专项监督抽查，强化质量信用信息公示，及时向社会发布产品质量安全风险预警。这一系列措施有效提升了产品和服务质量水平，推动了企业经营者加强质量诚信自律，主动参与质量诚信创建活动。

在食品药品领域，食品安全诚信管理制度正在逐步建立并完善；各监管部门相继建立信用信息管理制度、食品生产经营者信用档案及食品安全信用信息数据库，公开食品安全信用信息；各类食品生产经营企业的行政许可、行政处罚和抽查检查结果等信息通过相关信用信息系统统一归集、记录并予以公示；各地区的食品药品领域的“黑名单”制度相继建立，信用联合惩戒有序开展。食药产品和服务质量安全得到一定的提升，一些食药企业开始主动加强诚信自律建设，并积极参加食药诚信宣传和培训。同时，一些消费者积极参与食药维权和热点事件监督讨论，不信谣传谣，争当食药安全的守护者，促进食药行业的诚信建设。

在价格信用建设领域，明码标价和收费公示不断完善，价格违法信息归集和披露稳步推进，价格执法检查和反价格垄断有序开展，价格法规政策宣传得到加强，消费者的价格维权意识进一步增强，经营者价格自律和诚信经营意识不断增强，市场价格秩序总体平稳有序。

在广告诚信建设领域，2018 年我国广告治理领域共出台或实施广告相关法律 3 部、部门规章 28 部，涉及 18 个国家部委，在立法和执法领域多维度加强广告监管，广告治理呈现出导向为先、关注民生和多方共治的趋势。

（三）重点行业信用建设深入发展

随着我国信用体系建设的深入推进，信用建设在各个行业全方位铺展开，电商领域、环保领域、能源领域与交通领域的信用建设成效较为显著。本报告将重点对上述领域的信用建设情况进行分析。

1. 电商领域信用建设

随着国家社会信用体系建设进程不断加快，电子商务行业也迎来了信用建设的大发展。截至 2018 年年底，我国关于电子商务领域的规范性文件有230多个，其中涉及电商领域信用建设的有40多个。地方政府部门一方面通过发布各种指导性意见，对本地区电子商务活动的规范发展提出要求；另一方面通过组织、指导辖区相关协会、部门开展诚信评价、发布红黑名单等活动，引导电商平台和企业诚信发展。我国电子商务领域的行业组织已经形成了从国家到省级，再到市县，甚至更基础组织的全方位的社会组织模式，并开始向专业化、整体化方向发展。随着2019年1月1日《电子商务法》正式实施，电子商务行业长期存在的失信灰色地带被正式纳入有明确法律规范调整的领域，其中对人们关心的“大数据杀熟”、搭售、竞价排名广告、保证金、押金的退还以及个人信息保护等热点问题，均作出了明确规定，电子商务行业逐步摆脱了以往的无序竞争状态，电商企业开始越发重视自身信用建设。

2. 环保领域信用建设

自2015年新修订的《环境保护法》实施以来，我国政府就加快了环保领域信用建设的步伐。在生态环境部、国家发展改革委、财政部等有关部门的大力助推下，我国环保领域信用建设取得了显著成就：环保领域信用建设依据更加健全，中央和地方的法规和政策文件相继出台，环保信用建设的依据越来越体系化、制度化、完善化；环保领域信用建设体制更加完善，形成了政府部门、市场（企业）和行业协会等主体合作共同参与建设的良好局面；环保领域信用建设运行机制更加良好，环境信用平台建设越发成熟，环境信用信息归集共享能力提升，环境信用修复机制不断建立健全。

3. 能源领域信用建设

在国家能源局、国家发展改革委、财政部等相关部门的大力推动下，相关立法进一步完善，能源行业信用体系建设的工作取得了很大进展。国家能源局相继出台一系列信用建设规范性文件，涉及能源行业市场主体信用行为事项及分类、信用信息的归集和使用、信用信息目录管理、信用信息数据归集、失信标准与惩戒标准等相关内容，切实发挥许可监管和信用监管的规范保障作用，服务新时代中国特色能源发展大局。能源行业企业信用情况整体较好，国有独资或国家控股企业的企业信用略优于非国有企业。能源行业信用修复机制、告知承诺制、联合激励惩戒机制正逐步确立和完善，电力行业、煤炭行业、核电行业信用评价和行业标准取得了阶段性进展，各能源行业协会积极参与信用监管。

4. 交通领域信用建设

在交通运输行业信用评价规章制度和标准规范方面，交通运输部和地方交通管理部门发布了一系列信用建设相关政策文件，涉及公路水路行业安全生产、交通运输工程建设、交通运输和出租汽车服务等。交通领域信用信息服务平台日趋完善，不仅支持了政府部门联合行政执法，保障政府部门有序、公平地分配公共资源，而且还为市场提供服务，能够为特定的机构提供信用评价和风险评估业务。未来应进一步加强工程建设、运输服务和安全生产等行业发展重点领域急需的信用标准建设，完善信息服务平台，推进交通行业信用信息公开、共享和应用，为交通运输行业信用体系建设提供有力支撑。

（四）上市公司信用建设稳步推进

证监会统筹推进发行、上市、信息披露、交易、退市、投资者适当性管理等基础制度改革，深化市场化并购重组改革，优化再融资制度，提高上市公司质量，致力于打造一个“规范、透明、开放、有活力、有韧性”的资本市场，为推动资本市场信用建设做出了很大努力。具体来看，体现在以下几个方面：

立体式的资本市场诚信监管制度正在构建。修订后的《证券期货市场诚信监督管理办法》扩充了诚信信息覆盖的主体范围和信息内容范围，建立健全了重大违法失信信息公示的“黑名单”制度、市场准入环节的诚信承诺制度、主要市场主体诚信积分管理制度、行政许可“绿色通道”制度、市场主体之间的诚信状况查询制度，事后监管的诚信约束不断加强，“一处失信、处处受限”信用惩戒格局正在形成，跨部门、跨领域、跨地区的诚信约束与协同监管体系日臻完善。

资本市场的制度规则进一步完善，资本市场制度基础得以夯实。多层次资本市场制度体系逐步健全，上市公司治理准则、退市制度和信息披露制度进一步完善，证券业对外开放进一步扩大，证券期货行业机构监管效能进一步提升。

持续保持稽查执法高压态势。证监会重点查办了以下四类严重违法违规案件：严重损害上市公司利益，损害中小股东合法权益的案件；严重积聚市场风险，危害市场平稳运行的违法违规案件；严重破坏公平交易原则，影响市场功能发挥的案件；严重扰乱信息传播秩序，恶意制造市场恐慌情绪的案件。监管执法的科技化水平逐步提高，量罚标准得到细化和明确，打击力度进一步强化。

跨地区、跨境监管合作日趋频繁。目前，中国证监会已与64个国家和地区的证券期货监管机构建立了跨境监管与执法合作机制，有利于加强预判重大国际经济金融风险，及时了解境外机构相关情况，有效防范和处置跨境金融风险。通过为北向投资者配发识别码，实现看穿式监管与间接持有体系的对接。签署《上海与伦敦市场互联互通机制监管合作谅解备忘录》，沪伦通存托凭证业务涉及的发行上市、交易、信息披露和跨境转换等行为得以规范。

四、企业信用建设的优化路径

（一）以法治为保障，夯实企业信用建设基础

信用制度建设应当是一个以法治为主导的制度建构过程。在信用制度的相关领域必须以良法引领善治。从无法到有法，从有法到良法，从良法到善治，这是信用建设的必由之路。目前信用监管的相关法律规范以法规、规章及规范性文件为主体，立法位阶过低，缺少专门、核心的信用信息或数据安全法律规范，法规、规章也缺乏基本法律的指引，信用监管措施缺乏明确的法律依据，信用监管法律制度存在基础性、结构性缺失。今后信用建设的首要任务是推动统一信用立法，明确信用制度各主体的责任，约束企业信用信息的收集和使用，加强信用信息保护，为信用建设提供法治保障。

（二）以平台为载体，推动共建共享共治

我国企业信用信息平台建设工作依然在稳扎稳打地大力推进，成效斐然。企业信用信息的归集力度不断加强、范围不断扩大，信用信息公示共享取得了不错的社会反响。越来越多的新兴企业信用信息平台进入人们的视野，为公众提供更加专业化、便利化的服务，推广手机 APP 等移动应用，引入“互联网 +”理念，更加贴近社会公众需求。今后应当进一步加强信用平台建设，制定信用信息记录、共享、储存和应用等标

准以及各类主体信用信息目录及数据规范、技术规范、信息分类分级标准，稳步推进信用信息平台一体化建设，拓宽服务场景，丰富服务方式，提升平台服务水平，加强平台安全体系建设。

（三）以惩戒措施清单等为依托，规范信用联合惩戒

目前，以“黑名单”制度为依托，信用联合惩戒在更大范围内开展，但同时也出现了一些问题。信用惩戒滥用、泛化等问题的出现，本质上都是权力没有被完全关进制度“笼子”里，进而出现了任性的一面。失信惩戒会对信用主体的权利、义务、责任产生较大影响，故应当遵循相应的法治原则，实现惩戒权力法定、惩戒措施法定、惩戒程序法定。失信惩戒应当秉持关联性原则、比例原则，制定惩戒措施清单目录制度，为行为人提供更加清晰的法律指引，同时增强信用惩戒的透明度，使惩戒与失信行为的性质、情节、社会影响程度等相适应，不得超越法定条件、法定处罚种类和幅度，约束行政机关的惩戒裁量权。

（四）以创新为驱动，鼓励各地开展信用建设探索

目前，各地的信用建设如火如荼，通过一系列的制度实践积累了宝贵经验，为推进全国社会信用体系建设迈向新阶段打下了坚实基础。今后，还应当继续坚持地方先行先试的建设模式，政府积极引导、市场协同运作、社会参与共建，科学规划，持续巩固，稳步提升，向着大力发展信用服务机构、完善平台网站一体化信息系统建设、健全以信用为基础的新型监管机制、探索公共信用综合评价应用、积极推动信用法律法规建章立制、依法依规实现信用联合奖惩有序开展、探索信用修复保护信用主体权益等方面持续发力，走出一条具有中国特色的社会信用建设之路。

（五）以“放管服”改革为契机，加强重点行业的监管

当前，我国信用体系仍处于全面建设过程之中，实行重点行业、重点领域的专项治理，是实现信用建设向纵深迈进的重要路径。结合当下市场监管的实践经验，应当着力加强消费领域，尤其是电子商务领域的信用建设，推动各地商品交易市场加快市场信用服务建设，引导消费领域开展行业自律。同时，开展营商环境诚信建设，具体包括加强货物贸易领域信用建设、推进服务贸易领域信用监管、构建外资企业信用监管和服务体系。完善外商投资企业诚信档案和信息公示平台，加强对重点行业、企业等的风险防控，加强对外投资合作等领域信用建设。另外，应当抓好重要领域商务信用建设，强化联合奖惩综合运用，探索区域商务信用建设机制，抓好商务诚信试点经验推广和整改提升，切实发挥商务诚信公众服务平台作用。推进商务信用信息交换共享平台与商务大数据应用、地方商务信用等平台的对接。加强商务领域“双公示”信息在全国信用信息平台上的交换共享。

分报告

上篇
企业信用制度、监管与共治

第一部分　企业信用制度与监管体系建设

2018 年至 2019 年，我国信用制度与监管体系建设全面展开，信用立法与制度建设成效显著，信用信息平台建设取得跨越式发展，各部门的信用监管制度逐步落地，信用建设向纵深发展。在立法方面，2018 年至 2019 年新修订的多部法律规定了信用制度，信用制度与社会经济生活的融合更加紧密，企业信用制度的顶层设计日趋完善。同时，专门的社会信用立法项目已列入十三届全国人大常委会立法规划。地方立法方面，除上海、湖北、浙江、河北等地外，其他省市的信用立法工作也在进一步推进。同时，我国的社会信用的标准化体系也正在形成，并在相关领域得到了广泛应用。在实践层面，按照全方位、多层次推动建立守信联合激励和失信联合惩戒大格局的总体要求，信用联合奖惩的相关举措不断推出，信用联合奖惩制度向纵深发展。在审慎包容理念的导向之下，信用监管的实施路径和方法进一步优化，监管的精确化、信息化程度不断提高，监管成效显著，推动了经济高质量发展。

一、信用立法与制度建设稳步推进

（一）中央立法与地方立法齐头并进

2018 年至 2019 年，我国的信用立法建设进一步推进，无论是在国家层面还是在地方层面，均取得了重大突破。

在国家立法层面，信用立法主要体现在两个方面。第一，在其他立法文本中体现信用制度，将信用建设融入各个具体的制度之中。2018 年修正的《环境影响评价法》《食品安全法》《民办教育促进法》《港口法》《广告法》《旅游法》，2018 年颁布的《土壤污染防治法》《电子商务法》，2019 年修正的《反不正当竞争法》《商标法》，2019 年颁布的《外商投资法》等法律均对相应的信用机制作出了规定（见表 1–1）。第二，直接的信用立法工作稳步推进。2018 年 5 月，中共中央印发了《社会主义核心价值观融入法治建设立法修法规划》，明确提出，探索完善社会信用体系相关法律制度，研究制定信用方面的法律，健全守法诚信褒奖机制和违法失信行为联合惩戒机制。目前，社会信用方面的立法项目已列入十三届全国人大常委会立法规划。

表 1–1

时间	法律名称	与信用建设相关内容
2018 年 8 月 31 日	《中华人民共和国土壤污染防治法》	第八十条　省级以上人民政府生态环境主管部门和其他负有土壤污染防治监督管理职责的部门应当将从事土壤污染状况调查和土壤污染风险评估、风险管控、修复、风险管控效果评估、修复效果评估、后期管理等活动的单位和个人的执业情况，纳入信用系统建立信用记录，将违法信息记入社会诚信档案，并纳入全国信用信息共享平台和国家企业信用信息公示系统向社会公布。

续表

时间	法律名称	与信用建设相关内容
2018年8月31日	《中华人民共和国电子商务法》	第三十九条第一款　电子商务平台经营者应当建立健全信用评价制度，公示信用评价规则，为消费者提供对平台内销售的商品或者提供的服务进行评价的途径。 第七十条　国家支持依法设立的信用评价机构开展电子商务信用评价，向社会提供电子商务信用评价服务。 第八十六条　电子商务经营者有本法规定的违法行为的，依照有关法律、行政法规的规定记入信用档案，并予以公示。
2018年10月26日	《中华人民共和国旅游法》	第一百零八条　对违反本法规定的旅游经营者及其从业人员，旅游主管部门和有关部门应当记入信用档案，向社会公布。
2018年10月26日	《中华人民共和国广告法》	第六十七条　有本法规定的违法行为的，由市场监督管理部门记入信用档案，并依照有关法律、行政法规规定予以公示。
2018年12月29日	《中华人民共和国港口法》	第四十五条　港口经营人、港口理货业务经营人有本法规定的违法行为的，依照有关法律、行政法规的规定纳入信用记录，并予以公示。
2018年12月29日	《中华人民共和国民办教育促进法》	第四十一条　教育行政部门及有关部门依法对民办学校实行督导，建立民办学校信息公示和信用档案制度，促进提高办学质量；组织或者委托社会中介组织评估办学水平和教育质量，并将评估结果向社会公布。
2018年12月29日	《中华人民共和国食品安全法》	第一百条第二款　国家出入境检验检疫部门应当对进出口食品的进口商、出口商和出口食品生产企业实施信用管理，建立信用记录，并依法向社会公布。对有不良记录的进口商、出口商和出口食品生产企业，应当加强对其进出口食品的检验检疫。 第一百一十三条　县级以上人民政府食品安全监督管理部门应当建立食品生产经营者食品安全信用档案，记录许可颁发、日常监督检查结果、违法行为查处等情况，依法向社会公布并实时更新；对有不良信用记录的食品生产经营者增加监督检查频次，对违法行为情节严重的食品生产经营者，可以通报投资主管部门、证券监督管理机构和有关的金融机构。

续表

时间	法律名称	与信用建设相关内容
		第一百一十四条　食品生产经营过程中存在食品安全隐患，未及时采取措施消除的，县级以上人民政府食品安全监督管理部门可以对食品生产经营者的法定代表人或者主要负责人进行责任约谈。食品生产经营者应当立即采取措施，进行整改，消除隐患。责任约谈情况和整改情况应当纳入食品生产经营者食品安全信用档案。
2018 年 12 月 29 日	《中华人民共和国环境影响评价法》	第二十条第三款　负责审批建设项目环境影响报告书、环境影响报告表的生态环境主管部门应当将编制单位、编制主持人和主要编制人员的相关违法信息记入社会诚信档案，并纳入全国信用信息共享平台和国家企业信用信息公示系统向社会公布。
2019 年 3 月 15 日	《中华人民共和国外商投资法》	第三十四条　国家建立外商投资信息报告制度。外国投资者或者外商投资企业应当通过企业登记系统以及企业信用信息公示系统向商务主管部门报送投资信息。 外商投资信息报告的内容和范围按照确有必要的原则确定；通过部门信息共享能够获得的投资信息，不得再行要求报送。 第三十八条　对外国投资者、外商投资企业违反法律、法规的行为，由有关部门依法查处，并按照国家有关规定纳入信用信息系统。
2019 年 4 月 23 日	《中华人民共和国商标法》	第六十八条　商标代理机构有前款规定行为的，由工商行政管理部门记入信用档案；情节严重的，商标局、商标评审委员会并可以决定停止受理其办理商标代理业务，予以公告。

在地方立法层面，除上海、湖北、浙江、河北等地外，其他省市的信用立法工作也在进一步推进。2018 年至 2019 年 5 月，厦门市、江苏省宿迁市、广东省汕头经济特区、内蒙古自治区、山东省、北京市、甘肃省等地区相继颁布了相关的信用立法（详见表 1–2）。同时，《南京市社会信用条例》《黑龙江省社会信用条例》《海南省社会信用条例》《山东省社会信用条例》等也正在积极起草过程中。

表 1–2

时间	名称	发布部门	效力级别
2019 年 4 月 26 日发布 / 2019 年 6 月 1 日实施	《厦门经济特区社会信用条例》	厦门市人大常委会	地方性法规
2018 年 11 月 28 日发布 / 2019 年 3 月 5 日实施	《宿迁市社会信用条例》	宿迁市人大常委会	地方性法规
2018 年 12 月 18 日发布 / 2019 年 2 月 1 日实施	《汕头经济特区公共信用信息管理办法》	汕头市人民政府	地方政府规章
2018 年 6 月 13 日发布 / 2018 年 8 月 1 日实施	《内蒙古自治区公共信用信息管理办法》	内蒙古自治区人民政府	地方政府规章
2018 年 3 月 9 日发布 / 2018 年 5 月 1 日实施	《山东省公共信用信息管理办法》	山东省人民政府	地方政府规章
2018 年 3 月 8 日发布 / 2018 年 5 月 1 日实施	《北京市公共信用信息管理办法》	北京市人民政府	地方政府规章
2018 年 1 月 9 日发布 / 2018 年 3 月 1 日实施	《甘肃省消防安全信用信息管理规定》	甘肃省人民政府	地方政府规章
2018 年 1 月 4 日发布 / 2018 年 1 月 4 日实施	《上海市公共信用信息归集和使用管理办法（2018 修正）》	上海市人民政府	地方政府规章

（二）我国社会信用标准体系形成

社会信用标准体系是社会信用体系建设的重要组成部分，其建设对于规范社会信用信息的征集，实现社会信用信息的共享，促进社会信用信息的应用，提升社会信用体系建设的质量和效益，具有极为重要的作用。这些标准分为信用基础类、信用信息类、信用服务类、信用管理类 4 种不同类别，我国社会信用标准体系已经形成。2016 年 2 月，国家标准委批准成立全国社会信用标准化技术委员会，负责包括政务诚信、商务诚信、社会诚信、司法公信等领域的信用标准化研究和实践应用工作。

2016 年 7 月 15 日，全国社会信用标准化技术委员会正式成立，“社会信用标准”概念得到认可正式确立。截至 2019 年 6 月，TC470 已经发布信用国家标准 49 项，列入制订计划的标准 51 项。截至 2019 年 6 月，在全国标准信息公共服务平台可检索到信用类行业标准 27 项，信用类地方标准 57 项，信用类团体标准 42 项，信用类企业标准 14 项（由非征信机构制定的某领域信用系统标准），这些标准是信用国家标准在行业、地方、团体、企业等领域必要的补充，共同构成相辅相成、互为补充的社会信用标准体系。

与此同时，已发布的社会信用标准在相关领域得到了广泛应用，如按照《企业质量诚信管理实施规范》组织企业开展标准的宣贯和实施工作取得明显成效。2013 年至 2018 年，原质检总局连续 5 年组织企业发布企业质量信用报告，并委托中国标准化研究院依据《企业质量信用报告编写指南》国家标准组织开展报告的评审工作。支撑统一社会信用代码制度的 4 项国家标准有效支撑了“多证合一、一照一码”登记制度改革的实施，降低企业登记成本，节省企业注册时间。支撑公共信用信息公开共享方面的相关国家标准，推动国家公共信用信息交换共享平台建设，依法使各类社会主体的信用状况透明、可核查，让失信行为无处藏身。

（三）信用联合奖惩机制向纵深发展

根据《社会信用体系建设规划纲要（2014—2020 年）》，守信激励、失信惩戒是社会信用体系的核心机制。这一核心，既是手段，也是目标。近年来，按照全方位、多层次推动建立守信联合激励和失信联合惩戒大格局的总体要求，信用联合奖惩的相关举措不断推出。2018 年，国家市场监督管理总局内设信用监督管理司，负责拟定信用监督管理的制度措施；组织指导对市场主体登记注册行为的监督检查工作；组织指导信用分类管理和信息公示工作，管理国家企业信用信息公示系统；建立经营异常名录和“黑名单”，开展有关信息归集共享、联合惩戒的协调联系。国家发展改革委将“财政金融司”更名为“财政金融和信用建设司”。2018年至2019年，信用联合奖惩在上一年的基础上进一步发展，更大范围内的信用联合奖惩机制正在形成。

1. 完善信用联合惩戒的制度设计

2018年3月，为加快完善失信联合惩戒机制，国家发展改革委就贯彻落实《关于加强和规范守信联合激励和失信联合惩戒对象名单管理工作的指导意见》发布通知，要求各地区有关部门签署相关领域的守信联合激励和失信联合惩戒合作备忘录，对已出台的备忘录切实落实好，并根据实际工作过程中出现的问题及时调整，同时公布各行业信用红黑名单。2018年7月，国家发展改革委和人民银行联合发布《关于对失信主体加强信用监管的通知》，提出完善失信联合惩戒制度，全面落实失信联合惩戒措施，并提出了黑名单、重点关注名单主体的退出情形。2018年8月，中央精神文明委印发了《关于集中治理诚信缺失突出问题提升全社会诚信水平的工作方案》，组织整治人民群众普遍关注的诚信缺失问题和经济社会领域失信突出问题。

2. 全方位的失信联合奖惩正在展开

国家《社会信用体系建设规划纲要（2014—2020年）》围绕政务、商务、社会和司法四大重点领域，明确了与人民群众、经济社会发展高度相关的30多项具体任务。在联合失信惩戒的具体实施方面，国家各部门主要是通过签署联合奖惩合作备忘录的形式推进。截至2019年5月底，

60多个部门共签署了51个联合奖惩合作备忘录，涉及慈善捐赠、婚姻登记、社会保险、政府采购、交通运输、检验检疫、文化旅游、家政服务、科学研究、知识产权、统计等诸多领域，“一处失信，处处受限”的联合惩戒格局正在形成。其中，2018年签署联合惩戒备忘录13个、联合激励备忘录1个（详见表1–3）。

表1–3

序号	时间	签署部门	名称	分类
1	2018年12月	国家发展改革委、人民银行、文化和旅游部等17个部门	《关于对文化市场领域严重违法失信市场主体及有关人员开展联合惩戒的合作备忘录》	联合惩戒备忘录
2	2018年12月	国家发展改革委、人民银行、统计局等44个部门	《关于对统计领域严重失信企业及其有关人员开展联合惩戒的合作备忘录（修订版）》	
3	2018年12月	国家发展改革委、人民银行、财政部等29部门	《关于对政府采购领域严重违法失信主体开展联合惩戒的合作备忘录》	
4	2018年12月	国家发展改革委、人民银行、财政部等22个部门	《关于对会计领域违法失信相关责任主体实施联合惩戒的合作备忘录》	
5	2018年11月	国家发展改革委、人民银行、国家知识产权局等38个部门	《关于对知识产权（专利）领域严重失信主体开展联合惩戒的合作备忘录》	
6	2018年11月	国家发展改革委、人民银行、人力资源社会保障部等29个部门	《关于对社会保险领域严重失信企业及其有关人员实施联合惩戒的合作备忘录》	

续表

序号	时间	签署部门	名称	分类
7	2018年11月	国家发展改革委、人民银行、科技部等41个部门	《关于对科研领域相关失信责任主体实施联合惩戒的合作备忘录》	
8	2018年5月	国家发展改革委、人民银行、文化和旅游部等26个部门	《关于对旅游领域严重失信相关责任主体实施联合惩戒的合作备忘录》	
9	2018年3月	国家发展改革委、人民银行、中央组织部等24个部门	《关于对公共资源交易领域严重失信主体开展联合惩戒的备忘录》	
10	2018年3月	国家发展改革委、人民银行、商务部等28个部门	《关于对家政服务领域相关失信责任主体实施联合惩戒的合作备忘录》	
11	2018年2月	国家发展改革委、人民银行、民政部等31个部门	《关于对婚姻登记严重失信当事人开展联合惩戒的合作备忘录》	
12	2018年2月	国家发展改革委、人民银行、民政部等40个部门	《关于对慈善捐赠领域相关主体实施守信联合激励和失信联合惩戒的合作备忘录》	
13	2018年1月	国家发展改革委、人民银行、质检总局等42个部门	《关于对出入境检验检疫企业实施守信联合激励和失信联合惩戒的合作备忘录》	
14	2018年3月	国家发展改革委、人民银行、交通运输部等36个部门	《关于对交通运输工程建设领域守信典型企业实施联合激励的合作备忘录》	联合激励备忘录

3. 重点领域的治理取得积极成效

各有关部门在重点领域积极探索惩戒的形式和手段，取得了一定的成效，最终形成了多部门、多行业、多领域、多手段信用联合惩戒新常态。

在打击治理电信网络违法犯罪方面成效显著。2016 年至 2018 年，全国检察机关对网络电信侵财犯罪案件批捕 30504 件，涉及 82833 人；提起公诉 27457 件，涉及 91464 人。最高人民检察院与公安部联合挂牌督办两批共 62 件重大有影响的计算机网络犯罪案件，取得良好的法律效果和社会效果。

对侵犯知识产权行为惩治力度不断加大。2018 年，全国法院新收知识产权民事、行政和刑事案件数量达到 334951 件，比 2017 年增加 97709 件，同比上升 41.19%。在案件数量同比大幅上升的同时，审判质效稳步向好，保护力度持续加大。

“保健”市场乱象得到有效遏止。联合整治“保健”市场乱象百日行动自 2019 年 1 月开展以来，全国共立案 21152 件，涉及案值 130.02 亿元，结案 9505 件，罚没款 6.64 亿元；受理消费者投诉举报 4.4 万次，为消费者挽回经济损失 1.23 亿元；市场监管总局先后 5 次曝光了 100 个典型案例，“保健”市场乱象得到有效遏止。

在治理欠薪方面成效显著。2018 年各级人社部门劳动保障监察机构查处的工资类违法案件数、涉及的人数和追发的工资待遇均呈现下降态势。同时，在 2019 年春节前夕举行的农民工工资支付情况专项执法行动，共查处欠薪违法案件 3.21 万件，向社会公布重大欠薪违法行为 1211 件，为 45.6 万名农民工追发工资待遇 68.3 亿元。

在失信被执行人联合惩戒方面，截至 2019 年 4 月，全国法院累计发布失信被执行人名单1379万人次，累计限制购买飞机票2376万人次，限制购买动车高铁票580万人次，411万失信被执行人主动履行法律义务。[①]

（四）信用修复制度进一步完善

信用修复机制是社会信用体系建设的重要组成部分。建立信用修复制度，既是给失信主体一个改正错误、重塑信用的机会，也是监管部门依法行政、增强服务意识的必然要求。《国务院关于建立完善守信联合激励和失信联合惩戒制度加快推进社会诚信建设的指导意见》（国发〔2016〕33号）明确提出，建立健全信用修复机制。联合惩戒措施的发起部门和实施部门应按照法律法规和政策规定明确各类失信行为的联合惩戒期限。2018年至2019年，中央部门和地方相继出台了一系列关于信用修复的相关规定，信用修复制度进一步完善，其中，涉及信用修复的部门规章3部，地方性法规4部，地方政府规章2部。其中，针对信用修复，浙江省专门出台了《浙江省公共信用修复管理暂行办法》、内蒙古自治区呼和浩特市出台了《呼和浩特市信用主体信用修复管理暂行办法》。从各地各部门的实践来看，当下信用修复呈现出精细化、差异化的发展特性，体现了包容审慎的原则。根据违约或违法行为的性质适用不同类型的信用修复制度，是构建科学信用修复机制的重要基础。目前信用修复已经形成了四种主要类型：时间性修复（失信信息的保存时限可以视为一种时间性修复）、注释性修复（非主观故意的不良信用信息，信

① 《国家公共信用信息中心发布2019年4月份失信治理月度分析报告》，信用中国网，https://www.creditchina.gov.cn/xinxigongshi/sxhmdydbg/201905/t20190528_156911.html，访问日期：2019年8月31日。

用主体可以提出申请，由信息记录单位在不良信用信息上进行标注）、异议性修复（信用主体对于信息记录虚假、错误而提出异议，要求删除或修改的，属于异议性修复）、删除性修复（失信行为履行相应义务后即可删除不良信息）。

二、信用信息平台建设取得跨越式发展

（一）“政府＋市场”两套平台优势互补

在政府信息平台建设方面，目前我国已经形成了全国信用信息共享平台、国家企业信用信息公示系统以及中国人民银行征信系统（即金融信用信息基础数据库）三大平台鼎立的局面。全国信用信息共享平台是覆盖全部信用主体、所有信用信息类别、全国所有区域的信息化基础设施，发挥着全国信用信息共享“总枢纽”作用；各部门信用信息系统、各省级信用信息共享平台均与全国信用信息共享平台联通对接，实现信用信息跨部门、跨地区共享共用。国家企业信用信息公示系统自 2017 年年底全面建成以来，拓展了涉企信息在政府部门间的开放共享，实现了政府部门间注册登记备案、行政许可、行政处罚、监督检查等工作的联动响应。同时，人民银行的征信系统在促进金融交易、降低金融风险、帮助公众节约融资成本、创造融资机会、提升社会信用意识等方面发挥了重要作用。

在市场信用信息平台建设方面，央行企业征信机构备案在时隔 3 年之后于 2018 年 11 月开始全面重启。截至 2019 年 2 月，全国共有 133 家备案企业征信机构，包括 132 家企业征信机构和 1 家个人征信机构。企

业征信机构主要采集企业的非信贷信息，对于防范金融风险，促进信用经济发展，支持实体经济发展，培育企业信用，促进小微企业融资具有重要作用。

（二）信息归集共享水平进一步上升

在信息归集方面，截至 2019 年 1 月底，全国信用信息共享平台归集总量持续增长，归集黑名单总量 1943 万条，红名单总量 67 万条。收录失信被执行人信息 644 万条，收录重点关注名单 827 万条，收录双公示数据 1.47 亿条。截至 2019 年 4 月，人行个人和企业征信系统已采集 9.9 亿自然人、2591.8 万户企业和其他组织的信息，分别接入机构 3564 家和 3465 家，年度查询量分别达到 17.6 亿次和 1.1 亿次。[①]

在信息共享方面，以苏州、台州为代表的城市在政务信息与金融机构互联方面进行了积极尝试。苏州市企业征信平台、台州市金融服务信用信息平台有效增强了企业信息透明度，均被当地银行列入信贷“三查”的必经环节，在解决民企和中小微企业融资问题上发挥了重要作用，其模式值得全国复制推广。在社会信用体系与大数据融合发展方面，河南信用信息共享平台已实现与安全生产、环境保护、税收等 40 多个行业领域的数据联网，通过在线大数据可视化分析来监测信用主体状况，实现“逢批必查”“逢办必查”。

① 参见全国信用信息共享平台的红黑名单数据统计，信用中国网，https://www.creditchina.gov.cn/home/zhuantizhuanlan/xinyongdashuju/，访问日期：2019 年 8 月 31 日。

三、各部门信用监管制度进一步完善

随着信用建设的进一步推进，国家各部门结合本部门的工作内容，出台了一系列信用相关的规定，进一步填补了相关领域信用监管的空白，为企业信用建设提供了有力支撑，对于构建以信用为核心的新型市场监管体制具有重要意义。

（一）国家发展改革委

时　间	发布机关	名　称	主要内容及意义
2018 年 11 月 23 日	国家发展改革委	《关于进一步做好“僵尸企业”及去产能企业债务处置工作的通知》	《通知》中要求完善重整企业信用修复机制，加强社会信用约束，构建失信行为联合惩戒机制，依据相关法律法规严格追究恶意逃废债和国有资产流失等违法违规单位及相关人员责任。《通知》对于积极稳妥处置“僵尸企业”和去产能企业债务，加快“僵尸企业”出清，有效防范化解企业债务风险，助推经济提质增效具有重要意义。
2018 年 3 月 2 日	国家发展改革委、民航局、中央文明办、最高人民法院、财政部、人力资源社会保障部、税务总局、证监会	《关于在一定期限内适当限制特定严重失信人乘坐民用航空器推动社会信用体系建设的意见》	《意见》指出了严重失信人乘坐民用航空器的限制范围、信息采集的主体及程序、发布执行和权利救济以及相应的移除机制。《意见》有利于防范部分旅客违法行为对民航飞行安全的不利影响，进一步加大对其他领域严重违法失信行为的惩戒力度。

续表

时　间	发布机关	名　称	主要内容及意义
2018 年 3 月 2 日	国家发展改革委、中央文明办、最高人民法院、财政部、人力资源社会保障部、税务总局、证监会、铁路总公司	《关于在一定期限内适当限制特定严重失信人乘坐火车推动社会信用体系建设的意见》	《意见》指出了严重失信人乘坐火车的限制范围、信息采集的主体及程序、发布执行和权利救济以及相应的移除机制。《意见》有利于防范部分旅客违法行为对火车的不利影响，进一步加大对其他领域严重违法失信行为的惩戒力度。
2018 年 3 月 1 日	国家发展改革委、最高人民法院、国土资源部	《关于对失信被执行人实施限制不动产交易惩戒措施的通知》	《通知》要求加大对失信被执行人的惩戒力度，建立健全联合奖惩机制，国家发展改革委、最高人民法院、国土资源部共同对失信被执行人及失信被执行人的法定代表人、主要负责人、实际控制人、影响债务履行的直接责任人员，采取限制不动产交易的惩戒措施。
2018 年 2 月 3 日	国家发展改革委、国家能源局	《国家发展改革委、国家能源局关于加强和规范涉电力领域失信联合惩戒对象名单管理工作的实施意见》	《意见》提出了政府主管部门及行业监管部门对存在严重违反电力法律、法规、规章等严重失信行为的涉电力领域市场主体，依法依规列入“黑名单”，并向社会公布，实施信用约束、联合惩戒。市场主体存在违法失信行为且情节较轻的，可先纳入诚信状况重点关注对象名单，坚持“谁认定、谁负责”的原则，认定“黑名单”的部门和单位负责“黑名单”的公布、信用修复、异议处理、退出等工作。同时提出了具体的认定标准、认定与发布的主体和程序、名单退出与权益保护制度以及相应的保障措施。

续表

时　间	发布机关	名　称	主要内容及意义
2018年2月2日	国家发展改革委	《关于充分发挥信用服务机构作用加快推进社会信用体系建设的通知》	《通知》要求积极引入信用服务机构参与重点领域信用记录采集，根据需要授权信用服务机构参与红黑名单的认定，加强与信用服务机构信用信息的共享，支持信用服务机构在行业特定领域协助参与备案工作，鼓励信用服务机构协同开展联合奖惩与失信专项治理工作，支持信用服务机构定期编制行业信用监测分析报告，依托信用服务机构探索信用大数据分析应用；《通知》还要求加强信用服务机构自身信用建设，建立以诚信为基本内涵的行为准则，率先开展信用承诺并公示，加强信用服务从业人员信用建设，建立信用服务领域信用约束机制；同时，《通知》还指出，要积极开展发挥综合信用服务机构作用的试点探索，开展试点的综合信用服务机构应重点参与信用信息大数据开发应用和信用体系建设工作。《通知》有利于发挥信用服务机构的作用，有利于提高行政效率，推动"放管服"改革，构建以信用为核心的新型市场监管体制。

（二）市场监管总局

时　间	发布机关	名　称	主要内容及意义
2018年6月7日	国家市场监管总局、国家标准委	《检验检测机构诚信评价规范》	《检验检测机构诚信评价规范》方便消费者识别诚信等级较高的检验检测机构，并选购其检验检测合格的商品，让检验检测机构有章可循，提高效率。

（三）中国人民银行

时　　间	发布机关	名　　称	主要内容及意义
2018 年 4 月 24 日	中国人民银行	《中国人民银行关于进一步加强征信信息安全管理的通知》	《通知》要求金融信用信息基础数据库运行机构和接入机构强化征信信息安全主体责任，完善征信业务操控流程，完善征信内控制度及问责制度，提高技防能力，防范征信信息泄露风险，建立征信信息安全事件应急处置机制、征信合规与信息安全年度考核评级制度、征信信息安全巡查制度。《通知》对于有效实施金融信用信息基础数据库接入机构征信合规与信息安全管理，合理配置监管资源，提高监管效率，促进接入机构规范开展征信业务活动具有重要意义。

（四）商务部

时　　间	发布机关	名　　称	主要内容及意义
2018 年 12 月 18 日	商务部	《关于深入推进商务信用建设的指导意见》	《指导意见》提出了今后一段时间商务信用建设的指导思想、基本原则和总体目标，要求在商务领域推动实施全过程信用监管，明确了家政服务、电子商务、批发零售等消费领域信用建设工作重点，部署了对外贸易、服务贸易、外商投资、对外经济合作和区域信用合作五个领域诚信营商环境建设工作任务，全面助推商务事业高质量发展。

（五）国家能源局

时　　间	发布机关	名　　称	主要内容及意义
2019年3月27日	国家能源局	《能源行业市场主体信用修复管理办法（试行）》	《办法》要求失信信息认定单位按照“谁认定、谁修复”的原则开展信用修复的受理、确认等工作。同时《办法》对能源行业市场主体信用修复的条件、信用修复程序以及相应的监督和管理作出了规定，有利于鼓励和引导能源行业失信主体主动纠正失信行为，消除不良影响，以进一步促进全行业形成良好的诚信氛围。
2017年12月1日	国家能源局	《能源行业市场主体信用行为清单（2018版）》	《清单》对能源行业法人、自然人受惩戒和受机理的信用行为进行了分类，相关机构按照该清单对市场主体信用行为分级分类，以实施信用分类管理和信用联合奖惩。

（六）交通运输部

时　　间	发布机关	名　　称	主要内容及意义
2019年4月3日	交通运输部	《2019年交通运输信用体系建设工作要点》	《工作要点》指出，交通运输部需指导有关省份积极开展交通运输安全生产信用体系建设试点工作，鼓励各地根据行业发展的客观需要和本地实际，召开全国信用交通省创建阶段总结暨推进会，发布创建成效评估结果，公布“信用交通省”创建典型省份。选择部分城市试点事前信用承诺、事中信用监管、事后信用奖惩的全链条信用治理模式，打造“信用交通省”城市范例。

续表

时　　间	发布机关	名　　称	主要内容及意义
			《工作要点》强调，在全面落实《交通运输守信联合激励和失信联合惩戒对象名单管理办法（试行）》的同时，还应完善交通运输各领域红黑名单制度以及认定、发布、奖惩、修复和移除等程序，及时在“信用交通”网站和“信用中国”网站向社会公开。
2018年6月15日	交通运输部	《公路水运工程试验检测信用评价办法》	《办法》对公路水运工程试验检测信用评价的主体、对象、原则、评价周期，试验检测机构和人员信用评价标准、程序，信用评价管理作出了具体规定。《办法》的出台有利于加强公路水运工程试验检测管理和信用体系建设，增强试验检测机构和人员诚信意识，促进试验检测市场健康有序发展，营造诚信守法的检测市场环境。
2018年5月17日	交通运输部办公厅、国家发展改革委办公厅	《“信用交通省”建设指标体系（2018年版）》	《指标体系》对“信用交通省”建设提出了量化标准，共八项一级指标、十九项二级指标，对进一步推进交通运输信用体系建设，加快“信用交通省”创建工作具有重要意义。

（七）国家卫生健康委

时　　间	发布机关	名　　称	主要内容及意义
2018年10月19日	国家卫生健康委	《关于进一步加强健康体检机构管理促进健康体检行业规范有序发展的通知》	《通知》要求各级卫生健康行政部门严把准入门槛，规范健康体检机构设置管理，同时要加强日常监管，促进健康体检机构健康发展，并明确，今年年底要对体检机构进行重点督查，发现超范围执业、出具虚假或者伪造健康体检结果等违法违规行为，将严肃处理。《通知》对于进一步促进健康体检行业规范有序可持续发展，提高健康体检质量具有重要意义。

（八）国家统计局

时　间	发布机关	名　称	主要内容及意义
2019年3月20日	国家统计局	《企业统计信用管理办法》	《办法》要求对企业的统计信用信息进行认定和记录，建立统计信用信息数据库系统，为实施联合惩戒夯实基础，本次修改是对2017版试行办法进行进一步完善，融合了统计联合惩戒合作备忘录修订版的惩戒措施。
2019年3月20日	国家统计局	《统计从业人员统计信用档案管理办法》	《办法》规定了对统计从业人员统计信用信息的采集、公示和共享的主体、程序、内容，严重失信行为信息公示的方式、联合惩戒措施，规定统计从业人员统计信用行为信息分为统计守信行为信息、统计警示行为信息和统计严重失信行为信息。《办法》的出台有利于推动统计人员的守信建设，为统计从业人员统计信用档案管理提供了具体的操作方案。

（九）文化和旅游部

时　间	发布机关	名　称	主要内容及意义
2018年12月21日	文化和旅游部	《旅游市场黑名单管理办法（试行）》	《办法》明确了适用范围、分级管理和联合惩戒等相关事项，建立了列入、告知、发布、惩戒、信用修复、移出等一整套管理流程。

续表

时　间	发布机关	名　称	主要内容及意义
			《办法》适用主体既包括传统的旅行社、景区、旅游住宿等从事旅游经营服务的企业、个体工商户及导游等从业人员，也包括新兴的通过互联网等信息网络从事提供在线旅游服务或者产品的经营者（即在线旅游企业和平台）及从业人员。 同时，旅游市场黑名单实行分级管理。文化和旅游部负责制定旅游市场黑名单管理办法，指导各地旅游市场黑名单管理工作；省级、地市级文化和旅游行政部门按照《办法》认定标准，制定本级黑名单管理办法并负责管理工作。

（十）国家税务总局

时　间	发布机关	名　称	主要内容及意义
2018年10月25日	国家税务总局	《从事涉税服务人员个人信用积分指标体系及积分记录规则》	《规则》对从事涉税服务人员个人信用积分的每一项指标的积分/扣分规则进行了详细规定，为促进涉税服务人员的信用评价提供了具体可量化的标准。

（十一）国家铁路局

时　　间	发布机关	名　　称	主要内容及意义
2018年10月15日	国家铁路局	《铁路运输业信用管理暂行办法》	《办法》规定，国家铁路局负责全国铁路运输业信用管理工作，地区铁路监管局负责本辖区范围内铁路运输业信用管理工作。同时对铁路运输业信用信息采集的内容范围、信用评定、信用信息使用以及信用修复与申诉作出了具体规定。《办法》的出台有利于加强铁路运输业信用体系建设，完善铁路运输监管体系，维护铁路运输秩序，促进铁路运输业健康发展。

四、企业信用制度与监管体系建设的特点

（一）企业信用制度的顶层设计日趋完善

2018年以来，企业信用制度的顶层设计日趋完善。国务院各部门高度重视信用制度建设，逐步构建以信用为基础的新型监管机制的顶层设计，建立健全贯穿市场主体全生命周期，衔接事前、事中、事后全监管环节的新型监管机制。2018年6月，国务院总理李克强连续在两个重要会议上（6月6日国务院第11次常务会议、6月28日全国深化“放管服”改革转变政府职能电视电话会议），强调了信用监管的重要性，提出市

场经济是信用经济，信用监管是规范市场秩序的“金钥匙”，要围绕优化营商环境加快构建以信用为核心的监管机制，推广告知承诺制。2018年8月2日，公开发布了《国家发展改革委办公厅、人民银行办公厅关于对失信主体加强信用监管的通知》。9月10日至11日，多个国家部委的机构改革方案发布，其中国家市场监管总局、科学技术部、自然资源部、水利部、文化和旅游部、海关总署、国家医疗保障局、国家药品监管局8个部委确定了信用监管职能。2018年9月26日，国务院公开发布《关于推动创新创业高质量发展打造“双创”升级版的意见》，要求对“互联网＋教育”“互联网＋医疗”等新业态、新模式的高效监管机制，构建信用承诺、信息公示、信用分级分类、信用联合奖惩等全流程信用监管机制。2018年10月10日，国务院公开发布《关于在全国推开“证照分离”改革的通知》，强调加快建立以信息归集共享为基础、以信息公示为手段、以信用监管为基础的新型监管制度。2019年6月25日，李克强总理在全国深化“放管服”改革优化营商环境电视电话会议上发表重要讲话，再次强调“要大力推进社会信用体系建设，推行承诺制，让市场主体和公民讲诚信，自主承诺。对违背承诺、搞虚假承诺甚至坑蒙拐骗的，一经发现就要严厉惩罚”。2019年7月，国务院办公厅发布《关于加快推进社会信用体系建设构建以信用为基础的新型监管机制的指导意见》（国办发〔2019〕35号），首次系统化构建了我国信用监管的体制和机制。企业信用制度的顶层设计日趋完善为市场监管的改革创新提供了制度保障，是国家治理能力与治理体系现代化的内在要求，创新了政府管理方式，充分释放了市场活力，推动了经济高质量发展。

（二）信用监管的实施路径和方法进一步优化

信用监管是基于对管理对象的行为进行信用分类并据此采取差别化措施的新型管理模式，是政府履行经济社会管理职能的一项新型管理制度，是在传统行政管理的基础上经过制度创新发展而来的，是构建信用生态圈的基础桩之一。信用监管正在日渐成为国内深化行政管理体制改革、促进政府职能转变的抓手。

当前，信用监管正由此前的粗放式管理阶段转入精细化管理阶段。在管理的对象上，由此前的“一刀切”转向差异化监管，注重管理对象的办事体验，因人施策。在管理维度上，从静态向动态管理转变，注重及时了解管理对象的最新状况，对于红黑名单及时更新，同时针对相关主体进行信用修复，因时施策。在监管重点上，从事前向事中事后管理转变，注重全流程监控，实施全过程管理；从主体监管向行为监管转变，注重升级管理理念、能力和技术，实施精细管理。在监管主体上，从单部门向多部门管理转变，注重加强部门间合作，通过签署备忘录等形式实行信用联合奖惩，实施协同监管。在监管方式上，从随机向精准管理转变，实行线上线下监管并重，注重按需评估分类，实施零、近、远距离管理。

未来的信用建设应当进一步推进市场主体信用体系建设，推进市场主体信用信息与市场监管各项业务深度融合。因此，需要高度重视信息化建设，强化业务与技术协同，加强运维保障，为各项改革深化夯实信息基础。注重运用大数据手段，完善事中事后监管措施，为市场主体提供便利化服务。

（三）信用机制的作用范围日渐扩大

社会信用代码的应用场景不断丰富。通过实行统一社会信用代码，目前的企业主体已基本实现全覆盖，随着统一社会信用代码制度的不断深入和部门间信息有效共享的需要，越来越多的政府部门开始在管理中使用统一代码。随着信用平台建设逐步完善，信用代码的应用场景正逐步丰富。

信用机制在各个行业的作用日益凸显。截至 2019 年 5 月，已有 60 多个部门签署 51 个信用联合惩戒备忘录，凝聚合力，信用联合惩戒的范围与力度不断扩大。通过各大信用信息平台向社会公布联合惩戒对象的相关信息，得到社会各方面的良好反响。

信用机制作用的地域范围正在扩大。同时，在地域范围上，全国各地的信用机制也在逐步落地。浙江省、吉林省、安徽省、山东省、广东省、河北省等地区相继出台了守信联合激励和失信联合惩戒的相关措施和办法，并取得了良好的成果，营造了公平诚信的市场环境。同时，各地通过推广“信易贷”“信易租”“信易游”“信易行”“信易批”等惠民便企的信用创新产品和服务得到广泛应用，“诚信”成为每个企业和个人的“可变现资产”。

五、企业信用制度与监管体系建设的若干建议

（一）构建守信联合激励和失信联合惩戒协同机制

当前我国失信联合惩戒通过市场性和行政性的惩戒机制在督促有关

企业和个人履行法定义务，创造良好的市场诚信氛围方面取得了良好成效。但相比之下，信用联合激励措施稍显不足，中央有关部门签署的信用联合激励备忘录与联合惩戒备忘录在数量上相去甚远。（详见表 1–3）在信用建设过程中，应当发挥守信联合激励与失信联合惩戒的多重作用，在构建“失信惩戒”这一“信用推力”的同时，也需要进一步完善“守信激励”的“信用拉力”，构建守信联合激励与失信联合惩戒的协同机制，形成信用监管的“合力”。在这一过程中，需要发挥好政府的主导作用、部门的监管作用、市场的决定作用、行业协会的自律作用、服务机构的监督作用和新闻媒体的引导作用，调动各方积极性，突出实施联合奖惩的重点对象、重点措施、重点领域，做到“该奖必奖”“激励到位”，逐步规范、培养和强化企业的诚信意识。

（二）加快重点领域治理

当前，我国信用体系仍处于建设过程中，实行重点行业、重点领域的专项治理，是实现信用建设向纵深迈进的重要路径。结合当下市场监管的实践经验，应当着力加强消费领域，尤其是电子商务领域的信用建设，推动各地商品交易市场加快市场信用服务建设，引导消费领域开展行业自律。同时，开展营商环境诚信建设，具体包括加强货物贸易领域信用建设、推进服务贸易领域信用监管、构建外资企业信用监管和服务体系。完善外商投资企业诚信档案和信息公示平台，加强对重点行业、企业等的风险防控、加强对外投资合作等领域信用建设。另外，应当抓好重要领域商务信用建设，强化联合奖惩综合运用，探索区域商务信用建设机制，抓好商务诚信试点经验推广和整改提升，切实发挥商务诚信公众服务平台作用。推进商务信用信息交换共享平台与商务大数据应用、地方商务信用等平台的对接。加强商务领域“双公示”信息在全国信用信息平台上的交换共享。探索与行业商会协会、平台型企业等信用信息交换共享。

（三）加强信用信息安全保障

推动信用制度建设，应当高度重视信用信息的安全保障。归集、采集、共享和使用各类民事主体的信用信息，都必须遵循合法、客观、必要的原则，确保信用信息的安全。因此，要建立一套规范有序、科学完备的信用制度。对自然人和企业信用信息的保护，应当体现在信息归集、采集、共享和使用的全过程，对自然人和企业信用信息共同适用的规则作出明确规定。同时，需要通过市场机制、社会共治的模式，通过产业界的自律和他律，打击打着“大数据”旗号而行信息侵害之实的黑色产业链，促进健康有序的市场规范的形成，通过包括市场手段在内的多种手段惩戒、共治违法违规者。

第二部分　企业信用信息平台建设

——以全国层面若干平台建设为视角

企业信用监管与社会共治需要以企业信用信息的共享与公开为依托，建立健全企业信用信息平台是构建以信用为核心的新型监管机制的重要基础和抓手，为持续推进社会信用体系建设和“放管服”改革提供支点，优化营商环境，进一步提高企业乃至整个社会的诚信水平。2018 年至 2019 年，我国企业信用信息平台建设还在不断推进，呈现“遍地开花，百花齐放”之态。本部分从全国层面的若干企业信用信息平台入手，分别阐明各大信用信息平台近年的发展现状，并在此基础上，结合社会信用体系建设的形势要求，为我国企业信用信息平台的未来发展提供切实可行的建议。

一、全国信用信息共享平台

全国信用信息共享平台是国家发展改革委联合多部门共同建设的公共信用信息归集共享的“总枢纽”，于 2015 年初步建成并成功上线运行，2017 年 9 月，国家发展改革委批复了全国信用信息共享平台项目（二期）初步设计方案和投资概算，目前已基本建成包括“信用中国”网站、全国信用信息共享交换平台、信用信息基础库、统一代码库等在内的信用信息归集和服务系统。

截至 2018 年年底，全国信用信息共享平台已联通 44 个部门、所有省区市以及 39 个试点城市，并与所有接入部门和地方平台实现了核心数据的机制化共享，定期向各个部门和地方推送行政许可和行政处罚、各类“红黑名单”、企业经营异常名录等信息。根据 2018 年以来发布的中央文件指示，食品生产经营企业信用档案、全国文物购销拍卖信息和信用系统、企业环境信用信息、公共资源交易信用信息、绿色技术侵权行为信息记录以及养老服务、体育、医疗、乳品、服务贸易等行业的信用信息都将纳入全国信用信息共享平台。随着平台覆盖范围的不断扩大以及信用信息归集共享力度的持续加强，平台的数据积累量也在迅速增加，根据发展改革委的统计数据，2018 年 12 月累计归集各类信用信息 318 亿条[①]，比去年同期增长了 1.4 倍，截至 2019 年 7 月底，这一数据已升至 370 亿条。[②]

“信用中国”网站由国家发展改革委、中国人民银行指导，社会信用体系建设部际联席会议成员单位支持，依托互联网建设，主要承担信用宣传、信息发布等工作，提供面向社会公众的公开信用信息查询服务，得到社会广泛关注和好评。在“互联网 +”的诚信大潮中，“信用中国”网站的窗口效应日益凸显，全国各级信用门户网站的一体化建设也在加速推进中。目前，“信用中国”网站已接入信用电子政务系统 36 个，试点城市信用系统 40 个，公示的行政许可和行政处罚等信息约 1.97 亿条，

---

① 《国家发展改革委 2018 年度推进法治政府建设进展情况》，国家发展和改革委员会网站，http://zfxxgk.ndrc.gov.cn/web/iteminfo.jsp?id=16142，访问日期：2019 年 7 月 21 日。

② 《政策研究室副主任兼委新闻发言人孟玮介绍之三：关于社会信用体系建设进展情况》，国家发展和改革委员会网站，http://www.ndrc.gov.cn/zcfb/jd/201908/t20190816_944763.html，访问日期：2019 年 8 月 28 日。

其中行政许可信息约1.56亿条，行政处罚信息4063万条[①]。2017年10月，网站2.0版本更新上线。2018年5月底，国家公共信用信息中心已启动3.0版方案编制工作，推进全国“信用中国”网站一体化，进一步从业务设计上形成信用承诺、信息共享、信用报告、信用评价、信息公示、异议处理、信用修复等全流程的系统服务。

“信用中国”网站已成为信用政策法规发布以及社会信用体系建设成效全景展示的总窗口，同时也是信用信息集中公开、一站式查询的权威媒介，褒扬诚信、惩戒失信，营造诚实守信社会风尚的重要平台。随着“信用中国”网站公开功能的不断强化，将逐步实现行政许可、行政处罚、产品抽检结果等不涉及个人隐私、企业和国家秘密的信息向社会全部公开，为公众提供信用信息“一站式”查询和消费预警提示服务。此外，根据国家发展改革委办公厅发布的《关于进一步完善“信用中国”网站及地方信用门户网站行政处罚信息信用修复机制的通知》（发改办财金〔2019〕527号）的要求，该网站将进一步明确涉及失信行为的行政处罚信息分类范围，严格执行行政处罚信息公示期限，规范开展行政处罚信息信用修复，进一步强化行政处罚信息信用修复工作主体责任，保障失信主体权益，提高全社会信用水平，营造优良信用环境。

二、国家企业信用信息公示系统

近年来，市场监督管理总局认真贯彻落实党中央、国务院的部署要

① 《政策研究室副主任兼委新闻发言人孟玮介绍之三：关于社会信用体系建设进展情况》，国家发展和改革委员会网站，http://www.ndrc.gov.cn/zcfb/jd/201908/t20190816_944763.html，访问日期：2019年8月28日。

求，会同各部门、各地区共同推进国家企业信用信息公示系统的建设与完善，先后与56个部门会签了《政府部门涉企信息统一归集公示工作实施方案》，全力打造企业信用信息公示“全国一张网”，覆盖全国31个省区市，联通各级政府部门和单位，把跨部门、跨领域、跨层级的各类行政许可、行政处罚、注册登记、抽查检查等关于企业的信息统一归集，并以统一社会信用代码为索引记于企业名下。

该系统于2017年12月27日全面建成后，基本实现了“一网归集、三方使用”的总体目标，在社会上的影响力持续扩大。截至2018年6月底，国家企业信用信息公示系统累计访问量达488.76亿人次，累计查询量177.51亿人次，日均访问量5356.28万人次，日均查询量397.87万人次，有效扩大了社会监督，促进了企业诚信自律，对降低市场交易风险和社会交易成本，提高经济运行效率，建立信用监管机制发挥了重要作用。①

2018年国家机构改革后，“建立市场主体信息公示和共享机制，依法公示和共享有关信息，加强信用监管，推动市场主体信用体系建设”的重任被纳入国家市场监督管理总局的职责范畴。并且，下设信用监督管理司，拟订信用监督管理的制度措施、组织指导对市场主体登记注册行为的监督检查工作、组织指导信用分类管理和信息公示工作、承担国家企业信用信息公示系统的建设和管理工作、建立经营异常名录和“黑名单”，承担市场主体监督管理信息和公示信息归集共享、联合惩戒的协调联系工作。

2018年6月，为加快推动电子政务，进一步打通信息壁垒，国务院

① 《关于政协十三届全国委员会第一次会议第4249号（政治法律类452号）提案答复的函》，国家市场监督管理总局网站，http://gkml.samr.gov.cn/nsjg/xyjgs/201904/t20190412_292768.html，访问日期：2019年7月19日。

办公厅印发《进一步深化“互联网＋政务服务”推进政务服务“一网、一门、一次”改革实施方案》，明确提出“坚持联网通办是原则、孤网是例外”“加强政务信息资源跨层级、跨地域、跨系统、跨部门、跨业务互联互通和协同共享”，推动企业和群众办事线上“一网通办”，线下“只进一扇门”，现场办理“最多跑一次”，让企业和群众到政府办事像“网购”一样容易。市场监管总局率先在国家数据交换共享平台开通面向各部委、省级人民政府的企业信息查询验证接口，发展改革委、交通部、重庆市、浙江省、北京市、贵州省等已累计查询 4.4 万次。截至 2018 年 6 月底，国家企业信用信息公示系统归集涉企信息 5.95 亿条、即时信息 1137.27 万条，向各中央部门推送 5229 万条企业基础信息，异常名录信息 1111 万条、严重违法失信企业名单信息 43625 条，不断夯实信用监管基础。①

2018 年 9 月 15 日，为进一步方便公众随时随地使用国家企业信用信息公示系统，满足不同用户的个性化需求，扩大应用范围，国家市场监督管理总局组织开发了公示系统移动应用版。国家企业信用信息公示系统移动应用版包括手机 APP、微信小程序和支付宝小程序。手机 APP 根据移动应用轻量化的特点，优化整合网页版功能，页面简洁，分类清晰，主要功能包括企业信息查询、信息公告查询、信息异议、信息订阅等。小程序以微信（支付宝）为平台，突出查询功能，满足企业信息查询、信息公告查询、信息分享等需求。移动应用版在保留网页版信息统一归集和查询、多部门联合惩戒和用户互动等功能的基础上，引入“互联网＋”理念，更加贴近社会公众需求。

① 《关于政协十三届全国委员会第一次会议第 4249 号（政治法律类 452 号）提案答复的函》，国家市场监督管理总局网站，http://gkml.samr.gov.cn/nsjg/xyjgs/201904/t20190412_292768.html，访问日期：2019 年 7 月 19 日。

2019 年，国家市场监管总局印发《关于进一步优化国家企业信用信息公示系统的通知》（国市监信〔2019〕142 号），指出将进一步优化公示系统内容，依法公示涉企信息、有序公示存量信息；强化应用支撑，完善公示系统注销功能模块，提升利企便民水平，落实《外商投资法》要求，推进年报“多报合一”，并且形成联合惩戒链条；畅通诉求渠道，加强咨询服务，做好异议处理；提高数据质量，把好数据采集关、比对关和安全关。

三、全国法院决胜“基本解决执行难”信息网

为全面展示全国法院决战“基本解决执行难”工作，自觉接受社会监督，更好满足人民群众知情需求，推动“基本解决执行难”工作深入开展，最高人民法院建设开通全国法院决胜“基本解决执行难”信息网。该网站于 2018 年 4 月 13 日正式上线，全面汇聚全国法院“基本解决执行难”司法政策、工作信息，为各级法院宣传执行提供一体化平台，为广大群众了解执行、监督执行提供一站式服务，是全景展示决胜“基本解决执行难”工作的重要窗口和接受社会监督、推进执行工作的重要平台。

2018 年 5 月，全国法院“基本解决执行难”信息网对栏目设置进行了升级改版，丰富和拓展了网站功能并强化了后台管理。目前共设置了执行动态、党政支持、影像执行、媒体聚焦、执行大家谈、执行指南、经验交流、执行评估、执行监督 9 个栏目。其中，执行监督栏目后期将实现网上受理群众举报，并将举报直接转入最高人民法院监察局相关后台系统，以督查各地法院执行工作中的违法违纪行为。2018 年 6 月，该

网站项下的32个子站全部开通上线，执行监督栏目和信息发布统计排名功能也同步上线。截至2019年8月，公布失信被执行人名单1492万例，3072万人次限制乘坐飞机，近610万人次限制乘坐火车。①

信息网的上线运行，是最高人民法院贯彻落实党中央决策部署，决战决胜“基本解决执行难”的重要举措，对于推动执行工作深入开展，提升人民群众参与感、获得感和满意度有着重要作用。我们应当充分认识网站的重要意义，采取有力措施，加强建设和应用，真正把网站建设成为加强执行法治宣传、赢得社会理解认同、凝聚工作合力的强大阵地，为全国法院决战决胜“基本解决执行难”提供有力支持和保障。

四、中国执行信息公开网

继全国法院决胜“基本解决执行难”信息网上线并成功运行后，最高人民法院又对作为全国法院司法公开四大平台之一的“中国执行信息公开网”（网址为zxgk.court.gov.cn）进行了改版升级，并于2018年6月7日上线试运行，面向社会公开2018年6月1日后全国法院新收首次执行案件、执行恢复案件、执行异议案件、执行复议案件、执行监督案件的相关信息。

改版升级后的“中国执行信息公开网”，进一步完善了网站内容，规范了公开标准，扩展了服务范围，提高了监管力度。网站涵盖了执行信息公开网门户信息、执行信息公开、执行信息服务等内容。通过该平台，

① 数据来源：全国法院决胜“基本解决执行难”信息网，http://jszx.court.gov.cn/main/ExchangeExperience.jhtml，访问日期：2019年8月15日。

公众可以查询全国法院失信被执行人名单信息、被执行人信息、执行案件流程信息和执行裁判文书。当事人可通过“中国执行信息公开网”查询未执结案件的基本信息、失信被执行人名单信息和执行裁判文书信息，还可以通过自己的姓名、身份证号码、执行案号登录查询案件的流程信息，包括执行立案、执行人员、执行程序变更、执行措施、执行财产处置、执行裁决、执行款项分配、暂缓执行、中止执行、执行结案等信息，在线了解执行案件进展情况。社会公众可以从执行信息公开网上方便地查询到执行案件立案标准、启动程序、执行收费标准和依据、执行费缓减免的条件和程序、执行风险提示、悬赏公告、拍卖公告等。

“中国执行信息公开网”的数据显示，截至 2019 年 8 月 11 日，全国法院公布失信被执行人名单 14862761 例，全国各级法院正在“基本解决执行难”的基础上“切实解决执行难”。法院力促当事人履行裁判义务，重构个人信用体系，切实化解矛盾。

五、金融信用信息基础数据库

人民银行组织银行机构建成覆盖全国、集中统一的金融信用信息基础数据库，在全国范围内为每一个与金融机构有业务联系的企业和个人建立起统一的信用档案，提高企业和个人征信服务水平。

我国已建成世界上收录人数最多、数据规模最大、覆盖范围最广的金融信用信息基础数据库。央行数据显示，截至 2018 年 8 月末，数据库累计收录信贷信息 33 亿多条、公共信息 65 亿多条，为 2542 万户企业和其他组织、9.7 亿自然人建立了统一的信用档案；接入各类法人放贷机构 3900 多家，日均查询企业信用报告 29 万余次，个人信用报告 477 万余次。[①] 相关人士表示，央行征信中心将继续完善数据库，尽快实现信息覆盖范围从银行全域向证券和保险全域扩展；将推动市场化的征信机构发展，实现互联网金融、互联网电商等领域的信用信息覆盖。

六、企业纳税信用等级查询平台

纳税信用是指纳税人依法履行纳税义务，并被社会所普遍认可的一种信用，也是社会信用体系建设重要内容之一。自 2014 年国家税务总局发布《国家税务总局关于发布〈纳税信用管理办法（试行）〉的公告》起，纳税信用系统评估已经连续开展了五个年度。

企业纳税信用的等级对企业有非常重大的影响。纳税信用等级是根据纳税人在一定时间内的纳税信用情况进行评分，起评分是 100 分，当前纳税信用等级共有 5 个级别，随着纳税信用体系建设不断推进，纳税信用的社会价值和社会影响力日益增强，成为纳税人参与市场竞争的重要资产。

2018 年 2 月，国家税务总局发布了《关于纳税信用评价有关事项的公告》（国家税务总局公告 2018 年第 8 号），增设信用等级 M，将原先信用等级由 A、B、C、D 调整为 A、B、M、C、D 五级。这一举措是近几年税务总局对纳税信用等级评定的一次重大调整，不仅创造条件让更多的企业参与纳税信用评定，更进一步优化了税收营商环境。被税务机关评定为 A 级的企业不但可以享受税收优惠政策，而且在其他方面也有不

① 《2019—2025 年中国征信行业市场全景评估及发展趋势预测研究报告》，中国产业信息网，http://www.chyxx.com/research/201904/733195.html#catalogue，访问日期：2019 年 8 月 30 日。

少优势。对纳税信用评定为 M 级的企业，税务机关实行两项激励措施：一是取消增值税专用发票认证；二是税务机关适时进行税收政策和管理规定的辅导。

七、中国海关企业进出口信用信息公示平台

企业进出口信用信息公示平台是运用大数据、互联网，主动对接国家统一信用信息交换共享平台。公民、法人和其他组织可通过该平台公开查询企业信用状况，平台向社会公示企业在海关注册登记信息、信用等级、行政处罚信息、特定企业资质及失信企业名单等信用信息。进出口企业的信用状况、违法状况也均被纳入企业信用体系评价标准，促进进出口信用信息共享共用，实现守信联合激励、失信联合惩戒，有力助推社会诚信体系建设。

2018 年海关总署发布《中华人民共和国海关企业信用管理办法》（自 2018 年 5 月 1 日起施行）。从 2018 年起，涉海关业务的市场主体申报年报有新变化。同时，根据海关总署的相关部署，从 2018 年起调整海关管理企业的年报方式，不再通过海关相关业务平台报送海关年报，实施工商、海关年报“多报合一”改革，海关管理企业年报须通过国家信用信息公示系统报送。海关管理企业包括在海关注册的报关单位、加工生产企业和有减免税设备企业（含个体工商户、农民专业合作社）。2019 年新注册登记或备案的企业，自下一年度起需向海关提交《企业信用信息年度报告》。

海关管理企业年报内容在现有向工商部门报送的年报信息基础上，增加英文名称、英文地址等海关年报事项，新增的海关年报事项不对社

会公示。企业在通过公示系统完成年报报送之日起 7 日后，登录“中国海关企业进出口信用信息公示平台”，查询海关接收企业年报的状态。未按规定报送海关年报事项的企业，将被列入信用信息异常企业名录并向社会公示，同时会被通关锁定，无法办理进出口业务。

八、全国旅游监管服务平台

全国旅游监管服务平台是一个集大数据监管与开放式服务为一体，投诉审批顺畅高效、事中事后监管智能化、信息互联互通的政务平台。自 2016 年 6 月启动建设以来，已建成旅行社资质、导游管理、团队管理、电子合同、投诉举报、案件管理、权限管理七大功能模块，并将陆续建成统计模块、信用管理模块等。可线上完成 80% 的申报审批业务，将打破全国与地方之间信息孤岛的格局。“推进旅行社和导游等相关政务服务‘一网通办’”，不但大大缩短了审批业务的审批时间，运用大数据实现精准监管和分类监管，也提升了旅游市场监管水平。全国旅游监管服务平台将监管融于服务，以服务助力监管，充分体现旅游行业监管工作正在快速向法治化、市场化、信息化转变。

全国旅游监管服务平台于 2018 年 7 月 1 日全面启用，这标志着我国旅游市场监管加快向信息化、智能化转变。其中，旅行社在线审批管理系统使旅行社的备案、审批一键受理、信息共享、全程可视；投诉案件管理系统使游客的投诉举报形成及时受理—快速处理—限时反馈—准时跟踪的闭环，实现“群众少跑腿，信息多跑路”。电子导游证和导游 APP 便利游客了解和评价导游执业，使执法部门实时掌握旅游团活动轨迹，预警导游擅自变更行程；电子合同提供 CA 认证以及验真功能，相比纸质合同其签订、保管、查询和价格比对更加便捷智能，通过合同价格监测预防“不合理低价游”。该平台通过对行政审批和事中事后监管产生的大数据进行归集，使数据融通、集成、共享，实现市场监管常态分析和科学研判，实时掌握旅游经济运行状况，加快旅游市场监管实现社会化、扁平化、实时化、常态化、智能化，为新时代旅游业高质量发展提供有力支撑。2018 年年底全国旅游监管服务平台与地方政府信用网站、国家企业信用信息公示系统、“信用中国”网站等渠道均可发布旅游市场黑名单，实现信息共享。

九、全国水利建设市场信用信息平台

为进一步加强水利建设市场监管服务工作，推进水利建设市场信用体系建设，维护水利建设市场秩序，保障大规模水利建设顺利实施，水利部开发建设了全国水利建设市场监管服务平台（以下简称监管平台）。监管平台是水利部开展水利建设市场监管工作、维护水利建设市场秩序的重要依托，是水利部公开市场监管信息和水利建设市场主体信用信息的平台。

全国水利建设市场信用信息平台自 2010 年开通以来，在水利部的大力支持下，已收录水利建设市场主体信用信息百万余条，公布从业单位信息 1.3 万余家、从业人员 80 万余名。根据水利部、国家发展改革委《关于加快水利建设市场信用体系建设的实施意见》（水建管〔2014〕323 号），凡未在水利建设市场信用信息平台建立信用档案的，或提交的材料与信用信息平台登录的信息不符的，其主要人员资历、代表业绩等在资质审批（核）、招标投标活动中可不予认定。

平台要求各市场主体于2018年6月10日前完成信息填报、核对等工作，在今后资质审批（核）、招标投标中提交的相关材料须与监管平台信用信息相一致。填报信息中存在隐瞒真实情况、弄虚作假的，将被认定为严重失信行为，列入水利建设市场主体失信黑名单并向社会公布。

十、新华信用平台

新华信用是新华社中国经济信息社建设运营的国家级信用信息服务产品，是新华社履行国务院社会信用体系建设部际联席会议成员单位职责的重要举措。自2017年12月在中国企业家博鳌论坛开幕式上正式上线以来，新华信用发挥新华社品牌、公信力、渠道、资源等优势，通过“产品＋服务＋平台”的模式打造专业信用平台，在企业信用、行业信用、城市信用等领域提供智库、咨询、查询、发布等多项服务。同时，“新华信用”还将发挥全球原创数据信息和国内外一体化运营两大优势，成为“一带一路”信用合作、亚洲信用体系建设的重要参与者，并为提升民族品牌核心价值贡献力量。

“新华信用”平台定位于打造国家级综合信用服务平台。围绕服务社会信用体系建设，向市场提供信用查询、信用发布、信用智库、信用咨询等服务；向企业主体提供企业认证、企业名片、企业建档、信用评价、信用报告、信用管理等服务，向城市提供社会信用体系建设咨询和管理等服务。“新华信用”城市信用大数据平台结合新华社的智库分析优势，创新地将“城市舆情”作为重要研判维度，形成更为客观系统的信用评价体系。城市信用监测平台的大数据收集与清洗功能现已实现对网络媒体、平面媒体、社交网站、新闻APP、流媒体等多种信息传播渠道的全覆盖。同时，该平台将“舆论公信力”作为底层数据基础，对媒体及网民发布的相关报道和评论进行全方位监测，进而全面展示城市综合口碑声誉形象。

2017 年 4 月，国家发展改革委正式发函委托“新华信用”等第三方信用机构在全国范围开展“双公示”第三方评估工作，并具体负责广西、黑龙江、河南、海南、甘肃五个省区的评估工作。2018 年，“新华信用”再次受邀参与“双公示”第三方评估工作。

十一、百行征信

百行征信有限公司于 2018 年 5 月 23 日在深圳正式揭牌成立，是经国务院征信业监督管理部门行政许可批准设立的国内首家市场化个人征信机构，由市场自律组织——中国互联网金融协会与芝麻信用、腾讯征信、前海征信、考拉征信、鹏元征信、中诚信征信、中智诚征信、华道征信 8 家市场机构共同发起组建。

自 2019 年 5 月 5 日正式向非传统金融机构推出“个人信用报告”查询服务以来，累计查询量超过 700 万笔。其中特别关注名单产品日查询量 11 万笔，信息核验平台日查询量 1 万笔，个人信用报告产品日查询量 15 万笔，还在以 1 万笔 / 天的速度增长，预计到 2019 年年底，个人信用报告产品日查询量将突破 100 万笔。[①]

截至 2019 年 7 月 10 日，百行征信有限公司已与 976 家机构签订了

---

① 《百行征信：2019 年年底个人信用报告日查询量将破百万笔》，中国经济网，http://www.ce.cn/xwzx/gnsz/gdxw/201907/12/t20190712_32607392.shtml，访问日期：2019 年 8 月 29 日。

业务合作和信息共享协议，合作机构涵盖互联网金融、消费金融、中小金融和新金融四大类 18 小类金融机构，与 105 家机构实现信息共享，目前个人征信生产系统采集借款人数逾 6300 万，信贷账户数 1 亿个。① 目前已成功研发并推出个人信用报告、特别关注名单和信息核验平台三款个人征信产品。并在 2019 年内推出三款新产品，包括与腾讯等六家股东共同开发反欺诈报告、反欺诈评分、欺诈关系图谱等产品，旨在解决金融机构面临的团伙欺诈、中介欺诈、多头申请欺诈等风险。

此外，百行征信还在稳步推进互联网移动终端服务平台的开发，拟向消费者提供基于手机 APP 的个人征信报告查询和异议处理服务，保护消费者的知情权和异议权。

十二、其他信用信息平台

（一）中国互联网金融协会信用信息共享平台

2016 年 9 月，中国互联网金融协会启动互联网金融信用信息共享平台，旨在为从业机构提供信用信息的报送及查询服务，帮助接入机构提升风险防控能力，优化行业环境。

根据中国互联网金融协会公布的互联网金融信用信息共享平台接入数据情况，截至 2018 年 3 月 15 日，接入平台的机构已从最初的 17 家增至 100 多家，收录自然人借款客户 4000 多万个，借款账户 9000 多万个，入库记录 3.6 亿多条，基本实现了对开展个人负债业务的 P2P 网络借贷、

① 《百行征信：2019 年年底个人信用报告日查询量将破百万笔》，中国经济网，http://www.ce.cn/xwzx/gnsz/gdxw/201907/12/t20190712_32607392.shtml，访问日期：2019 年 8 月 29 日。

网络小贷、消费金融等会员机构的全覆盖。[①]

同时，在经过严格数据质量检查、安全测评以及查询试点验证后，平台已于2017年11月全面开放网页查询服务，12月正式开通接口查询。截至2018年3月15日，累计查询量1000多万笔，其中贷前审批累计查询量340多万笔，占比33%；贷后管理累计查询量640多万笔，占比62%。单日最高查询量93万笔。[②]

中国互联网金融协会表示，信用信息共享平台解决了行业发展中存在的信息孤岛问题，有效帮助相关机构提高风险意识和风控能力，促进其规范开展借贷业务。在增加小微信贷服务的同时降低了借贷机构的整体运营风险，广泛得到会员机构的拥护和社会的认可。下一步，协会将继续按照国家信用体系建设的总体要求和监管部门的有关规定，不断完善平台的功能，进一步满足合规机构接入平台的需求，扩大平台覆盖范围，为配合支持互联网金融风险专项整治和长效机制建设提供更好的服务。

（二）中国建设信用平台

中国建设信用平台——社会信用体系建设公共服务网（www.cccsi.org.cn），是由商务部信用工作办公室和国资委行业协会联系办公室指导，住房和城乡建设部提供行业政策支持，北京国联建信建筑科学研究院主办。国联建信研究院为中国人民银行征信中心认定的信用机构，国内首家住房和城乡建设领域信用评价及认证管理机构，可为住房和城乡建设

① 《协会多措并举大力推进信用信息共享平台发展》，中国互联网金融协会网站，http://www.nifa.org.cn/nifa/2955675/2955761/2970970/index.html，访问日期：2019年8月30日。

② 《协会多措并举大力推进信用信息共享平台发展》，中国互联网金融协会网站，http://www.nifa.org.cn/nifa/2955675/2955761/2970970/index.html，访问日期：2019年8月30日。

领域提供信用评价结果备案、信用评价结果查询、信用企业信息公布展示以及各政府机构、企事业单位、第三方社会信用服务机构进行信用信息交换及查询的公共信用服务平台，是全面、准确、及时反映建设行业企业信用信息的动态门户之一。全国部分地区已将信用评级与建筑业企业招投标挂钩，商务标、技术标、信用标评分权重合计为100%，信用标占5%—20%。中国建设信用平台建立企业、人员、工程项目三大数据库，实现全国信息共享。

中国建设信用平台服务范围：企业信用评价、AAA级信用企业、企业信用评级、企业信用认证、企业资信评估、重合同守信用企业、诚信经营示范单位、信用评估报告、信用管理服务。中国建设信用平台的企业信用评级结果得到了“中国打击侵权假冒工作网”的认可。目前已为多家建设行业企事业单位提供信用评价服务，获得信用认证的企业在中国建设信用平台及全国企业信用信息数据库进行公示，同时为政府机关、信用机构、国内外广大企业及消费者提供免费信用信息查询服务。

（三）全国行业信用公共服务平台

全国行业信用公共服务平台是商务部中国国际电子商务中心基于全面贯彻落实党中央、国务院关于加快推进社会信用体系建设的决策部署，切实履行《社会信用体系建设规划纲要（2014—2020年）》的前提下，为建立行业信用承诺、建立行业信用信息归集共享、建立行业信用评价、建立企业信用档案、建立行业信用红黑名单管理、建立行业信用激励惩戒措施和建设行业信用网站等10项重点工作提供支撑而主办的信用服务平台。截至2019年7月，该平台汇聚了212家国家一级商协会以及1家地方性行业商协会（山西省诚信建设促进会），相关企业信用评价备案信息近万条，同时汇聚了由专业第三方经评审后提供的信用评级、信用认证等信息3万余条。为政府部门、行业协会、信用机构、企业和社会公众提供免费、及时、准确的信用企业查询和相关信息。

（四）环保产业信用平台

经商务部信用办、国资委协会办批准，中国环境保护产业协会自2011年起，以免费评价的方式为会员企业提供信用等级评价服务。2017年3月，国家发展改革委对协会商会信用体系建设工作提出四点要求：一是信用评价范围要由会员向全行业覆盖；二是要建立评价标准，进一步完善优化评价指标体系；三是要做好行业信用信息的归集、公开和共享；四是要推进建立行业守信激励和失信惩戒机制。为此，中国环境保护产业协会于2018年修订了《环保企业信用评价管理办法》，将信用评价对象由协会会员扩展至业内企业；制定了首个行业信用评价标准《环保企业信用评价指标体系》，以团体标准形式正式颁布实施；以信用评价为抓手，启动了环保产业信用平台的建设工作。

中国环境保护产业协会为贯彻落实国家关于信用体系建设有关精神，切实发挥行业协会在推进行业信用体系建设方面的作用，结合长期信用评价工作实践，于2018年年底启动了“环保产业信用平台”的开发建设。截至目前协会累计开展了11批评价工作，共有1200余家（次）企业参加评价，670余家企业获得A级以上信用等级，其中259家企业获得AAA信用等级。信用评价工作对于增强企业诚信经营意识，建立诚信为本的行业氛围，促进行业健康有序发展发挥了积极作用。评价结果在环保项目招投标、政府采购等工作中得到部分采信，对政府施治和监督管理提供了一定支撑。

2019 年 5 月 17 日，“环保产业信用平台”正式上线。旨在搭建信用建设政策宣传、行业信用信息推广展示的平台，为环保企业、行业用户、政府部门和社会公众提供多层次、全方位的行业信用服务。通过平台可进行环保企业信用评价的在线申报、客观评价、赋分以及评价结果发布；实现企业信用信息的采集、公示和检索查询，并通过平台广泛接受社会监督；宣传守信企业、公示惩处信息等。通过信息归集，逐步建立健全环保企业信用档案，推进环保产业信用信息的共享和应用。

（五）商业特许经营信用平台

商业特许经营行为是指拥有注册商标、企业标志、专利、专有技术等经营资源的企业（以下简称特许人），以合同形式将其拥有的经营资源许可其他经营者（以下简称特许人）适用，被特许人按照合同约定在统一的经营模式下开展经营，并向特许人支付特许经营费用的经营活动。2017 年是《商业特许经营管理条例》和《商业特许经营备案管理办法》实施十周年。十年来商务部始终坚持规范与促进并举，从完善管理制度、净化市场环境、培育市场主体和激发市场活力等方面加大工作力度，切实推动了特许经营市场的有序、快速、健康发展。但是也应该看到特许经营活动中确实存在企业未能及时备案、欺骗投资者和消费者等不诚信的现象。党中央、国务院及各个部门都纷纷出台了相应的政策措施、规划。

2017 年 10 月 12 日，在商务部流通业发展司指导下，由中国国际电子商务中心主办，北京国富泰信用管理有限公司和盘古信金（北京）科技有限公司承办的“2017 中国商业特许经营信用体系建设峰会暨《特许人信用评级标准》宣贯活动”在北京隆重召开。会议围绕“构建以信用为核心的新型商业特许行业市场监管体系、创新建立信用模式、贯彻执行行业标准”展开研讨，同时启动了“中国商业特许经营信用平台”。媒体、第三方信用服务机构、特许经营服务机构、信用专家分别从利用媒体智库优势推动服务、商业特许经营行业信用体系建设、商业特许信用服务新模式等方面共同探索信用体系助推商业特许经营发展大计，并共同启动了中国商业特许经营信用平台。目前，我国已成为发展最快、市场空间最大、特许经营体系最多的国家。

（六）企业开发的信用信息平台

企业自行开发的信用信息平台属于具有商业性的平台，仅在一定范围内为社会大众提供有限的免费查询，如“启信宝”“企查查”“天眼查”等。企业开发的信用信息平台最大的优势在于对查询方式和查询内容都作了有机整合，方便用户使用。由于各类商业性信用信息系统都是针对社会大众的需求开发的，查询方式和查询内容都作了有机整合，方便用户使用，因此吸引了部分大众。

十三、关于企业信用信息平台建设的若干问题及建议

总体而言，我国企业信用信息平台建设工作以“国家企业信用信息公示系统”为基础，以“全国信用信息共享平台”为总枢纽，开始向全国各行各业辐射，在稳扎稳打中不断大力推进企业信用信息的归集和公示，企业信用信息的归集力度不断加强、范围不断扩大，取得了不错的社会反响。目前，越来越多的新兴企业信用信息平台进入人们的视野，为公众提供更加专业化、便利化的服务。另外，平台在技术上也有所创新，例如推广手机 APP 等移动应用，引入“互联网 +”理念，使其更加

贴近社会公众需求。

在信用体系建设过程中，各个部门为了满足部门自身的业务需要，建设各类企业信用信息公示系统，笔者通过对各中央部委官方网站以及相关新闻报道的归集整理，形成了中央部委企业信用信息平台建设情况一览表（见表 2–1）。

表 2–1　中央部委企业信用信息平台建设情况一览表

序号	类别	部门名称	企业信用信息公示相关平台
1	国务院组成部门	国家发展改革委	全国信用信息共享平台（信用中国网）
2		教育部	全国中小学生校外培训机构管理服务平台
3		科学技术部	国家科技管理信息系统公共服务平台
4		工业和信息化部	国家食品工业企业诚信信息公共服务平台
5		公安部	计算机信息系统安全专用产品销售许可服务平台 非法集资案件投资人信息登记平台
6		民政部	行政许可与处罚信用信息双公示（官网专栏，以学术、协会和基金会信息为主） 全国慈善信息公开平台（又名慈善中国，以基金会等慈善组织信息为主）
7		司法部	全国司法鉴定人和司法鉴定机构查询平台
8		财政部	中国政府购买服务信息平台
9		人力资源和社会保障部	“根治欠薪进行时”曝光台
10		自然资源部	全国征地信息共享平台 行政执法公示（官网专栏，执法查处类信息为主）
11		生态环境部	全国排污许可证管理信息平台
12		住房和城乡建设部	全国建筑市场监管与诚信信息发布平台 中国建设信用平台
13		交通运输部	“信用交通”

续表

序号	类别	部门名称	企业信用信息公示相关平台
14		水利部	全国水利建设市场信用信息平台
15		农业农村部	全国农业综合执法信息共享平台 农安信用（在建）
16		商务部	商务部业务系统统一平台 全国行业信用公共服务平台
17		文化和旅游部	全国文化市场技术监管与服务平台 全国旅游监管服务平台
18		国家卫生健康委员会	国家卫生健康委员会信用信息网
19		应急管理部	中华人民共和国应急管理部—查询服务—信用查询
20		中国人民银行	金融信用信息基础数据库
21	直属机构	海关总署	中国海关企业进出口信用信息公示平台
22		国家税务总局	企业纳税信用等级查询平台 重大税收违法案件信息公布栏
23		国家市场监督管理总局	国家企业信用信息公示系统
24		国家统计局	行政处罚信息公示（官网专栏专题） 统计上严重失信企业公示（官网专栏专题）
25	直属事业单位	新华通讯社	新华信用平台
26		中国银行保险监督管理委员会	金融许可证信息发布系统 保险中介监管信息系统
27		中国证券监督管理委员会	证券期货市场失信记录查询平台

根据表 2-1 所示，在中央机构改革后，有 27 个国务院部门都建设有各自的企业信用信息公示平台，部分系统与“国家企业信用信息公示系统”以及“信用中国”的功能和归集内容近似。大量的系统和重叠的数

据，会对各地的基层部门产生困扰，在增加基层部门工作人员的工作量、影响报送数据的积极性、浪费人力物力的同时，也会给相应的信用信息查询者带来一些不便与困扰。此外，众多平台之间还缺乏跨地区、跨部门的标准化、一体化数据建设，数据在互联互通上存在一定障碍。而在信用服务能力、技术应用以及平台安全性等方面，各平台也还存在一定的不足。

除政府部门外，许多行业协会为满足社会大众对企业信用信息的查询需求而自行开发了企业信用信息公示系统，如百行征信、中国互联网金融协会信用信息共享平台、环境产业信用平台等。这些都是由行业协会建设的企业信用信息公示系统，目的是对行业、企业进行展示，特别是对行业协会的会员单位的信用信誉进行公示。

此外，还有企业自行开发的具有商业性质的企业信用信息公示系统，由于各类商业性公示系统的信息来源不准确和不及时等问题，有些信息可能会与“国家企业信用信息公示系统”等平台产生冲突，影响信用信息平台的权威性，不便于信用信息的查询和应用。

笔者认为，企业信用信息平台建设还需要进一步加强以下工作：

（一）加快推进信用体系标准化建设

规范标准是社会信用体系建设的重要保障。目前来看，与信用信息平台相关的标准建设进程稍显缓慢，无法完全满足平台建设需要，相关标准适用范围狭窄，只能覆盖平台部分信用数据的归集、共享和服务，各级信用信息平台的部分标准存在差异，已建成的标准在各级信用信息平台的实施没有统一路径，推进缓慢。许多平台间的信息无法进行有效互联共享和有机整合，致使各类企业信用信息公示系统重复建设，可能造成不必要的资源浪费以及信用信息的泛滥。

为应对以上问题，首先，应当加快信用建设的立法工作，明确信用信息主体的责任，保证信用信息的客观、真实、准确和及时更新，完善信用信息共享公开制度。其次，建立信用信息分类管理制度，明确信用信息分类和公开属性，依法推进信用信息在采集、共享、使用以及公开等环节的分类科学管理。最后，建立健全信息和技术标准，落实已有的信用标准，强化信用信息归集共享、联动惩戒、安全管理。制定信用信息记录、共享、储存和应用等标准，各类主体信用信息目录及数据规范、技术规范、信息分类分级标准，以及数据库建设、应用支撑技术和网络基础设施建设等规范，推动信用信息标准化建设。

（二）稳步推进信用信息平台一体化建设

目前，我国已建立了国家、省、市、区多级多领域信用信息平台和信用门户网站，然而在平台之间缺乏统一的规划，各地区建设水平不平衡，存在各地建设模式不同、系统多种多样的问题。信用信息在各地共享不畅，造成数据不对称，影响信用服务的公平公正。另外，信用服务各自为政、标准不一，导致各级平台数据查询结果不一致，导出的信用报告样式不统一、内容不一致，影响信用信息平台的权威性。这在一定程度上制约了信用在“放管服”改革中优化营商环境以及信用便民利企的作用。因此，需要建立全国一体化的信用信息平台，实现信用信息在全国范围内跨部门、跨地区的共享共用，提升信用产品和信用服务的质量，有效支撑信用联合奖惩和事中、事后的协同监管。

国务院办公厅《关于印发进一步深化“互联网 + 政务服务”推进政务服务“一网、一门、一次”改革实施方案的通知》（国办发〔2018〕45 号）

中提出推进事中事后监管信息“一网通享”，要求积极推进跨部门“双随机、一公开”监管信息共享，依托“信用中国”网站和国家企业信用信息公示系统，提供登记备案、行政许可、行政处罚、经营异常名录、严重违法失信企业名单、监督检查、质量抽检等信用信息查询和共享服务。推进事中事后监管信息与政务服务深度融合，整合市场监管相关数据资源，加强对市场环境的大数据监测分析和预测预警，推进线上线下一体化监管。

建立全国一体化的信用系统，需要实现一体化的顶层设计，统一规划建设、统一标准规范，带动各地区建设和应用水平均衡发展，促进全国各级平台和网站建设应用水平的全面提升。随着全国社会信用体系建设推进力度的不断加强，面对开放型经济新体制和城市现代化的管理新需求，实现制度一体化、数据一体化、应用一体化、管理一体化，建设更大规模、更为便利、更加创新的信用信息平台势在必行。

（三）有效提升信用信息平台服务能力

近年来，国内信用信息市场快速发展，但相关法律法规相对滞后。信用信息服务系统日益庞大，主要包括信用信息基础服务平台、信息收集与评价和信用信息的发布与利用。各种信用信息服务平台的主要服务内容包括信用调查服务、市场研究咨询服务、数据库营销服务、基础信用报告、信用评价等级报告、信用信息管理咨询、信用认证服务等。

现有的各类服务平台功能都相对比较单一，平台之间缺乏联系，服务能力不足，信用信息向资本转化的路径不畅。需要在借鉴国际先进经验的基础上，结合我国实际情况，凭借云计算、人工智能、大数据等先进技术，改变传统的征信模式，尽快消除信息不对称，为企业发展创造良好的环境，发展民生服务智慧应用；扩大服务内容，构建综合性的信用信息平台。与此同时，要注重大数据、云平台技术下的数据库运行维护及数据安全。

2019 年 8 月 8 日，国务院办公厅发布《关于促进平台经济规范健康发展的指导意见》指出：科学合理界定平台责任。明确平台在经营者信息核验、产品和服务质量、平台（含 APP）索权、消费者权益保护、网络安全、数据安全、劳动者权益保护等方面的相应责任，强化政府部门监督执法职责，不得将本该由政府承担的监管责任转嫁给平台。依托全国一体化在线政务服务平台、国家“互联网＋监管”系统、国家数据共享交换平台、全国信用信息共享平台和国家企业信用信息公示系统，进一步归集市场主体基本信息和各类涉企许可信息，力争 2019 年上线运行全国一体化在线政务服务平台电子证照共享服务系统，为平台依法依规核验经营者、其他参与方的资质信息提供服务保障。

除加强政府部门与平台数据共享外，还需要推动完善社会信用体系。加大全国信用信息共享平台开放力度，依法将可公开的信用信息与相关企业共享，支持平台提升管理水平。利用平台数据补充完善现有信用体系信息，加强对平台内失信主体的约束和惩戒。完善新业态信用体系，在网约车、共享单车、汽车分时租赁等领域，建立健全身份认证、双向评价、信用管理等机制，规范平台经济参与者行为。

平台的信用信息服务应当立足长远，一要拓宽服务面，二要丰富服务方式，三要进一步提升平台服务水平。始终坚持“服务政府、服务企业、服务自然人”的根本宗旨，促进信息共享。公共信用信息服务突出表现在查询服务和联动服务两方面。信用查询服务是公共信用信息平台的基本功能，不同区域政府部门和行业领域的联动服务需要加强对信息的分析和深加工，通过信用信息共享体系建设，逐步形成信用激励和约束机制。提高平台的覆盖面，拓展平台信息的使用范围，引导金融机构充分运用平台信息资源。

（四）注重加强先进技术在平台的应用

平台经济在互联网时代获得了全新的规模、内涵和影响力，同时也衍生出创新的平台治理概念。中国式创新有两种模式：其一，是在原有技术基础上创新升级，在传统劳动密集型产品中增加科技元素；其二，是独立发展的科技创新，自主研发科技技术，并致力于将技术有效落地。信用信息平台的建设，简单来说，需要“三流一技”，即主体部分的资金流、信息流、物流，以及先进的技术手段作为支撑。技术手段的先进程度往往决定了信用信息服务平台能否充分发挥作用。

2017 年 10 月 11 日，在云栖大会“数据力量 · 社会治理的共享与共治”分论坛上，阿里研究院与德勤研究联合发布报告《平台经济协同治理三大议题》，该报告指出，中国平台经济规模将会在 2030 年突破 100 万亿。在实体经济中应用物联网、大数据将得到大力推广，促进数字经济和数字产业发展，深入推进智能制造和服务型制造。在深入推进工业互联网创新发展过程中，应当加快跨行业、跨领域和企业级工业互联网平台建设及应用普及，实现各类生产设备与信息系统的广泛互联互通，推进制造资源、数据等集成共享。

先进的技术手段是保障信用信息平台正常运行和快速发展的重要手段。首先，加强数字签名、数字加密、防火墙、数字证书等相关网络安全技术体系建设是信用信息平台健康发展的基本前提。其次，互联网、大数据、5G、人工智能、下一代通信网络、物联网和云计算等新技术的接入使得相关各方间的直接互动减少了环节，提高沟通效率。再次，平台模式带来的资源共享，提升了企业包括数据、品牌、人才与技能、客户关系等无形资源与能力的内部资源利用率。长远来看，随着数据分析和人工智能技术的发展，对平台数据的利用将更为充分，运营流程的完善与优化将实现自动化、自主化，这将进一步带来运营效率的飞跃。最后，要保证互联网时刻畅通、平台正常运行，还需要进一步掌握入侵检测、漏洞扫描、防病毒等基本信息安全技术。

（五）加强平台安全体系建设

信用信息越是充分共享，越要重视主体权益保护。2019年7月25日，国家发展改革委、人民银行联合召开的视频会议上明确提出要加强信用信息主体合法权益保护工作，既要加强硬件建设、确保各类信息平台运营安全、防范信息泄露给人民群众财产安全带来损失，也要加强软件建设，确保各项制度设计公平、机制安排高效、流程管控合理，为守信者提供方便，给失信者修复机会。

建立健全信用信息安全管理规章制度，各级部门在建设信用信息共享平台和“信用中国”网站时，要加强信息安全建设，明确信用信息安全管理责任，切实加强信用信息归集、共享、使用等各环节的安全防护。加强个人隐私、商业秘密的保护，严格执行采集、查询和使用的权限和程序。建立完善信用信息安全应急处理和责任追究机制，实行信用信息安全等级保护，确保信用数据全过程留痕。

第三部分　地方信用建设实践创新

自2014年国务院印发《社会信用体系建设规划纲要（2014—2020年）》（国发〔2014〕21号）以来，社会信用体系建设走过了五年稳扎稳打的全面发力阶段，取得了一系列重大成效，迎来了崭新的阶段，地方社会信用建设取得了有目共睹的成效，对全国社会信用体系建设意义重大，具有特殊作用。城市是社会信用体系建设的重要环节。2018年1月9日，国家发展改革委和中国人民银行明确了杭州、南京、厦门、成都、苏州、宿迁、惠州、温州、威海、潍坊、义乌、荣成12个城市为首批社会信用体系建设示范城市。2018年至2019年，第二批创建信用体系建设示范城市以及第三批示范城市申报工作正紧锣密鼓地展开，各城市积极踊跃、热情高涨，地方社会信用体系建设的新成果、新举措层出不穷，极大地推动了全国社会信用体系建设，助力信用建设高质量发展。如果将全国社会信用体系建设取得的成绩比作一幅泼墨山水画，那么地方取得的建设成果无疑是这幅山水画中的浓重一笔，而作为在经济和社会生活中最为活跃的市场主体，企业无疑成为地方社会信用建设中最亮眼的色彩元素，地方实践尤其是企业信用建设能够为全国层面的社会信用体系建设提供重要的实践依据与参考经验。企业信用建设在全国社会信用体系建设过程中发挥举足轻重的作用，辐射到经济和社会生活的方方面面。本报告梳理了现阶段地方企业信用建设的实践创新，从以下几方面总结、归纳现阶段地方企业信用建设中的实践经验与亮点。

一、结合实际、多措并举、探索创新，大力发展信用服务机构

信用服务机构是社会信用体系建设的重要力量，规范、有序、健康发展的信用服务业直接关系着社会信用体系建设的长效发展。地方探索创新，结合各地优势，培育信用服务机构，发展信用服务行业。

一是培育扶持本土信用服务机构。上海嘉定全力扶持本土信用服务企业发展壮大。2013 年，作为年产值超过 2000 亿元、以轿车工业和轿车生产配套工业为主的现代化综合性工业城——安亭镇培育出了全国第一批拥有企业征信牌照的大数据信用服务机构——金电联行。截至 2019 年 8 月中旬，金电联行已经累计承接了上海市张江园区企业信用服务平台、嘉定区金融机构大数据监管平台、嘉定区大数据产融服务平台等十多个行业信用平台和服务项目。服务企业 1000 余家（中小企业占比最高），放款企业 73 家，放款金额 5.82 亿元，与 31 家金融机构开展合作，汇聚了 89 种银行产品，[①]“安亭起步、嘉定孵化、全市运用”的信用服务模式让有当地特色的信用服务机构迅速成长壮大。

二是规范管理信用服务机构。此前，各省市早就尝试出台有关规范信用服务机构发展的管理办法。例如，江苏省、辽宁省分别发布了《江苏省信用服务机构备案办法（试行）》《辽宁省信用服务机构备案管理办法》，规范本省区域内信用服务机构的管理；石家庄、苏州也发布了有关

① 数据来源于金电联行上海总部公司内部统计数据。

信用服务管理试行规定。2018 年 11 月，河南省发展改革委印发了《关于培育发展信用服务机构加快推进信用体系与大数据融合发展的通知》（豫发改财金〔2018〕895 号），明确了信用服务机构与大数据融合发展、参与重点领域信用建设、规范自身诚信建设以及探索开展综合信用服务机构试点管理等工作，并提出坚持“培育和引进相结合”方针，对具备相关资质条件、具有一定知名度和公信力的信用服务机构大力支持。

三是培育辐射多层级、跨区域的省级信用服务机构。山西省社会科学院建设项目经济社会影响评价中心是全国首个省级评价中心，近年来，在相关政府部门的鼓励下，逐渐成为该省信用服务机构的领头羊，该中心通过全力打造专业信用服务平台，强化构建信用信息汇总和高端信用智库，转型成为山西社会信用体系建设战线上的龙头企业；安徽省政府高度重视省级信用服务机构的培育，省政府牵头成立安徽省征信股份有限公司，由安徽省多个省级市场化主体联合合肥、芜湖等 16 家地市政府平台公司共同发起设立，建立起安徽全省统一、覆盖城乡、各市场主体参与、与相关政府部门信用信息互联互通的“共建、共有、共用”信用信息平台，辐射了多层级、多部门、多领域，切实为全省市场主体提供信用评级、资信调查与评估、征信管理等全面、综合的征信服务。

二、优化平台网站建设、丰富数据维度，“信易贷”助力中小微企业信用融资

平台网站是信用信息归集的前提，是实现信用信息互通共享的纽带。各地充分发挥银行、企业在开发“信易贷”系列产品上的作用，创新产

品和服务，有效地缓解中小微企业融资难、融资贵问题。

一是积极搭建企业信用数据平台，多维度全方位互通共享信用数据。厦门依托全国信用信息共享平台建立起全国中小企业融资综合信用服务平台，推动全国“信易贷”工作的深入开展，利用金融科技，以信用为基础，着力解决中小微企业融资信息不对称、信用不充分等问题，精准推进中小企业融资服务；苏州银行会同相关政府部门共同建设运营“苏州综合金融服务平台”，集中归集 46 家政府职能部门掌握的企业信息，配套提供“信保贷、科技贷、小额贷款保证保险、VC/PE 直投、融资租赁”等一系列融资工具，现已接入企业 2.7 万户，解决融资需求 3.3 万项，总金额达5260.73亿元；[①]去年5月，江苏省设立了江苏省综合金融服务平台，将融资产品与政府扶持政策、企业公共信用信息、企业融资需求等有效整合。今年，该平台服务中小微企业的金融产品将超过 200 个。到 2020 年，平台内金融机构对中小微企业融资需求的响应时间将少于 1 个工作日，信用贷款平均审批时间少于 15 个工作日。截至去年 12 月 31 日，接入金融机构 92 家，免费撮合成功企业授信 42385 笔，涉及金额 5927.48 亿元、企业 6169 户。[②]台州打造小微企业金融服务的“两平台一基金”，即设立金融服务信用信息共享平台，破解银企之间信息不对称问题，将市场监管、国税、地税、法院、房管、国土等 15 个部门 81 大类，覆盖 55 万家市场主体的 7622 万条信用信息进行了整合汇集。该平台信息自动采集、实时更新，具备基础信息、综合信息四大类查询服务，并免费

① 江苏省银监局：《江苏银行业努力缓解小微企业融资难题》，新华网（江苏），http://www.js.xinhuanet.com/2018-12/01/c_1123793430.htm，访问日期：2019 年 8 月 30 日。

② 徐冠英：《江苏加快建设综合金融服务平台》，和讯网，http://jiangsu.hexun.com/2019-01-17/195912932.html，访问日期：2019 年 6 月 10 日。

提供给银行使用。开发自动预警功能，为银行贷款授信提供深度参考，同时采取“政府出资为主、银行捐资为辅”的方式，建立台州市小微企业信用保证基金，实现下辖县（市、区）分中心全覆盖，将合作银行扩至市域所有银行，该基金为小微企业提供担保和信用增信服务，基金规模由2014年11月的5亿元提升至2018年年末的近10亿元，下一步将继续提至15亿元，保费率控制在年化0.75%。截至2018年年末，信保基金合作银行26家，累计承保19541笔，金额222.99亿元，在保余额75.96亿元，服务企业13365家，[①]较好地缓解了小微企业抵押物不足、融资难、互保风险大的问题。

二是优化融资产品和服务，助力中小微企业信用融资。国有银行、商业银行不断推陈出新，探索信用融资产品和服务。工商银行运用大数据互联网技术，整合市场监管、税务、征信、金融交易等信息，创新平台化获客、押品在线评估、自动审批、数字化风控等模式，推出“经营快贷”“网贷通”“线上供应链融资”产品。其中，截至2018年年末，“经营快贷”产品已为60余万户小微企业授信超过3000亿元，累计发放贷款400多亿元。[②]农业银行运用金融科技，把金融科技作为主要合作领域，运用人工智能、大数据、云计算和区块链等技术，共建“金融大脑”技术支撑平台，推出全线上、纯信用的小微企业法人信贷产品“微捷贷”，截至2018年年末，该产品有贷客户数2万户、累计发放贷款超过

① 《台州破解小微企业融资难题有新思路、行新举措、出新成效》，搜狐网，http://www.sohu.com/a/313642387_641899.2019-05-31，访问日期：2019年6月10日。

② 《工商银行：今年支持小微企业贷款力争增长1000亿元以上》，新浪网，https://news.sina.com.cn/o/2019-03-28/doc-ihtxyzsm1316917.shtml，访问日期：2019年5月15日。

百亿元。[①] 交通银行开发“线上优贷通”“线上税融通”等全线上标准化小额信用贷款产品，利用客户在交行结算资金和客户涉税信息等，主动为客户提供小额循环信用贷款。民生银行将大数据、场景金融、移动互联等金融科技全面应用到客户画像与精准服务，首创“老板 + 企业”一体化手机银行小微专属服务，整合企业、个人一站式服务。北京银行推出“融信宝”产品，为中关村科技园区具备条件的中小企业发放纯信用贷款，截至 2018 年年末，已累计发放贷款超过 240 亿元。[②] 深圳前海微众银行于 2017 年创新研发国内首个服务小微企业的全线上、纯信用的对公流动资金贷款产品——“微业贷”。截至 2018 年 12 月，“微业贷”有效触达 34 万户小微企业，其中，46% 为制造业和高科技行业，38% 为批发零售业，还有物流、交通运输、建筑行业等，均是实体经济范畴的小微企业。户均授信金额为传统银行小微贷款的 10%，服务小微企业平均雇员人数仅 10 人，助力授信企业近 100 万员工的就业。[③]

三是精准筛选信用良好的优质企业，“政、银、企”共促融资。自 2013 年起，北京海淀就瞄准了以信用为核心的融资服务体系这一重要发力点，全面启动“海帆计划”，从创新能力、发展潜力、信用基础等多个维度筛选优质科技型中小微企业成为“海帆企业”，通过投融资、信息化

---

① 刘琪：《银行加大金融科技投入　助力小微企业金融服务可持续发展》，腾讯自选股网，http://gu.qq.com/resources/shy/news/detail-v2/index.html#/?id=nesSN2019070201365618c8d242&s=b，访问日期：2019 年 7 月 13 日。

② 刘琪：《银行加大金融科技投入　助力小微企业金融服务可持续发展》，腾讯自选股网，http://gu.qq.com/resources/shy/news/detail-v2/index.html#/?id=nesSN2019070201365618c8d242&s=b，访问日期：2019 年 7 月 13 日。

③ 《民营银行发展报告：部分小银行面临退出或被收购风险》，新浪财经网，https://finance.sina.com.cn/money/bank/bank_hydt/2019-03-01/doc-ihrfqzkc0181390.shtml，访问日期：2019 年 7 月 10 日。

管理、营销推广、协同创新、育成孵化五大体系的搭建，重点对一批信用基础好、创新能力强、发展潜力大的“海帆企业”进行重点扶持，迄今为止，北京银行、农业银行、建设银行等金融机构已发布针对“海帆企业”的专属信贷产品30余项，仅北京银行中关村分行就已为851家“海帆企业”提供了总额150亿元的贷款，其中纯信用贷款约占三分之一。[①]早在2016年，辽宁省就已经建立起“辽宁省中小微企业信用培育池”，将入池企业的融资项目向商业银行推荐，指导商业银行在信用贷款、增加抵押品比率、增加信贷期限等方面提供支持。截至2018年年末，“信用培育池”企业已达943家。[②]2019年4月，中国人民银行沈阳分行、沈阳市发展改革委、银联商务股份有限公司共同搭建了“沈阳市中小微企业信用信息应用服务平台”，与沈阳自贸区金融信息平台实时对接，引导相关扶持政策和金融资源向自贸试验区诚信企业倾斜，整合零散、碎片化信息，进一步加强了“政、银、企”合作，深入推进社会信用体系建设，依托沈阳市中小微企业信用信息数据库、沈阳市中小微企业融资对接平台、信用中国（辽宁沈阳）网全面推广“信用＋应用”的中小微企业融资服务公益普惠新模式，通过大数据技术探索解决民营和小微企业融资难、融资贵问题，为融资供需双方网上自助对接提供极大便利，解决银企双方信息不对称问题，破除信息壁垒、打破“信息孤岛”，提供更多的便利信贷产品，真正实现了普惠金融的“精准＋有效”。

① 数据来源于2019年4月15日中国改革报社介绍第二批社会信用体系建设示范城市评估情况的内部统计数据。

② 辽宁日报：《辽宁多措并举助力民企驶入快车道》，华夏经纬网，http://www.huaxia.com/lnsy/jrln/xwsc/2018/12/5964248.html，访问日期：2019年6月15日。

三、探索应用公共信用综合评价，精准治理、多方激励

国家公共信用信息中心定期发布不同领域公共信用综合评价情况，建立公共信用综合评价机制。公共信用综合评价能全方位刻画出“企业画像”，打破征信报告的局限性，促进传统金融信用信息与公共信用信息的融合，各地纷纷在不同场景中开展对企业公共信用综合评价的应用。

一是立足大数据技术，拓展评价应用场景。广东汕头是第二批示范创建城市之一。2018 年年底，联合腾讯公司依托“汕头市公共信用大数据平台”探索建立“企业信用评分模型”，腾讯云从“数据处理”和“网站建设”出发，为汕头提供两大数据系统和三大应用系统，即政务信用信息服务系统、联合奖惩服务系统和信用大数据分析系统，通过对数据的收集、整理和分析到转换为相应的信用评级，经过不到一年的建设和运行，在数据分享、收集以及公示方面已取得成效。该平台实现了 53 个市级部门向市级公共信用信息共享平台常态化提供信息 733 类，归集全市法人及其他组织公共信用信息覆盖率达 100%，其中，全市工商企业和个体户 508104 个，全市事业单位 2408 个，社会组织 702 个。[①] 同时，推及财税领域，为有效推动本省《关于全面推广小额贷款公司和融资性担保公司信用评级工作的通知》落实落地，将评价结果作为支持中小企业信用担保机构发展财税优惠政策的重要依据，实现了政企协同，共建互赢模式雏形初显。

---

① 陈蕊：《加快“信用中国”建设　腾讯云助力汕头市信用体系升级》，环球网，https://baijiahao.baidu.com/s?id=1619089914260946131&wfr=spider&for=pc，访问日期：2019 年 6 月 18 日。

二是多途径精准治理，多方面正向激励。 各地对不同的公共信用综合评价结果采取不同措施，对评价较差的进行精准治理，对评价较好的进行多方面激励。例如，2019 年 1 月，山西长治根据《山西省发展改革委关于用好公共信用综合评价结果切实加强煤炭行业供给侧管理工作的通知》要求，对公共信用综合评价结果为“差”级涉煤企业主要负责人进行一次警示性约谈，并督促企业立即开展整改，在约谈的同时，指出各企业目前存在的问题，并就如何进行信用修复进行了指导；2018 年年底，浙江绍兴上线了“绍兴市公共信用信息平台”，建立信用主体评分评价模型，按照统一标准，对信用主体自动做出信用评分和等级评价，定期输出信用评价结果。无论是市场部门还是公共管理部门已经可以将公共信用评价结果运用在资金安排、评优评奖、企业排序等行政、经济活动中，对评价等级结果较好的市场主体给予评优评先、资金方面的优先安排。

三是推动公共信用信息和市场信用信息融合，推进多领域多行业公共信用综合评价全覆盖。 截至 2019 年 6 月底，国家发展改革委组织国家公共信用信息中心、第三方机构深入推进对全量市场主体进行公共信用综合评价，目前已完成 3313 万余家市场主体第一期试评价，① 已经在涉天然气、旅行社、煤炭等领域开展了公共信用综合评价，持续开展上市公司、托幼等重点领域行业评价。“信用中国”网站公布了第四期涉天然气领域评价结果，国家对公共信用评价的综合运用无疑为地方开展公共信用综合评价的应用提供了政策指导，为有效提升信用监管水平提供了重要支撑。

---

① 《国家发改委：超三千万市场主体完成第一期公共信用综合评价》，中国商务信用平台网站，http://www.bcpcn.com/articleShow?d=91550，访问日期：2019 年 7 月 20 日。

四、建立健全以信用为基础的新型监管机制，深化“放管服”改革

2019年7月9日，国务院办公厅印发《关于加快推进社会信用体系建设构建以信用为基础的新型监管机制的指导意见》（国办发〔2019〕35号），明确构建以信用为基础的新型监管机制，政府只有管得好才能放得开，建立健全贯穿市场主体全生命周期，衔接事前、事中、事后全监管环节的新型监管机制，信用监管对信用较好的企业更有利，对失信企业更有威慑力，这是持续深化“放管服”改革的迫切需求。

一是积极推进事前信用承诺。自2018年10月以来，湖北印发《关于全面建立信用承诺制度的通知》，要求全省范围内全面建立信用承诺机制，简化市场主体在申请市场准入时的手续，降低制度性交易成本，激发市场活力，明确了包括审批替代型信用承诺、主动公开型信用承诺、行业自律型信用承诺、信用修复型信用承诺四类信用承诺。湖北黄石针对企业投资项目实施“先建后验”，改企业投资项目行政审批制为信用承诺制，符合准入条件的项目，企业作出诚信承诺，政府作出预办承诺后，即可自主开展项目设计和施工，并在施工建设过程中逐步将相关手续进行补充完善。企业开工前办理事项所需时间由之前的79天下降到6天。广东惠州推出《全面推行建设工程项目“信用快审”承诺制改革实施方案》，建立承诺制改革信用“黑名单”制度。浙江杭州多家企业联合发起诚信公约，实现事前信用承诺，以实际举措惠及消费者。比如，有的百货公司推行60天无理由退换货、消费预赔跨店退换等九条承诺，有的民宿企业推行“千万保障、赔付先行”的措施，免费给消费者提供保额50

万元的住宿意外险，有的汽车企业给到店所有车主免费添加雨刮水、防冻液，免费提供事故车辆修复检测，免检测费等福利，有的餐饮公司推出了所有门店全程阳光、明厨亮灶的举措。

二是全面建立企业信用记录。在国家层面，统一社会信用代码基本实现全覆盖，每个企业都有一张属于自己的唯一且可识别的“经济身份证”。在地方层面，越来越多的地市纷纷出招，以统一社会信用代码为基础，建立和完善企业信用档案，信用档案成为企业在市场竞争中的“经济通行证”，加快了市场主体信用记录全覆盖的进程。例如，2019 年 4 月，湖北襄阳印发《关于全面建立和完善企业信用档案的通知》，明确各类主体建立健全信用记录和信用档案，及时准确地记录了市场主体的信用行为；浙江舟山实现自然人和法人信用记录全覆盖，通过建成的“一网两库两平台”系统，采集了 35 个参建部门的信用信息，完全覆盖舟山市常住人口、流动人口及各类企业注册法人，信用报告在线上线下都可一站式查询。将企业信用报告作为招投标、评优评先、申请政府财政补贴项目等领域的重要参考。

三是强化全流程信用监管。2018 年 7 月，上海浦东发布《浦东新区“六个双”政府综合监管实施办法（暂行）》，率先在全国构建了能够覆盖企业全生命周期的“六个双”政府综合监管机制，实现了全区 32 万企业全覆盖，有效地推动了注册、审批、监管和执法等部门的信息共享和联合奖惩，即“双告知、双反馈、双跟踪”证照衔接机制和“双随机、双评估、双公示”监管协同机制，推动了职能部门在登记注册、许可审批、行业主管、综合执法等各环节的信息共享、监管协同、联合奖惩，构建覆盖市场主体全生命周期的政府监管完整链条，进一步提升了政府监管的协同性和效能水平。通过建立“六个双”综合监管措施，浦东新区初步构建形成惩戒名单即时更新、惩戒措施即时显现、惩戒反馈即时推送的自动启动惩戒机制。对32万家市场主体进行评估后，80%以上的企业是信用较好的守信企业，对信用差、风险高的企业，提高抽查频次，做到“重点监管、有事必究”，实现了“守法者无事不扰，违法者利剑高悬”。①

五、探索开展企业信用修复，保障失信企业合法权益

一是贯彻落实国家最新政策，制定地方信用修复规范。根据《国务院关于建立完善守信联合激励和失信联合惩戒制度加快推进社会诚信建设的指导意见》（国发〔2016〕33号）、《国家发展改革委办公厅　人民银行办公厅关于对失信主体加强信用监管的通知》（发改办财金〔2018〕893号）、《国家发展改革委　人民银行关于加强和规范守信联合激励和失信联合惩戒对象名单管理工作的指导意见》（发改财金规〔2017〕1798号）、《国家发展改革委办公厅关于进一步完善“信用中国”网站及地方信用门户网站行政处罚信息信用修复机制的通知》（发改办财金〔2019〕527号）等文件精神，要求积极稳妥开展信用修复，建立健全信用修复制度，信用修复是实现以信用为基础的新型监管机制的重要一环。信用修复给予失信主体纠正失信行为、改过自新的机会。2018年年底，河南印发《关于印发河南省公共信用信息修复管理办法（试行）的通知》。2019年年初，安徽合肥印发了《合肥市法人和自然人信用修复办法（试行）》，明确了“谁认定，谁修复”的信用修复基本原则，信用修复可通

① 《上海浦东探索“六个双”政府综合监管　全区32万企业全覆盖》，国务院新闻办公室网站，http://www.scio.gov.cn/32344/32345/39620/41042/zy41046/Document/1659798/1659798.htm，访问日期：2019年7月20日。

过线上、线下两个渠道进行流程化申请办理，通过提出申请、修复审核、修复处理、修复反馈等步骤完成。“信用合肥”网站推出线上的信用修复视频学习、线下的培训班和约谈等多种信用修复培训方式。湖北武汉先后印发《武汉市失信主体信用修复办法（试行）》《关于武汉市失信主体信用修复办法的补充通知》，对于信用修复申请书、信用承诺书、信用修复决定书作出了规范性规定，在补充通知中对行政处罚信息的修复规则进行调整，包括修复条件和修复方式。

二是创新信用修复模式，广泛听取公众意见。山东青岛强调信用修复与联合奖惩同步推进，鼓励市场主体自我纠错，出台了《关于规范信用信息异议处理及信用修复工作的通知》，摸索出信用修复“0113”模式，办理过程零跑腿，材料提交一网通、条件符合一次办、修复流程三联动，为失信主体弥补失信行为提供了渠道和机会。① 海南三亚的《三亚市法人和自然人信用修复管理办法（试行）》正在向社会公开征求意见。

三是严格规范信用修复程序。吉林省政务服务和数字化局印发《吉林省公共信用修复管理暂行办法》，该办法自 2019 年 6 月 1 日起实施。该办法较为严格地确立了公共信用信息提供单位在实施本行业（领域）信用修复操作流程时应当遵循的具体信用修复程序，明确修复的具体时限、所需提供的申请材料与佐证材料、信用修复机构的核准义务、联合举办信用修复专题培训以及出具信用报告的相关要求，有效解决了信用修复流程较为烦琐、标准不够明确、材料较为混乱等不足，对流程、标准、责任分工明细化。

① 娄花：《国家城市信用监测排名，青岛进入前十！》，半岛都市报官方百家号，http://baijiahao.baidu.com/s?id=1641897781668759426&wfr=spider&for=pc，访问日期：2019 年 8 月 16 日。

六、加快推进建章立制，完善地方信用法规规范

信用基础性法律法规规范的建立为社会信用体系建设提供强有力的法治保障。地方形成合力，稳步推进社会信用法律法规体系不断健全完善。

一是地方信用立法迈上快车道，基本形成共识。自陕西、湖北、上海、河北、浙江五个省市先后出台地方性信用法规以来，海南、江苏等地正在抓紧起草社会信用条例，河南、广东、重庆、甘肃的信用立法工作已纳入地方人大常委会立法计划，贵州、山东的社会信用条例正在公开征求意见。《台州市企业信用促进条例》（征求意见稿）是我国首部以促进企业信用为目标的地方性法规，独具特色，富有创新性。地方遇到的立法“瓶颈”与难点在实践中逐步找到了答案，先行先试的立法经验初步在社会信用的基本概念、立法框架等问题上形成基本共识。部分社会信用体系建设示范市结合地方特色制定符合地方需求的地方性信用法规，如《宿迁市社会信用条例》《厦门经济特区社会信用条例》。条件具备的地方，也出台了配套的公共信用信息管理规定，如《广州市公共信用信息管理规定》自 2019 年 8 月 1 日起实施，《辽宁省公共信用信息管理条例（草案）》近期正在向社会公开征求意见。

二是召开立法动员推进会，加快各地立法进程。2019 年，各地将立法工作作为今年信用工作的重点，例如，《北京市进一步优化营商环境行动计划（2018—2020 年）》明确至 2020 年年底前，完成北京市社会信用条例立法工作。哈尔滨市人大常委会于 2019 年 5 月 28 日召开了《哈尔滨市社会信用条例》立法工作推进会，南京市信用办 6 月 17 日就《南京

市社会信用条例（草案）》公开征集立法意见。越来越多的地方意识到立法工作的紧迫性。

七、广泛应用信息化手段，提升联合奖惩高效便捷水平

一是建立自动比对的信用核查直联机制。浙江台州建立联合奖惩系统直联机制，实现联合奖惩“自动响应”。将共享平台中的失信信息汇集到公共信用信息平台，并与政务权力运行系统进行接口对接，当市场主体需要申办行政业务时，系统会“自动比对”失信名单对失信者发起“自动拦截”。截至 2018 年 9 月底，台州市本级 259 项行政许可开始应用信用核查，全市 10 个行政服务中心全部实施信用核查机制。①

二是探索信用奖惩信息化模式。广东省创新应用信息化手段，探索建立“信用奖惩、一键搞定”便捷模式，将联合奖惩嵌入行政审批流程。在搭框架、建平台、归数据等基础上，广东省发展改革委梳理了现已出台的联合奖惩合作备忘录，将 1226 条奖惩措施梳理形成《备忘录措施清单》《措施类别清单》《应用事项清单》，②并制定了《信用联合奖惩工作清单编制指南》，使备忘录化繁为简、易于操作。探索创建出了“信用奖惩、一键搞定”便捷模式，联合奖惩嵌入行政审批流程，实现自动核查信用信息、自动匹配红黑名单、自动嵌入奖惩措施、自动汇集反馈实施情况。该模式为单向环节，不能忽视或跳过，在省级试点单位 36 个重点事项中

---

① 台州日报：《我市实现政务大厅信用核查全覆盖》，凤凰网（浙江），http://zj.ifeng.com/a/20181004/6925992_0.shtml，访问日期：2019 年 7 月 15 日。

② 南方日报：《广东省探索“信用奖惩、一键搞定”便捷模式》，中央人民政府网，http://www.gov.cn/xinwen/2019-07/16/content_5409925.htm，访问日期：2019 年 7 月 18 日。

真正做到信用核查、联合奖惩与审批流程的无缝衔接，使“激励有对象、惩戒有靶子”进入全面推广信用应用和实施联合奖惩阶段。重庆通过“一系统、三清单、广嵌入”，以多种形式打通多领域信用联合奖惩通道，不断扩大联合奖惩范围并显著提升查询使用的便捷程度，基本形成了“应查必查、逢办必查、联合奖惩”的信用格局。

八、小结

一系列地方企业信用建设的鲜活例子彰显出地方社会信用建设工作者的智慧，打造出一个又一个具有地方鲜明特色的社会信用体系建设烫金名片。地方企业信用建设的成效不完全局限于那些基础较好、起步较早、功底扎实的城市，我们可以看到，越来越多的城市热情高涨，并参与其中。它们不断创新、大胆突破，走出了一条条可复制、可推广的特色之路。地方积累了宝贵经验，积极主动作为，为推进全国社会信用体系建设迈向新阶段打下坚实基础。政府积极引导、市场协同运作、社会参与共建，科学规划、持续巩固、稳步提升，在发展信用服务机构、完善平台网站一体化信息系统建设、健全以信用为基础的新型监管机制、探索公共信用综合评价应用、积极推动信用法律法规建章立制、依法依规实现信用联合奖惩有序开展、探索信用修复保护信用主体权益等方面持续发力，地方形成合力，走出了一条具有中国特色的社会信用体系建设之路。

第四部分　行业协会信用建设实践分析

行业协会既有社会成员的一般属性，又是同行业企业自愿组成的特殊社会成员，既是自身信用建设的主体，也是行业信用建设的组织者、引领者和推动者，在我国企业信用建设中发挥着不可或缺的作用。行业协会信用建设具有自律性、中立性和非营利性等特征。[①] 本部分将通过描述 2018 年至 2019 年我国行业协会信用建设的具体进展，概括其中存在的部分突出问题，并提出一些针对性的解决建议。

一、政策法规建设

（一）全国性政策法规建设

1.《社会组织信用信息管理办法》。2018 年 1 月 12 日，民政部部务会议通过《社会组织信用信息管理办法》（以下简称《办法》），明确社会组织信用信息包括基础信息、年报信息、行政检查信息、行政处罚信息和其他信息；社会组织信用信息的管理应当遵循依法公开、统一管理、

① 毕俊杰等：《行业协会商会信用体系建设研究》，载《宏观经济管理》2018 年第 4 期。

分级负责、信息共享、动态更新的原则。《办法》规定了三种被列入活动异常名录的具体情形和七种被列入严重违法失信名单的具体情形，列入严重违法失信名单的社会组织将成为重点监管对象，登记管理机关可对其采取不给予资金资助、不购买服务、不授予相关荣誉称号等惩戒措施。信用良好的社会组织可享受优先承接政府授权和委托事项，优先获得政府购买社会组织服务项目，优先获得资金资助和政策扶持，优先推荐获得相关表彰和奖励等激励措施。

2.《关于全面推开行业协会商会与行政机关脱钩改革的实施意见》。 2019 年 6 月 14 日，国家发展改革委等十部门印发《关于全面推开行业协会商会与行政机关脱钩改革的实施意见》（发改体改〔2019〕1063 号），提出要加强信用监管，建立行业协会商会诚信承诺和自律公约制度，行业协会商会要向社会公开诚信承诺书，重点就服务内容、服务方式、服务对象和收费标准等作出承诺；建立行业协会商会失信“黑名单”制度，相关信息纳入全国信用信息共享平台；推动跨地区、跨部门、跨行业协同监管，开展失信联合惩戒，在参与政府购买服务、年检、评先评优等方面进行限制，提高行业协会商会守信收益、增加失信成本；完善行业协会商会第三方评估机制，发挥好第三方评估的引导和监督作用；加强行业协会商会信息公开，接受社会监督；推动行业协会商会在行业信用建设方面发挥重要作用。

（二）地方性政策法规建设

1.《浙江省公共信用信息管理条例》。 2018 年 1 月 1 日，《浙江省公共信用信息管理条例》正式施行。该条例规定，行业协会（商会）等单位应当开展公共信用的宣传、普及工作，鼓励建立信用管理和教育制度，组织签署入职信用承诺书，开展信用知识培训和诚信创建活动，培育单位信用文化。

2.《河北省社会信用信息条例》。2018 年 1 月 1 日，《河北省社会信用信息条例》正式实施。该条例指出，信用服务机构、行业协会、平台企业应当遵守行业信用规约和职业道德准则，开展宣传培训、政策建议以及行业信息发布等，提升行业服务能力和公信力。行业协会应当加强行业信用管理建设，与信用服务机构进行合作，开展信用等级分类和信用评价，依据协会章程对守信主体采取重点推荐、提升会员级别等激励措施，对失信主体采取业内警告、通报批评、降低会员级别、取消会员资格等惩戒措施。

3.《烟台市人民政府办公室关于深化改革全面清理规范涉企收费的实施意见》。2018 年 2 月 15 日，烟台市政府发布《关于深化改革全面清理规范涉企收费的实施意见》（烟政办字〔2018〕13 号），提出要开展行业协会商会等级评估，推行行业协会商会诚信承诺制度，建立专业化、社会化的第三方监督和评估机制，对多次失信或严重失信并造成严重后果的，实行“黑名单”制度，采取取消税收减免资格、降低评估等级、限制购买服务项目等措施，加大惩戒力度。

4.《河南省保险中介行业诚信建设方案》。2019 年 1 月，河南省保险中介行业协会向全行业发布了《河南省保险中介行业诚信建设方案》，从发布诚信倡议、加大宣传力度、普及诚信知识和加强自律监督四个方面提出了行业诚信建设方案，并强调要在全行业共同努力下，逐步形成职责清晰、协调有序的诚信工作机制，保险从业人员的诚信意识显著增强，弘扬诚信精神和恪守诚信规范成为全行业的共同理念和自觉行动，巩固行业诚信基础，从而为行业高质量健康发展提供重要支撑。

二、信用制度（机制）建设

（一）联合奖惩制度建设

2019 年 5 月 20 日，衢州市中级人民法院、衢州市银行业协会联合签署了《关于对职业放贷人实施联合惩戒的合作备忘录》，衢州市中级人民法院按照统一格式将职业放贷人名录（包括但不限于职业放贷人名称、身份信息、住址、涉诉情况等信息）动态推送至衢州市银行业协会，协会接到信息后 1 个工作日内将职业放贷人名录录入“银行业诚信灰名单”，并向辖内各银行机构推送相关信息，辖内银行机构对列入“银行业诚信灰名单”的当事人，执行或协助执行本备忘录规定的惩戒措施。

（二）信用承诺制度建设

2017 年 11 月 18 日至 12 月 22 日，在相关部门的积极组织下，莱州市汽车行业协会、物业管理行业协会和雕塑协会等 16 家行业协会签署了诚信承诺书，决定严格依法按章程组织开展协会活动，积极打造行业诚信服务品牌。此次签署的行业协会诚信承诺书，在综合监管牵头部门和登记管理机关分别作了备案，内容通过“诚信莱州”和“信用烟台”等网站进行公开。承诺内容涵盖了遵守法律法规和国家政策、接受政府综合监管，健全法人治理结构、依法按章程自治，维护会员合法权益、为会员提供贴心服务，实行协会信息公开、接受会员和社会监督，加强行业诚信自律建设、规范会员生产经营行为和从业人员职业行为，组织参与社会信用体系建设、提高行业信用水平等内容。行业协会的守信践诺情况纳入行业协会信用记录和会员企业信用评级管理，进一步放大了守信践诺对行业协会及其会员产生的影响效应。①

2018年3月5日，中国职业安全健康协会在网上公布《中国职业安全健康协会诚信自律承诺书》，郑重承诺遵守法律、法规和国家政策，诚实守信等七项内容，切实加强协会自身建设，全面推进协会信用体系建设。

2018年6月，东莞市企业代理服务行业协会启动了“共建诚信·砥砺前行——东莞市企业代理服务行业诚信体系建设”，首批53家企业签订了诚信自律公约承诺书，拉开了东莞代理服务行业领域的共建共治共享大幕。②

（三）自律公约制度建设

2018年4月5日，中国城市轨道交通协会在其官网发布《中国城市轨道交通协会会员自律规约》，与会员共同约定了严格执行国家有关法律、法规和规章等七条自律条款，倡导全国从事城市轨道交通行业的企事业单位、机构和个人遵守规约，推进行业诚信自律建设，共同创造良好的行业发展环境。

2018年4月16日，中国职业安全健康协会在网上公布《中国职业安全健康协会行业组织自律公约》，与会员企业共同约定遵守国家法规，

① 《山东省莱州市行业协会迈出诚信自律第一步》，信用中国网站，https://www.creditchina.gov.cn/hangyexinyong_824/zonghedongtai/zhengfubumen/201806/t20180627_119137.html，访问日期：2018年6月27日。

② 《广东省东莞市企业代理服务行业协会启动诚信体系建设》，信用中国网站，https://www.creditchina.gov.cn/hangyexinyong_824/zonghedongtai/hangyexiehuishanghui/201807/t20180706_119863.html，访问日期：2018年6月27日。

执行行业准则；信守职业伦理，遵守职业纪律；完善行业管理制度，规范行业运作行为；推动行业诚信建设，构建和谐行业关系；增强法律意识，维护行业秩序；促进服务体系建设，提高社会服务能力；维护会员权益，反映会员合理诉求；加强自身建设，提升服务能力。

2013年以来，温州市鞋革行业协会先后发布了《温州市鞋革行业自律倡议书》《温州市鞋革行业协会开展行业自律与诚信创建活动实施方案》《温州市鞋革行业自律公约》和《温州市鞋革行业用人“三方”公约》。在此基础上，2018年6月，协会再向全行业发出“加强行业自律紧急呼吁”，呼吁行业企业遵纪守法，诚信经营，履行协会章程，坚决抵制打击不法行为，拒购侵权产品，营造温州鞋革行业和谐良好的营商环境。鉴于温州市鞋革行业协会在行业信用体系建设中发挥的重要作用，2018年，温州市发展改革委（信用办）和工商联（总商会）联合将其确定为行业协会商会信用体系建设首个试点单位。①

2018年8月17日，中国医药物资协会发布《中国医药物资协会关于诚实制药诚信经营的倡议书》，倡议全体会员单位和行业从业人员，认真吸取吉林长春长生公司问题疫苗案的教训，牢固树立诚信生产、诚信经营和诚信服务的意识，强化红线意识、底线意识和风险意识，自觉做到尊法、学法、守法和用法等。

2018年11月10日至12日，新疆维吾尔自治区生态环境保护产业协会举办环境监测行业自律公约承诺会，发布了《新疆维吾尔自治区环境监测行业自律公约》，12家监测企业代表全行业作出承诺：自觉履行行

① 《温州开展行业协会商会信用体系建设试点》，信用中国网站，https://www.creditchina.gov.cn/hangyexinyong_824/zonghedongtai/hangyexiehuishanghui/201809/t20180903_125050.html，访问日期：2018年9月3日。

业自律义务，杜绝违法违规经营，提高环境监测数据质量，树立环境监测行业良好形象，共同维护良好发展环境。

2018 年 11 月 29 日，佛山市企业征信建设促进会与佛山市第一批建立信用数据库的 15 家商会协会，在佛山市第二届信用论坛共同发出行业诚信宣言，倡议相关企业积极行动起来，严格遵守法律法规和坚守职业道德底线，自觉维护行业信誉，加强行业自律，牢固树立诚信意识，强化产品质量安全，打造诚信透明和对社会负责任的企业。

2018 年 12 月 1 日，东营市代理记账行业协会成立。协会将加强诚信建设，印发会员签署《东营市代理记账行业协会诚信公约》，建立失信惩戒机制，对于涉嫌违反诚信公约的行为，由协会下设的行业自律委员会组织专人进行调查核实，并根据公约规定作出惩戒决定，记入行业信用档案。对严重违约者将提请业务主管部门处以限期整改或取消代理记账资格的处罚；存在违法行为的，移交相关部门调查、处罚。①

2019 年 4 月 20 日，为提倡诚信经营，杜绝虚假夸大宣传、炒作石墨烯概念等现象，维护石墨烯行业的良好声誉，保护知识产权，加强行业自律，中关村石墨烯产业联盟牵头发布《石墨烯行业诚信自律公约》。该公约是国内发布的首个石墨烯行业自律公约，约定了诚信经营、不做虚假宣传、不炒作概念、不侵犯他人知识产权等内容。

（四）“黑名单”制度建设

海口市钢材经营行业协会采取“黑名单”、合同备案制等措施，抑制

① 《东营市代理记账行业协会成立　为小微企业提供更规范标准诚信服务》，信用中国网站，https://www.creditchina.gov.cn/hangyexinyong_824/zonghedongtai/meitidongtai/201812/t20181203_141156.html，访问日期：2018 年 12 月 3 日。

不诚信行为，成为海口行业协会推动诚信建设的一面旗帜。协会建立了拖欠货款不良客户“黑名单”制度，会员单位发现有恶意拖欠货款的客户，将立即向协会提交证据材料申请将该客户列入“黑名单”，并通过协会内部网站、会员微信群、市场公告栏等形式通报，在不良信誉客户未结清已完工工程拖欠的钢材款之前，所有会员单位都不能对其供应钢材。海口市钢材经营行业协会成立以来共公布52家不良信誉客户，避免了会员单位4亿多元的经济损失。①

（五）信用信息公开制度建设

早在2017年，国家发展改革委就要求在民政部门登记的各级行业协会商会，将收费信息和基本信息在“信用中国”网站公示。目前，绝大部分行业协会商会都按要求公示了相关信息。另外，部分行业协会也通过自建的网站，公示了不少信用信息。比如，中国医药物资协会官网设有信用品牌子网站，涵盖了信评动态、信评管理、信评公示和信评结果等专栏，可以查询行业信用评价相关信息；中国合作贸易企业协会信用办公室建有“信用企业”专栏，可查询推荐企业和各地信用企业信息等。

（六）信用信息平台建设

目前，国家信息中心通过对60多家全国性行业协会商会进行深入摸底调研，了解行业协会商会对信息共享的需求和工作现状，认真研究信息采集和共享的开发利用模式，正在推动建设行业公共信用信息平台，通过信息化手段实现对全国性行业协会商会公共信用信息共享。该平台

① 《海口市钢材行业协会倡导诚信经营》，载《海口日报》2018年11月30日第6版。

包括八个核心功能模块，将自动采集协会商会动态信息，采取数据信息的差异化有偿使用模式，行业管理部门、企业或个人用户可根据自己的权限获取协会的数据信息。①

（七）信用评价建设

2018年6月6日，中国企业评价协会信用专业委员会发布《中国企业信用等级评价管理办法》，从企业信用信息安全及保密制度等方面，规定了中国企业信用等级评价的相关办法。

2018年8月，中关村企业信用促进会联合北京企业评价协会，依据《北京市企业信用评价管理办法》和《北京市企业信用评价指标体系（试行）》，遵循“自愿、客观、公正、公开”的原则，对部分中关村企业信用促进会会员开展信用评价工作，评选出了2018年第一批信用A级企业。

2018年6月19日，为加快社会信用体系建设，推进环境保护和能源节约领域信用建设，进一步发挥协会行业信用评价工作的主动性和创造性，提升循环经济领域企业诚信经营意识，规范行业市场秩序，中国循环经济协会开展第四批全国循环经济领域企业信用等级评价工作，并于2018年4月13日公布了第三批全国循环经济领域企业信用等级评价结果，授予3家循环经济企业信用等级评价AA级以上称号。

2018年10月15日，中国农药工业协会在商务部、国资委的监督指导下，通过严格申报、评审、公示和复查等程序，对企业信用状况做出全面评估，发布了53家获得信用评价等级的企业名单。

---

① 《全国性行业协会商会行业公共信用信息平台建设工作有序推进》，国家发展和改革委员会官方网站，http://www.ndrc.gov.cn/fzgggz/tzgg/zhdt/201804/t20180403_881639.html，访问日期：2018年4月3日。

2018 年 5 月 19 日，中国合作贸易企业协会举办 2018 中国企业信用发展论坛暨第九届诚信公益盛典，发布了 2017 年度“中国企业综合信用指数”“中国企业信用 500 强”“中国制造业企业信用 100 强”“中国服务业企业信用 100 强”“中国民营企业信用 100 强”和“中国上市公司信用 500 强”，表彰 2017 年度诚信企业和企业家。

三、信用建设创新举措

（一）中国品牌信用发展论坛

2018 年 5 月 11 日，首届中国品牌信用发展论坛暨信用企业品牌战略提升工程启动仪式在上海开幕。论坛以“整合大数据、建设大信用、塑造大品牌”为主题，深入探讨大数据环境下信用建设的新趋势，解读信用企业品牌战略提升的新路径，聚焦国家信用体系建设和国家品牌战略实施。论坛发布了“信用企业品牌战略提升工程”首批重点培育品牌企业名单。

（二）全国诚信兴商宣传月

2018 年 9 月 1 日，第 14 届全国“诚信兴商宣传月”活动正式启动。活动主题为“弘扬诚信理念，优化营商环境”，现场公布了百家诚信兴商倡议企业名单，发布了“诚信兴商倡议书”。中国合作贸易企业协会围绕活动主题，组织开展“失信惩戒，寸步难行”“信用交通”“抵制不合理低价游　明明白白去旅游”“质量月”“诚信守法用外汇，合规经营促发展”等 10 余项主题宣传活动。

（三）企业信用纠纷人民调解委员会

佛山市企业征信建设促进会（以下简称征促会）是广东省首家以“征信服务”为主要内容的综合性社会组织。2018 年 11 月 20 日，征促会在有关政府部门的指导下，成立了佛山市企业信用纠纷人民调解委员会。调委会将人民调解职能与社会信用建设创建结合，帮助积极履行人民调解协议的企业修复信用，是社会机构和政府部门通力合作，解决民营企业账款拖欠纠纷的一项开创性措施。

（四）涉医药领域拖欠货款失信问题专项治理

2018 年 12 月 12 日，中国化学制药工业协会联合中国中药协会等八家药品和医疗器械领域的全国性行业协会，在北京举办“涉医药领域拖欠货款失信问题专项治理座谈会”。与会协会共同决定充分发挥行业协会监督、自律与协调作用，动员协会会员广泛参与，依托行业信用信息共享平台，开展“涉医药领域拖欠货款失信问题专项治理行动”，最终通过信用档案、信用承诺、信用评价、信用名单公示、激励与惩戒、信用修复等一系列信用管理制度的建立与完善，实现拖欠货款等失信现象逐渐好转，全面提升行业信用水平。①

（五）北京诚信建设万里行

2018 年 12 月 12 日，由中关村企业信用促进会等单位承办的 2018

---

① 《涉医、涉药领域拖欠货款失信问题专项治理——行业协会在行动》，信用中国网站，https://www.creditchina.gov.cn/hangyexinyong_824/jiaodianxinwen/201812/t20181213_141374.html，访问日期：2018 年 12 月 13 日。

信用北京诚信建设万里行暨（第四届）信用中关村高峰论坛在北京中关村举行。论坛以“信用优化营商环境　助力创新与高质量发展”为主题，多层面、多维度地展现了社会信用体系建设的最新成果；全面、系统地总结了中关村信用体系建设的实践经验；助力北京建设国际一流的营商环境高地，引领信用服务企业创新发展。

四、行业协会信用建设中存在的一些突出问题

（一）未按规定公示有关信用信息

2018 年 10 月，河北省民政厅网站公布了《关于行业协会商会报送涉企收费有关情况的通报》，对 38 家未报送信息的行业协会商会予以通报批评。拒不接受监督监管，存在乱评比、乱表彰、乱收费的行业协会商会，将被纳入异常名录和严重违法失信名单，记入诚信档案，在承接政府购买服务、享受税收优惠、评先评优等方面受到限制。

2019 年 7 月 12 日，“信用中国”网站通报，仍有 105 家全国性行业协会商会，未按照《关于进一步规范行业协会商会收费管理的意见》（发改经体〔2017〕1999 号）、《国家发改委办公厅关于组织开展行业协会商会收费信息集中公示的通知》（发改办经体〔2017〕1424 号）、《关于进一步加强行业协会商会收费信息在“信用中国”网站公示的通知》（民社管函〔2019〕47 号）等文件要求，通过“信用中国”网站“行业协会商会收费情况公示系统”将收费项目、收费性质、服务内容、收费标准及依据等内容进行公示。

（二）假借行业信用评比违规收费

有的行业协会未经批准，擅自举办评比达标表彰活动，假借信用评比、颁奖发证等方式，违规收取参评相关费用，大肆敛财。有的协会还通过举办行业信用论坛、信用研讨等方式，变相收取高额会费。有的行业协会甚至成了交钱就发奖的“商家”，严重损害了协会信用评比的公信力，损害行业信用建设的形象。例如，某协会曾举办企业信用评价活动，要求有关企业购买 AAA 级信用证书，借机收费，但实际上获得该协会 AAA 级信用证书的部分企业早已被警方立案侦查，信用评价结果唯钱而不是唯实，严重影响了行业信用建设的公正性和客观性。

2018 年以来，已有不少全国性的行业协会因开展“艾菲奖”“全国诚信兴商双优示范单位”“全国商业质量品牌示范单位”等评选活动并收取费用而被民政部处罚，甚至是直接撤销登记。①

（三）制度建设等重点工作整体推进缓慢

过去这一年，自律公约与信用承诺制度、重要信用信息公开制度、信用激励和联合奖惩制度、信用信息归集共享制度和信用标准制度建设等行业协会信用建设重点工作，由于缺乏统一规划和顶层设计，各行业协会结合实际自行探索，存在走弯路和重复建设的情况，整体推进较为缓慢。

① 《有偿颁奖发证书　一些行业协会咋“钻进钱眼儿里”了？》，信用中国网站，https://www.creditchina.gov.cn/xinyongyanjiu/xinyongjiedu/201901/t20190107_142947.html，访问日期：2019 年 1 月 7 日。

（四）信用评价结果的真实性、客观性有待进一步提升

一些行业协会在开展信用评价时，未能建立起自主动态管理的信用信息数据库，作为评价基础的数据来源的规范性、科学性和准确性有待提升，评价结果往往同参评单位参加协会组织的会议、论坛和培训等活动的次数，以及向协会交纳会费等费用的多少有关，评价结果不能客观真实地反映企业实际信用状况。[①]

五、行业协会信用建设的若干建议

（一）依法合规开展行业协会信用建设。行业协会要加强自治自律行为，严格区分行业信用建设活动和违规评比表彰活动，未经批准不得擅自举办评比达标表彰活动，开展经批准保留项目内的评比达标表彰活动时，不得向评选对象收取任何费用，规范自身涉企收费行为。协会在建立健全行业信用体系、信用信息公开制度、联合惩戒机制和开展信用评价过程中，要依法依规进行，注重维护信用建设工作的权威性、客观性和公正性。

（二）行业信用评价要更加关注信用等级不高的企业。目前，行业协会开展的行业信用评价偏重于正向激励，主要是对信用等级较高的企业进行表彰评优，对信用等级相对较低的企业关注有限，但现实中信用等级相对较低的企业会产生更多的信用风险，如果在信用评价中对其不够重视，那么不利于降低整体信用风险，也起不到提醒警示的作用。今后，

---

① 毕俊杰等：《行业协会商会信用体系建设研究》，载《宏观经济管理》2018 年第 4 期。

行业协会信用建设要更加关注信用等级不高的企业，既要报喜，也要报忧，帮助企业切实找到自身存在的问题，提高信用评价的提醒警示作用，提高企业信用风险的防范意识和能力。

（三）行业信用建设要加强与政府部门信息共享和联动。目前，行业协会信用信息公示和应用，主要局限于本行业之内，缺少与相关政府部门的信息共享和联动，影响了行业协会信用建设的效果，不利于充分利用相关信用信息帮助企业降低信用风险。因此，今后行业协会信用建设要更加重视与政府部门的信息共享和联动。

（四）行业信用建设要注意顶层设计和统一规划。我国行业信用建设要汲取现实中的一些教训，有效避免重复建设和资源浪费，通过顶层设计和统一规划，整体推进信用承诺制度、信用信息公开制度、信用信息归集共享制度、行业信用评价制度和红黑名单制度建设等重点工作，少走弯路，推动行业协会信用建设高效、规范、科学发展。

第五部分　信用中介服务的发展分析

一、行业概要

我国信用中介服务行业，主要包括资信调查业、资信评级业、信用担保业、信用保理业、信用保险业和商账追收业等。2018 年信用中介服务业的发展主要呈现出以下几个特点：一是制度建设不断完善。在相关各方的共同努力下，制定了一系列相关业务规范，例如信用担保业关于小微企业和“三农”问题的制度建设等，积极应对新的市场变化。二是应用场景不断拓展。例如，个人资信业中，具有创新意义的信用评分产品得到广泛应用。三是服务能力有所增强。例如，全国企业征信机构备案数量已超过百家，首批综合信用服务试点机构工作全面展开等。

其中，信用中介服务机构在推动信用服务行业发展的同时，也出现了一些问题，遇到了新的挑战。比如机构之间同质竞争较为明显，从业人员专业技能和素质亟待提高等。笔者认为，未来信用中介服务行业的发展，需要多方共同努力，政府需要重点防范重大风险的发生，行业需要规范自身业务的开展，机构需要避免同质恶性竞争，从业人员需要不断提高自身专业能力，以确保我国信用服务市场的规模不断壮大，信用服务机构的竞争力不断增强，信用服务行业的国际影响力不断提高。

具体来看，资信调查业应将信用信息与前沿技术不断融合，开发出更实用、更贴近生活实际的征信产品，使得信用信息的价值不断凸显，同时要注意避免信用惩戒领域的泛化和边界不清问题；资信评级业迫切需要提高行业自律，净化市场环境，自觉维护行业形象，积极做到遵守行业规范、业务规则和合规运行基本要求；信用担保业需要注意不能过度依赖政策性担保机构，未来信用担保产品的创新可以向商贸物流、交通设施等领域发展，不断丰富现有的产品体系；信用保理业要加强与国际保理商联合会（FCI）合作，推动行业对接国际标准，同时继续加快推进与互联网、大数据等新业态的紧密结合；信用保险业在监管政策方面要形成“不冲突、不打架、能兼顾”的闭环政策体系，在信用风险方面要进行及时监测和严格把控，加强治理和审查强度；商账追收业的规范性、合法性和科学性亟待提高，要以法律法规的形式确立商账追收行业的独立行业地位，充分结合社会信用体系，让行业的发展更加规范透明。

二、资信调查业发展分析

（一）行业现状

1. 个人资信

个人信用分相互认证范围扩大。目前市场上存在着各种各样通过自主设计模型开发的信用分，有信用服务机构提供的信用分，如芝麻信用分、天下信用分和小白信用分；有电信运营商提供的信用分，如沃信用分和试金石信用分；有地方政府提供的信用分，如桂花分、西楚分、茉莉分和白鹭分。个人信用分提供主体多种多样，能从不同角度反映个人的信用状况，但是也存在着标准不统一和需要反复注册认证及重新计算的情况。为此，可以联合不同提供主体，实现信用分的互通互认，为用户减少使用信用分的不方便因素。

地方政府在此方面做出了积极探索，打破信用分的地理障碍，扩大信用分的相互认证范围，建立跨区域的信用分联动机制。由南京、杭州、武汉、苏州、郑州五地联合发起的个人守信联合激励城市合作机制于 2019 年在郑州成立，“钱江分”“黄鹤分”“桂花分”“商鼎分”等各具特色的城市个人信用分将实现互通互认，按照“政府推动、社会共建，以人为本、奖励联动”的基本原则，能在更大层面上扩大联合激励的效果。

个人信用分应用场景不断深化。最常见的应用个人信用分的场景是共享经济，如共享单车、共享充电宝。此外，传统服务业结合个人信用分的应用焕发出新的生机，如租赁房屋免押金、景区门票优惠等。个人信用分的应用场景也不断与时俱进，不断开拓创新。自从上海实施垃圾分类以来，如何倡导居民支持垃圾分类，让垃圾分类成为居民自发内生行为，需要创新相关的信用激励机制。

从正向激励实践来看，上海洋泾街道联合支付宝蚂蚁金服旗下睿斯科环保技术有限公司，在陆家嘴、星海和桃二 3 个居民区开展垃圾分类“拾尚包”试点，尝试用“信用 + 垃圾分类”的方法破解垃圾分类“瓶颈”问题，探索新方法和新路径。睿斯科公司通过与诚信数据库连接，居民在“拾尚包”中投放的可回收垃圾数量和分类准确度将与居民的垃圾分类诚信积分直接挂钩，每次回收将增加居民的诚信垃圾分类积分，引导居民做好垃圾分类。居民可通过信用积分兑换相关社区资源，这些资源包括为老助老、暑期育儿等。结合信用 APP 等信息工具，可查看自己的信用分状况，做到垃圾分类的及时反馈和有效激励。从负向违规惩戒来看，有以下行为可能会被纳入上海市公共信用信息平台，并根据《上海市社会信用条例》相关规定，在法定权限范围内对失信主体采取惩戒措施：（1）不履行生活垃圾分类义务且拒不改正，造成严重不良影响的；（2）阻碍执法部门履行职责，造成严重后果的；（3）法律、法规规定的其他情形。

2. 企业资信

提供企业征信调查的渠道十分丰富，主要分为政府提供和市场提供两种。从政府提供角度来看，目前使用较为广泛的是国家市场监督管理总局的国家企业信用信息公示系统和国家发展改革委、人民银行指导，国家信息中心主办的“信用中国”网站。通过国家企业信用信息公示系统，可以查看经营异常名录、严重违法失信企业名单、抽查抽检、“双随机一公开”、行政处罚、司法协助、注销和营业执照作废等公告信息。通过“信用中国”网站，除了可以查询企业信用信息，还可以及时掌握信用动态、信用研究和信用文化等知识。

从市场提供角度来看，目前主要有企查查、天眼查和启信宝等企业信用信息平台提供企业征信信息服务。这些平台通过加入人工智能、大数据等前沿技术和算法，将不同信息渠道的企业资讯进行整合，最大限度地挖掘信用信息的价值。这三个平台隶属不同公司，企查查是苏州朗动网络科技有限公司旗下的一款企业信用查询工具；

天眼查是国家中小企业发展基金旗下、致力于助力诚信社会建设的商业安全工具；启信宝是苏州贝尔塔数据技术有限公司旗下的一款企业征信产品。这些平台可以为用户提供被执行人信息、失信信息、商标信息、专利信息和判决信息等，试图从不同维度帮助用户全方位了解企业征信情况。

（二）机构发展

1. 企业征信机构备案情况

对于开展个人征信业务，目前采取的管理方式是发放牌照。由于个人征信业务获取牌照要求较高，目前仅有在央行主导下，由芝麻信用、腾讯征信、前海征信、考拉征信、鹏元征信、中诚信征信、中智诚征信和华道征信 8 家市场机构与中国互联网金融协会共同发起组建的市场化个人征信机构——百行征信一家获得。其主要采集的是央行征信中心未能覆盖到的个人客户金融信用数据。

对于开展企业征信业务，目前采取的管理方式是备案制，须在各地人民银行支行按照相应的规章制度进行申请和公示。企业征信机构的信息采集主要为非信贷信息。其功能定位是防范金融风险；促进信用经济发展，支持实体经济发展；培育企业信用，促进小微企业融资。根据中国人民银行最新公布的数据，截至 2019 年 7 月末，全国共有 21 个省（市、区）的 132 家企业征信机构在人民银行分支行完成备案。根据各人民银行分支行网站公布的信息，企业征信机构备案情况（详见表 5–1）。

表 5-1　全国企业征信机构备案数量（不完全统计）

省份	序号	机构名称	省份	序号	机构名称
北京	1	中电联（北京）征信有限公司	北京	18	国民征信（北京）有限公司
	2	爱信诺征信有限公司		19	北京国富泰信用管理有限公司
	3	北京金堤征信服务有限公司		20	北京宜信致诚信用管理有限公司
	4	益博睿征信（北京）有限公司		21	北京联信征信咨询有限责任公司
	5	考拉征信服务有限公司		22	北京东方金诚信用管理有限公司
	6	国诚信征信有限公司		23	中诚信征信有限公司
	7	北京恒诚千里征信有限公司		24	企乐汇征信有限公司
	8	元素征信有限责任公司		25	金电联行（北京）信息技术有限公司
	9	东方安卓（北京）征信有限公司	四川	26	成都金控征信有限公司
	10	中企评协企业征信中心（北京）有限公司		27	四川兴中诚信用服务有限公司
	11	全联征信有限公司		28	四川金通企业征信有限公司（曾用名：成都金智通金融数据服务有限公司）
	12	北京百誉信征信有限公司		29	川恒征信有限公司
	13	北京宸信征信有限公司		30	成都数联铭品科技有限公司
	14	天创信用服务有限公司	深圳	31	深圳市信联征信有限公司
	15	华财征信（北京）有限公司		32	深圳前海征信中心股份有限公司
	16	北京信构信用管理有限公司		33	鹏元征信有限公司
	17	北京国石天韵征信有限公司		34	神通征信有限公司

续表

省份	序号	机构名称	省份	序号	机构名称
深圳	35	深圳微众税银信息服务有限公司	重庆	52	重庆云微信用管理有限公司
	36	金蝶征信有限公司	江西	53	江西省中小企业服务有限责任公司
	37	深圳市亿维网电子商务有限公司	辽宁	54	中策征信有限公司
天津	38	云狐天下征信有限公司		55	瑞泽氏征信有限公司
	39	联合信用征信股份有限公司		56	约投征信服务（大连）有限公司
福建	40	福建品尚征信有限公司		57	东方安卓（北京）征信有限公司辽宁分公司
	41	福建省企业信用信息管理有限公司		58	华夏方圆信用评估有限公司
江苏	42	常州企业征信服务有限公司	浙江	59	浙江汇信科技有限公司
	43	江苏苏宁征信服务有限公司		60	杭州中德企业信用服务有限公司
	44	苏州企业征信服务有限公司		61	温州中新力合征信服务股份有限公司
	45	苏州朗动网络科技有限公司		62	义乌中国小商品城征信有限公司
	46	江苏金农股份有限公司		63	芝麻信用管理有限公司
湖北	47	武汉光谷征信管理有限公司		64	杭州有数金融信息服务有限公司
	48	武汉资信管理有限公司		65	中博信征信有限公司
	49	中诚信征信有限公司	贵州	66	贵州中鼎大数据征信服务有限公司
重庆	50	重庆百计信用管理有限公司		67	贵州圣辉征信有限公司
	51	重庆华龙强渝信用管理有限公司	上海	68	上海华夏邓白氏商业信息咨询有限公司

续表

省份	序号	机构名称	省份	序号	机构名称
上海	69	上海恒先君展企业信用征信服务有限公司	上海	84	量富征信管理有限公司
	70	快钱征信服务（上海）有限公司		85	嘉银（上海）企业征信有限公司
	71	亿微征信服务有限公司		86	上海水滴征信服务有限公司
	72	上海宝镜征信服务股份有限公司		87	上海资信征信有限公司
	73	上海卫诚企业征信有限公司		88	上海凭安企业信用征信有限公司
	74	惠众征信有限公司		89	华誉企业征信服务（上海）有限公司
	75	上海汇众企业信用征信有限公司		90	天翼征信（上海）有限公司
	76	外滩海纳互联网金融服务（上海）有限公司		91	商安信（上海）企业管理咨询有限公司
	77	备至企业信用征信（上海）有限公司		92	上海华予信企业信用征信有限公司
	78	上海新跃物流汇企业信用征信有限公司		93	上海杰胜商务咨询有限公司
	79	上海立信长江企业信用征信有限公司		94	上海永成企业信用征信有限公司
	80	上海文沥企业信用征信有限公司		95	上海远东执信企业信用征信有限公司
	81	上海倍通企业信用征信有限公司		96	上海新维企业信用征信有限公司
	82	上海风声企业信用征信有限公司	广东	97	广州智乘企业征信有限公司
	83	上海安硕企业征信服务有限公司		98	广东德信行信用管理有限公司

续表

省份	序号	机构名称	省份	序号	机构名称
广东	99	广州金科企业征信有限公司	河北	108	河北信构信用管理服务有限公司
内蒙古	100	内蒙古南瓜征信管理有限公司		109	河北恒实信用管理有限公司
	101	内蒙古立德征信服务有限公司		110	国网征信有限公司
	102	内蒙古征信服务有限公司	河南	111	河南航天金穗征信有限公司
	103	内蒙古北开资信有限公司		112	律城信核（北京）信用管理有限公司长垣第一分公司
陕西	104	延安鼎业征信有限公司	安徽	113	安徽省征信股份有限公司
	105	陕西正浩征信有限公司	甘肃	114	甘肃征信股份有限公司
	106	陕西融信信用管理有限公司	湖南	115	天创云征信有限公司
	107	陕西西部资信有限公司		116	湖南商易征信有限公司

资料来源：根据各人民银行分支行网站公开资料整理

2. 综合信用服务机构试点情况

为了进一步培育发展信用服务机构和信用服务市场，加快推进社会信用体系建设，国家发展改革委确定首批26家机构参与综合信用服务机构试点工作（详见表5–2）。《国家发展改革委办公厅关于充分发挥信用服务机构作用加快推进社会信用体系建设的通知》（发改办财金〔2018〕190号）指出，开展试点的综合信用服务机构应在五个方面重点参与信用信息大数据开发应用和信用体系建设工作，分别是开展大数据挖掘与深加工，扩大信用服务应用场景，与重点城市联合开展信用服务示范工程，拓展市场化、社会化联合奖惩范围和与高校院所合作。

表 5-2　首批参与综合信用服务机构试点工作的机构名单

序号	机构名称	序号	机构名称
1	百融金融信息服务股份有限公司	14	商安信（上海）企业管理咨询股份有限公司
2	北京汇法正信科技有限公司	15	上海三零卫士信息安全有限公司
3	北京数知科技股份有限公司（原北京梅泰诺通信技术股份有限公司）	16	深圳市信联征信有限公司
4	北京泰德信用管理有限公司	17	深圳微众税银信息服务有限公司
5	北京宜信致诚信用管理有限公司	18	天创信用服务有限公司
6	成都数联铭品科技有限公司	19	厦门市美亚柏科信息股份有限公司
7	东方金诚国际信用评估有限公司	20	元素征信有限责任公司
8	国诚信征信有限公司	21	中大信信用管理有限公司
9	江苏未至科技股份有限公司	22	中诚信国际信用评级有限责任公司
10	金电联行（北京）信息技术有限公司	23	中国出口信用保险公司
11	考拉征信服务有限公司	24	中国经济信息社有限公司
12	联合信用管理有限公司	25	中经网数据有限公司
13	鹏元征信有限公司	26	中证信用增进股份有限公司

资料来源：根据国家发展改革委网站公开资料整理

（三）总结与展望

随着人工智能、大数据等技术的不断成熟，资信调查业将信用信息与前沿技术不断融合，开发出更实用、更贴近百姓生活的征信产品，信用信息的价值将不断凸显。对于已有的个人信用分，一方面，要扩大正面激励效果，不断探索新的应用场景，让社会公众真真切切感受到信用的价值；另一方面，要防止信用惩戒领域的泛化，信用惩戒需要设计完整的机制，如信用修复等环节，运用信用惩戒意义不大的领域需要斟酌实施的必要性。

对于现有的企业征信机构，要注意避免恶性竞争，寻找各自的发展优势，走差异化发展道路，从长远角度考虑，共同把信用服务市场壮大。联合多方力量，尽快确定行业统一标准，积极与国际接轨，提升我国信用服务机构影响力。

三、资信评级业发展分析

（一）行业现状

根据中国银行间市场交易商协会《2018 年第四季度债券市场信用评级机构业务运行及合规情况通报》（以下简称《通报》），2018 年各评级机构共承揽债券产品 8548 只，同比增长 3.98%，涉及发行人 4768 家；出具评级报告的债项共 9799 只，涉及发行人 3854 家。表 5-3 显示了 2018 年各季度样本评级机构发展情况，相比于传统的中诚信国际信用评级有限责任公司、联合资信评估有限公司、大公国际资信评估有限公司、上海新世纪资信评估投资服务有限公司和东方金诚国际信用评估有限公司五家机构，2018 年第四季度增加了中诚信证券评估有限公司、中证鹏元资信评估股份有限公司、远东资信评估有限公司和联合信用评级有限公司四家机构。

由表 5-3 可知，虽然 2018 年样本评级机构出具评级报告的债项和涉及发行人均呈增加趋势，但是从 3 年及以上评级经验分析师人均业务量来看，2018 年各季度呈下降趋势。根据《通报》，2018 年第四季度末，9 家评级机构共有 1312 位分析师，较 2017 年年末增加 6 位。举办业务交流活动次数包括组织信用展望研讨会、投资人交流会、专题培训，参加国际评级相关论坛及投资者交流会议等。这些活动为积极发布国际国内金融市场发展动态，促进业务交流与合作起到了助益作用。

表 5–3 2018 年各季度样本评级机构发展情况

范围	指标名称		第一季度	第二季度	第三季度	第四季度
样本	评级机构数量（家）		5	5	5	9
	出具评级报告	债项（只）	1404	1477	1987	2919
		涉及发行人（家）	814	839	1138	1378
整体	分析师评级经验人数占比（%）	1—3 年	51.8	43.12	45.88	—
		3 年及以上	28.25	33.11	37.27	41.23
	3 年及以上经验分析师人均业务量（个）		26.17	20.76	18.36	16.55
	举办业务交流活动次数（次）		33	76	14	47

注：（1）缺乏 2018 年第四季度评级经验在 1—3 年的分析师人数占比数据；（2）2018 年第二季度业务交流活动包括专题培训。

资料来源：根据中国银行间市场交易商协会公开资料整理

（二）机构发展

1. 企业债券信用评级机构

开展企业债券信用评级机构信用评价，能够规范企业债券信用评级机构相关业务行为，提高信用评级质量，加强企业债券市场信用体系建设和事中事后监管，推进企业债券市场健康、可持续发展。企业债券信用评级机构的信用评价指标体系遵循客观公正、科学规范、定量与定性相结合的原则，具体包括信用行为指标、业务指标、专家及机构评价指标三大部分。企业债券信用评级机构信用评价工作已连续开展3年，2015年至2017年企业债券信用评级机构信用评价得分详见表5-4。

表5-4　2015—2017年度企业债券信用评级机构信用评价结果

机构名称	信用评级得分		
	2015年	2016年	2017年
中诚信国际信用评级有限责任公司	85.78	85.69	88.08
上海新世纪资信评估投资服务有限公司	80.19	78.88	85.27
中证鹏元资信评估股份有限公司（原鹏元资信评估有限公司）	78.18	76.48	83.83
联合资信评估有限公司	82.39	83.9	81.95
东方金诚国际信用评估有限公司	79.57	77.98	77.87
大公国际资信评估有限公司	82.03	84.16	75.32

资料来源：根据国家发展改革委网站公开资料整理

2. 非金融企业债务融资工具信用评级机构

开展非金融企业债务融资工具信用评级机构业务市场化评价活动，能够加强信用评级业务自律管理，促进评级机构的良性竞争和规范运行，推动评级机构提升执业水平和评级质量，促进非金融企业债务融资工具市场健康运行。评价体系分为机构素质及业务评价、投资人评价、其他市场成员评价、专家评价四大类指标，并设置了减分项。由表5-5可知，中诚信国际信用评级有限责任公司连续两年排名首位，联合资信评估有限公司连续两年排名未发生变化。相比于2017年，2018年上海新世纪资信评估投资服务有限公司和东方金诚国际信用评估有限公司排名有所上升。而大公国际资信评估有限公司排名下降较为明显，由2017年第2

名降至 2018 年第 5 名，需要引起重视，加强企业内部管理，提高评级服务质量。

表 5-5　2017—2018 年非金融企业债务融资工具信用评级机构业务市场化评价排名

机构名称	排名	
	2017 年	2018 年
中诚信国际信用评级有限责任公司	1	1
上海新世纪资信评估投资服务有限公司	3	2
东方金诚国际信用评估有限公司	5	3
联合资信评估有限公司	4	4
大公国际资信评估有限公司	2	5

资料来源：根据中国银行间市场交易商协会网站公开资料整理

（三）总结与展望

信用评级机构作为债务融资工具市场的重要中介机构，应当恪守独立、客观、公正的基本原则，发挥好资本市场“看门人”的应有作用。2018 年个别评级机构发生的严重违规事件，损害了资信评级业的形象，需要引起行业各评级机构的高度重视，自查自纠自律，做到满足行业规范、业务规则和合规运行基本要求。资信评级业的发展基于行业的公信力，这依赖于行业各评级机构及其从业人员自身的职业道德和专业素养，因此提高行业自律，净化市场环境尤为迫切。

从 2015—2017 年度企业债券信用评级机构信用评价分数来看，没有一家机构分数在 90 分以上，这表明我国信用评级机构还有许多需要完善的地方，距离实现客户、专家、管理部门和社会公众的期待还有很长的路要走。因此，要实现与国际著名评级机构竞争，提高我国在评级市场的地位，还需要付出巨大的努力。从3年及以上评级经验分析师人均业务量呈下降趋势来看，各评级机构应该在积极扩大业务量的同时注意控制员工存量，提高从业人员的业务能力，以优质的服务质量获取客户。

四、信用担保业发展分析

（一）行业现状

1. 担保合作

从国家层面来看，为了解决小微企业和“三农”融资难、融资贵问题，完善融资担保体系，中央财政和多家银行业金融机构共同出资设立了国家融资担保基金。该基金为有限责任公司，以再担保业务为主，适当开展股权投资业务，支持各省（区、市）开展政府支持的融资担保业务。基金已于2018年7月完成工商注册，注册资本661亿元，首期出资166亿元已全部到位。自2018年9月正式运营以来，国家融资担保基金业务运行成效初显，截至2018年年底，基金再担保合作业务规模已达326亿元，担保户数25245户，其中单户500万元及以下的担保金额197亿元，占比约为60%。[①] 截至2019年3月末，基金再担保合作业务规模累计已超过800亿元，担保户数超过50000户。[②] 截至2019年6月末，基金再担保合作业务规模累计已超过1400亿元，担保户数超过8万户，政策效

---

① 《国家融资担保基金业务运行成效初显》，财政部金融司网站，http://jrs.mof.gov.cn/zhengwuxinxi/gongzuodongtai/201902/t20190215_3159618.html，访问日期：2019年8月12日。

② 聂欧、王亭亭：《国家融资担保基金：国家队的下一步》，新浪财经网，https://finance.sina.com.cn/china/gncj/2019-06-06/doc-ihvhiqay3947079.shtml，访问日期：2019年8月12日。

应开始显现。[①] 基金已经与18个省级融资担保再担保机构和1个计划单列市的融资担保机构签订再担保合同，合计授信规模3345亿元，并与11家全国性银行签订合作协议。[②] 这些数据表明，国家融资担保基金的规模在不断增长，增速较快，覆盖范围在不断扩大，逐步凸显融资担保行业服务能力，实现引导资金的助推作用。

从地方层面来看，地方政府积极整合当地资源，建立融担行业联盟，促进经济发展。由北京中小企业信用再担保有限公司等5家政府性融资担保机构联合发起成立北京地区融资担保行业联盟，首批联盟成员包括23家市区（县）两级政策性担保机构和民营担保机构。北京信用担保业协会网站统计显示，截至2019年8月12日，担保机构累计服务企业1596家，累计备案担保金额2377.73亿元，累计备案工程规模7356.72亿元。由江苏省信用担保有限责任公司携手省内各专业金融服务机构联合打造成立“江苏信用担保服务联盟”，首批15家成员涵盖担保、融资租赁、小贷、资产管理与评估、律师事务所和知识产权服务平台6类专业服务机构。这些行业联盟的成立，有利于共同推进信用担保业的发展壮大，有利于为更多中小微企业解决融资难、融资贵问题。

2. 制度建设

为了规范融资担保业的发展，我国制定了《融资担保公司监督管理条例》（国务院令第683号），自2017年10月1日起施行。该条例

---

① 新华社：《国家融资担保基金开发专项扶贫担保产品》，中央人民政府网站，http://www.gov.cn/xinwen/2019-07/24/content_5413935.htm，访问日期：2019年8月12日。

② 聂欧、王亭亭：《国家融资担保基金：国家队的下一步》，新浪财经网，https://finance.sina.com.cn/china/gncj/2019-06-06/doc-ihvhiqay3947079.shtml，访问日期：2019年8月12日。

规定了融资担保公司的设立条件、经营规则、监督管理体制和退出要求等。为了进一步推动融资担保业的发展，中国银行保险监督管理委员会会同国家发展改革委、工业和信息化部、财政部、农业农村部、人民银行、国家市场监督管理总局等融资性担保业务监管部际联席会议成员单位制定了四项配套制度（详见银保监发〔2018〕1号），即《融资担保业务经营许可证管理办法》《融资担保责任余额计量办法》《融资担保公司资产比例管理办法》和《银行业金融机构与融资担保公司业务合作指引》。

为进一步发挥政府性融资担保基金作用，国务院办公厅印发《关于有效发挥政府性融资担保基金作用　切实支持小微企业和“三农”发展的指导意见》（国办发〔2019〕6号）。财政部门切实加大正向激励，从加大奖补支持力度、完善资金补充机制、健全风险补偿机制、优化绩效考核导向等方面认真贯彻落实相关文件要求。一系列政策文件的出台，体现了国家对融资担保业的重视，也推动了行业的规范发展，在更大层面上发挥融资担保的作用。

（二）机构发展

1. 产品服务创新

中国融资担保业协会会同国家融资担保基金有限责任公司共同组织了全国融资担保再担保机构优秀业务产品（模式）评选活动。此次评选活动，共收集到全国融资担保再担保机构报送的业务产品168个。经过评选，共有48个优秀业务产品脱颖而出，其中普惠金融类11个，再担保类10个，科技文创类12个，“三农”类15个，详见表5–6。安徽省获选机构数量最多，有7家机构入选。其次是北京市，获选数量为6家。

从业务或者产品数量来看，“三农”类产品数量最多，这与国家引导更多金融资金流向小微企业、“三农”等普惠领域保持一致。

表 5-6 全国融资担保再担保机构优秀业务产品（模式）评选结果

类别	机构名称	业务或产品名称
普惠金融类	中国投融资担保股份有限公司	海关关税融资担保——“付税宝”产品
	北京首创融资担保有限公司	北京市生活性服务业及商贸流通企业担保平台
	北京中关村科技融资担保有限公司	普惠保
	芜湖市民强融资担保（集团）有限公司	中小企业信用贷
	湖南省中小企业融资担保有限公司	“湘汇担”产品
	北京中小企业信用再担保有限公司	人保资本——支农支小专属资管产品
	深圳市中小微企业融资再担保有限公司	
	广东中盈盛达融资担保投资股份有限公司	
	瀚华融资担保股份有限公司	
	瀚华融资担保股份有限公司	基于行业的批量化融资担保业务
	重庆市小微企业融资担保有限公司	“创业保”担保贷款
	重庆市小微企业融资担保有限公司	“小微保”担保贷款
	重庆进出口融资担保有限公司	全流程线上自动化进口通关便利批量担保产品
	成都中小企业融资担保有限责任公司	电子商业汇票保证业务
再担保类	北京中小企业信用再担保有限公司	精细化管理模式
	哈尔滨均信投资担保股份有限公司	“打包增信”再担保
	黑龙江省鑫正投资担保集团有限公司	再担保综合授信项下代出保函业务
	江苏省信用再担保集团有限公司	“泰信保”政银担风险分担业务
	江苏省信用再担保集团有限公司	融保通

续表

类别	机构名称	业务或产品名称
	浙江省担保集团有限公司	政策性融资担保体系建设和银担体系合作模式
	宁波市再担保有限公司	“政银担”业务
	安徽省信用担保集团有限公司	新型政银担业务
	广东省融资再担保有限公司	构建政府性融资担保体系
	四川省信用再担保有限公司	“支小贷”专项合作产品
科技文创类	北京中小企业信用再担保有限公司	“创业贷”产品
	北京中关村科技融资担保有限公司	瞪羚计划
	北京亦庄国际融资担保有限公司	“亦麒麟”产品
	北京海淀科技企业融资担保有限公司	“见贷即保”业务
	上海杨浦融资担保有限公司	科创保
	上海东方惠金融资担保有限公司	“文创惠”软性反担保产品
	浙江省担保集团有限公司	乐清市人才科技贷
	桐乡市诚信担保有限责任公司	科技型贷款担保
	合肥滨湖源泉融资担保有限公司	科技（基金）贷
	界首市发展中小企业融资担保有限责任公司	专利权质押贷款
	深圳市高新投融资担保有限公司	知本贷
	深圳市中小企业信用融资担保集团有限公司	“科技通”信用担保贷款产品
“三农”类	山西省融资再担保集团有限公司	养驴产业扶贫定向资金贷款担保产品—驴业扶贫保
	苏州市农业担保有限公司	农贷通
	台州市小微企业信用保证基金运行中心	农户贷款专项产品
	宁波市渔业融资担保有限公司	互助性渔融资
	安徽省农业信贷融资担保有限公司	劝耕贷
	滁州市融资担保有限公司	农业融资担保

续表

类别	机构名称	业务或产品名称
	安徽利达融资担保股份有限公司	扶贫快捷贷
	重庆兴农融资担保集团有限公司	“1+N”伞型担保体系与政担联“N种业务”模式
	四川省信用再担保有限公司	“政融保”专项合作产品
	四川省农业信贷担保有限公司	惠农担·粮易贷
	宜宾市农业融资担保有限公司	好农贷
	楚雄州融资担保有限公司	高原特色现代农业担保贷款
	安康市财信融资担保有限公司	生猪养殖产业联盟发展模式
	安康市财信融资担保有限公司	合力扶贫合作模式
	汉中市资信融资担保有限公司	“乡村振兴贷”担保业务

资料来源：根据中国融资担保业协会网站公开资料整理

2. 制度体系建设

“三农”发展容易受到资金约束，为此国家于2016年5月成立了政策性担保机构即国家农业信贷担保联盟有限责任公司，这是全国农业信贷担保体系在国家层面的实体机构。在省级层面，有33家省级农业担保机构，详细名单见表5-7。截至2018年年末，33家省级农担公司共设立分支机构1520家（其中自设机构548家，与地方政府或其他金融机构合作设立972家业务网点），共有专职员工2457人（其中分支机构专职员工1499人），对全国1050个主要农业县的业务覆盖率达到90%以上，已建成上下联动、紧密可控的农业信贷担保网络体系。[①]

① 《国家农业信贷担保联盟有限责任公司简介》，国家农业信贷担保联盟有限责任公司网站，http://guojianongdan.cn/about/index.html，访问日期：2019年8月12日。

表 5-7　全国农业信贷担保体系成员名单

序号	成员名称	序号	成员名称
1	北京市农业融资担保有限公司	18	青岛市农业融资担保有限责任公司
2	天津农业投资担保有限公司	19	河南省农业信贷担保有限责任公司
3	河北省农业信贷担保有限责任公司	20	湖北省农业信贷担保有限公司
4	山西省农业信贷融资担保有限公司	21	湖南省农业信贷担保有限公司
5	内蒙古农牧业融资担保有限公司	22	广东省农业信贷担保有限责任公司
6	辽宁省农业信贷担保有限责任公司	23	广西农业信贷融资担保有限公司
7	大连市农业融资担保有限公司	24	海南省农业信贷担保有限责任公司
8	吉林省农业信贷担保有限公司	25	重庆市农业担保有限公司
9	黑龙江省农业信贷担保有限责任公司	26	四川省农业信贷担保有限公司
10	江苏省农业信贷担保有限责任公司	27	贵州省农业信贷担保股份有限公司
11	浙江省农业信贷担保有限公司	28	云南省农业信贷担保有限公司
12	宁波市农业信贷担保有限公司	29	陕西省农业信贷融资担保有限公司
13	安徽省农业信贷担保有限公司	30	甘肃省农业信贷担保有限责任公司
14	福建省农业融资担保有限公司	31	青海省农牧业信贷担保有限责任公司
15	厦门市农业融资担保有限公司	32	宁夏农业信贷担保有限责任公司
16	江西省农业信贷担保有限责任公司	33	新疆农业信贷融资担保有限责任公司
17	山东省农业发展信贷担保有限责任公司		

资料来源：根据国家农业信贷担保联盟有限责任公司网站公开资料整理

自 2015 年 7 月组建至 2019 年 1 月末，全国农业信贷担保体系累计新增担保项目 34.2 万个，金额 1216.5 亿元，相较于注册资本金，政策效能放大了2.23倍[①]。这些数据表明，当商业性担保机构难以满足市场需求的时候，政策性担保机构能增加金融机构对农业主体的信心，有效撬动社会资金向农业流动，积极为农业提供金融服务供给。

（三）总结与展望

信用担保业的规模不断扩大，撬动的社会资金越来越多，一方面表明信用担保的作用越来越明显，另一方面表明行业的发展需要注意控制风险。从国家出台相应的政策文件可以看出，信用担保业的发展不仅需要注重自身规范发展，而且需要注重平衡不同领域，尤其是需要倾向于相对薄弱的领域，如中小微企业和“三农”领域。未来信用担保产品的创新可以向商贸物流、交通设施等领域发展，不断丰富现有的产品体系。

信用担保业的发展还需要平衡市场与政府的关系，这主要指的是商业性担保机构和政策性担保机构之间的关系。由全国融资担保再担保机构优秀业务产品（模式）评选结果可以看出，政银担保模式出现频率较高，侧面反映了政府的影响力，因此需要注意不能过度依赖政策性担保，要提高商业性担保机构的竞争力。另外还需要注意衔接信用担保与社会信用体系的关系，充分利用社会信用体系，在信息共享的情况下有针对性地设计信用担保产品，规避失信风险，实现精准化管理。

① 《全国农业信贷担保体系　助推乡村振兴战略实施》，人民网，http://finance.people.com.cn/n1/2019/0306/c1004-30960033.html，访问日期：2019年8月12日。

五、信用保理业发展分析

（一）银行保理

1. 行业现状

银行保理业务，是指债权人（例如有融资需求的企业）将自身的应收账款转让给银行，以此为前提，银行为其提供应收账款质押贷款、应收账款催收、应收账款管理、坏账担保等融合金融服务。

经过早年的较快速度增长，我国银行保理业务量自 2014 年至 2016 年连续三年下降和 2017 年大幅回升后，2018 年又出现了收缩迹象。根据中国银行业协会保理专业委员会发布的《中国保理产业发展报告（2018）》，2018 年全年，我国银行保理业务量折合人民币约 2 万亿元，相较于 2017 年的 2.15 万亿元下降了 6.98%。其中国内保理业务量约 1.68 万亿元人民币，同比微增 0.6%；国际保理业务量 354.44 亿美元，同比下降 53%。①

总的来看，我国银行保理行业所面临的环境仍是机遇和挑战并存，但挑战更大，业务进入了调整期。2018 年国内外金融环境广泛趋紧和不确定性增加，给我国商业银行市场和流动性风险管理带来了较大压力。国际保理持续巨幅下滑，全年业务量仅相当于 2015 年 1220.01 亿美元的 29%（不考虑通货膨胀因素）；国内保理保持小幅回升势头，但相比 2015 年 2.09 万亿元巅峰规模还有较大距离（不考虑通货膨胀因素）。②

---

① 数据来源：《中国保理产业发展报告（2018）》（中国银行业协会保理专业委员会发布）。

② 数据来源：《中国保理产业发展报告（2018）》（中国银行业协会保理专业委员会发布）。

2. 行业发展特点

在内外部环境趋紧、业务量持续收缩的背景下，2018 年，我国银行保理行业积极面对挑战，科学分析形势，深入查找短板，积极创新突破，从完善法律合规制度，提升行业规范程度（如发布《银团保理合同示范文本 1.0 版》）和实现跨行信息交互，提升行业自主程度（如建设“中国贸易金融跨行交易区块链平台”）等方面入手，围绕我国银行保理行业的法律规范性、自主独立性和科技创新性等方面重点着力，稳定了行业发展的良好基本面，确立了行业在金融系统化、数据化和供给链化大潮中的竞争优势，同时控制了行业风险，取得了突出成绩。

（1）完善法律合规制度，提升行业规范程度

随着银行保理业务的快速发展，保理相关的诉讼纠纷也日益增多，这些司法纷争的背后体现的是行业内关于相关法律关系的认定、合同的效力、权责的划分和法律的适用等内容在理解上的模糊和在认识上的分散，这是保理行业规范化道路上的主要障碍。针对上述问题，2018 年 10 月，中国银行业协会保理专业委员会发布了《银团保理合同示范文本 1.0 版》，旨在推动银行业保理业务文本的标准化和规范化，相关文件清单详见表 5-8。文本对有追索保理业务和无追索保理业务两个类别分别进行规范，内容涉及定义、服务范围、保理行的追索权、应收账款催收与管理、银团保理涉及的款项及安排、担保措施、转让方的声明和保证、违约责任、保理行的救济、保理行关系、转让、通知、保密、适用法律及争议解决、合同的生效以及变更与解除等内容。[①] 文本覆盖全面，内容充实，

① 《保理专业委员会 2018 年年会暨〈中国保理产业发展报告（2017）〉发布会在京成功召开》，中国银行业协会网站，https://www.china-cba.net/Index/show/catid/114/id/26720.html，访问日期：2019 年 8 月 16 日。

不仅厘清了相关概念关系，还提供了可直接使用的法律文本模板，具有很强的实用性，为减少司法纷争、促进行业规范发展奠定了坚实的制度基础。

表 5-8 《银团保理合同示范文本 1.0 版》内含文件清单

文件名
银团保理合同委托书（部分包销）
银团保理合同委托书（尽最大努力推销）
银团保理合同委托书（全额包销）
银团保理委托书复函
银团保理费用函
银团保理邀请函
保理条件清单
保密承诺函
银团保理承诺函
信息备忘录

资料来源：根据《银团保理合同示范文本 1.0 版》文本整理

（2）实现跨行信息交互，提升行业自主程度

作为银行保理的主要业务来源，贸易尤其是跨境贸易融资亟须开发及应用具有中国知识产权、独立自主可控的跨行信息交互平台。对此，中国银行业协会于 2018 年 8 月正式上线了“中国贸易金融跨行交易区块链平台”，目前已有 12 家大型商业银行及部分中小型银行参与平台建设。平台采用分布式底层处理方式，致力于满足银行在开展跨行贸易金融业务中的信息流通、数据安全、交易执行等多方面需求，为我国银行业尤其是银行保理业搭建一个流程清晰、可靠可控、快速便捷的跨行业务平台，提升了行业的风险控制能力和独立自主程度。同时，该平台还积极

寻求与海关总署、中国铁路等第三方单位的对接，在海运关单查询、铁路运单审核等方面为其提供便利，有效降低贸易融资的真实性审核成本，显著提升了行业效率。①

（二）商业保理

1. 行业现状

近年来，商业保理企业数量飞速上升，经济信用化、产业金融化、交易在线化和资产证券化实质性地推动了保理行业的发展。商业保理逐渐成为我国贸易融资和风险管理领域不可或缺的重要产业，特别是其相对于银行保理对中小微企业融资的宽松性和普适性让其具有极其广阔的发展前景。政府也十分重视商业保理作为企业重要融资渠道的作用，自2012 年开展商业保理试点以来多次出台相关扶持政策，基本做到“年年出政策，次次有亮点”，营造了良好的政策环境，表 5–9 梳理了近年来国家层面的商业保理扶持政策。

表 5–9 近年来国家层面商业保理扶持政策（不完全归纳）

时间	政　策	主要内容
2015 年 1 月	《应收账款质押登记办法（修订稿）》	关于商业保理业务的第一项国家政策，包括注册、审批、运作等内容
2015 年 8 月	《关于支持自由贸易试验区创新发展的意见》	支持自由贸易区的商业保理业务，发展商业保险以增加出口和改善中小企业融资

① 《把握保理行业发展形势　创新科技再促新发展——中国银行业协会副秘书长白瑞明在中国银行业协会保理专业委员会换届大会暨 2019 年年会上的讲话》，中国银行业协会网站，https://www.china-cba.net/Index/show/catid/114/id/26729.html，访问日期：2019 年 8 月 16 日。

续表

时间	政　　策	主要内容
2016 年 2 月	《关于金融支持工业稳增长调结构增效益的若干意见》	肯定应收账款融资对经济发展的贡献，鼓励应收账款融资与证券化
2016 年 11 月	《国内贸易流通“十三五”发展规划》	鼓励企业通过商业保理建立信用评级
2017 年 5 月	《小微企业应收账款融资专项行动工作方案（2017—2019）》	鼓励供应链核心企业支持小微企业应收账款融资
2018 年 11 月	《促进大中小企业融通发展三年行动计划》	鼓励大企业发展供应链金融，支持小微企业应收账款融资

资料来源：根据天逸金融研究院《保理行业 2018 发展情况与趋势评估研究报告》整理

在 2018 年全球经济前景黯淡、保理增速趋缓的大背景下，我国商业保理行业仍然实现了可观的发展。据中国服务贸易协会商业保理专业委员会统计，2018 年我国商业保理业的注册企业数量、业务量和融资余额已连续六年实现大幅度增长。截至 2018 年年末，全国已注册商业保理法人企业及分公司共计 11541 家，比 2017 年增长了 39.7%，是 2012 年商务部开展商业保理试点当年已注册企业存量的 125 倍。2018 年我国商业保险业务总额达到 1.2 万亿元人民币，较 2017 年增长了 20%，增长幅度相对放缓，显示出我国商业保理行业已从初创期逐步进入成长期。融资余额为 3000 亿元，较 2017 年增长了 25%。① 目前，我国商业保理行业格局呈现以下两个基本特点：

（1）独立商业保理企业与大型企业下属保理公司并存。目前我国商业保理企业主要可以分为三种类型：独立商业保理公司、作为大型金融

① 数据来源：《中国商业保理行业发展报告 2018》（中国服务贸易协会商业保理专业委员会发布）。

集团子公司的保理公司、作为大型产业企业子公司的保理公司。第一种类型的代表企业是摩山保理、鑫银保理和天逸保理等，这些企业在商业保理、信用风险管理等方面专业知识较强，但常常受到资金等因素限制，竞争较为激烈。第二种类型的代表企业是平安集团，旨在为各类客户提供一站式的金融服务，并将保理业务的风险与其他规避风险的金融业务分开，其服务模式与银行保理类似，但在发展业务中受监管程度较低，风险偏好更灵活。该模式一般要求具有较为广阔的客户基础和较为齐全的业务牌照，是一种高度系统化、内部化的保理业务模式。第三种类型的代表企业是蚂蚁金服、京东、富士康、TCL 和海尔等，这些大型电子商务企业和制造商基于其供应链特征通常把商业保理业务内部化，凭借保理资产的可得性以及标的资产的内部信息，向其原生态系统内的供应商提供保理融资。

（2）从事商业保理业务的企业范围广泛化。据天逸金融研究院发布的《保理行业 2018 发展情况与趋势评估研究报告》，截至 2019 年 6 月，除全国 13338 家商业保理公司外，还有 1818 家金融服务类公司和 10577 家融资租赁公司可以从事商业保理业务，可见其他类金融公司也占据了一定的商业保理业务份额，这体现了商业保理行业的繁荣。①

2. 行业发展特点

2018 年我国商业保理行业的发展集中体现出三个特点：行业监管越来越严、业务模式越来越新和产品创新越来越足。

（1）行业监管越来越严

2018 年商业保理行业的监管规则发生了巨大变动，5 月 14 日商务部

① 数据来源：《保理行业 2018 发展情况与趋势评估研究报告》（天逸金融研究院发布）。

发布《关于融资租赁公司、商业保理公司和典当行管理职责调整有关事宜的通知》，显示在4月20日已将制定融资租赁、商业保理和典当行三类公司的业务经营与监管规则职责划给中国银保监会，至此商业保理与银行保理在银保监会的监管序列下实现了一致。这一监管职责调整有利于对同类性质的金融产品实施统一的监管和规则制定，形成监管合力，减少套利空间，促进整个保理行业的金融正规化和持续健康发展。此次调整意味着对准金融活动监管升级，充分释放了对商业保理行业严格监管的信号。

我国商业保理行业的长期蓬勃增长背后隐藏着不小的危机。据中国服务贸易协会商业保理专业委员会和天逸金融研究院的研究显示，2017年全国实际开业的商业保理公司数量约为1600家，仅占注册数的20%；同时2018年以前深圳前海在商业保理公司注册方面没有任何前置审批，实行注册资金认缴制度，吸引了大量准备成立的商业保理公司前来注册，更加拉低了实际开业率。商业保理公司注册机制的不完善和注册条件的过于宽松导致了大量不能正常营业的"空壳""失联""僵尸"公司的出现，造成了目前我国商业保理行业"散而弱、小而虚"的乱象。随着商业保理监管职责划归银保监会，行业整体将面临更加严格的监管，部分融资、风控能力不强的中小公司或将面临出局，预计新注册商业保理公司的数量将大幅下降，不符合经营要求的已注册公司可能会被注销或吊销。

在地方层面，商业保理行业较为集聚的天津和深圳积极响应中央对行业从严监管、控制风险的要求，出台了具体的监管规则文件，作出了良好的监管示范。作为中国商业保理行业的发源地，天津在2019年4月由金融监督管理局发布《天津市商业保理试点管理办法（试行）》（以下简称《办法》），这是监督职责调整后第一个出台的商业保理地方监管文件，表 5–10 梳理了《办法》的重点内容。《办法》规定，商业保理公司的杠杆倍数不超过 10 倍，实行 5000 万元的实缴注册资本制度；同时明晰了商业保理的七项经营范围，明文禁止开展催收和讨债业务；此外明确要求受让的应收账款必须处于正常付款期内，列示了原则上不能受让的应收账款细目。[①] 作为商业保理公司注册数最多的深圳，早在 2018 年 8 月就发布了《关于商请加强融资租赁、商业保理行业源头风险防控的函》，要求深圳自 10 月 22 日起停止受理商业保理公司的注册设立申请及变更申请，进入行业整顿期和监管提升研究期。总的来看，保理监管从宽松到适度从严监管是一个必然的趋势。

表 5–10 《天津市商业保理试点管理办法（试行）》重点内容（不完全归纳）

监管规则大类	具体条目	监管规则大类	具体条目
商业保理公司合并、分立、增减注册资本金、经营范围变更等运作需要报告重大事项	1. 单笔金额超过净资产 5% 的重大关联交易	商业保理营运资金来源	1. 公司注册资本金
	2. 单笔金额超过净资产 10% 的重大债务		2. 银行贷款
	3. 单笔金额超过净资产 20% 的或有负债		3. 非银行金融机构借款
	4. 超过净资产 10% 的重大损失或赔偿责任		4. 发行债券
	5. 董事长、总经理等高管人员变动		5. 借用短期外债和中长期外债
	6. 解散及申请破产		6. 股东借款
	7. 重大待决诉讼、仲裁		7. 关联方借款

① 《风来了！解析〈天津市商业保理试点管理办法（试行）〉》，天逸金融服务集团网站，http://www.vteamgroup.com/view.php?aid=481，访问日期：2019 年 8 月 16 日。

续表

监管规则大类	具体条目	监管规则大类	具体条目
商业保理的经营范围	1. 以受让应收账款的方式提供贸易融资	原则上不能受让的应收账款	1. 违反国家法律法规，无权经营而导致无效的
	2. 应收账款的收付结算、管理与催收		2. 处于贸易纠纷期间的
	3. 销售分户（分类）账管理		3. 债务人不明确的或无基础法律关系的
	4. 与本公司业务相关的非商业性坏账担保		4. 约定销售不成即可退货而形成的
	5. 客户资信调查与评估		5. 保证金类的
	6. 相关咨询服务		6. 可能发生债务抵销的
	7. 法律法规准予从事的其他业务		7. 被采取法律强制措施的

资料来源：根据《天津市商业保理试点管理办法（试行）》文本整理

（2）业务模式越来越新

现阶段商业信用保理业务模式最显著的创新是保理资产证券化（ABS）。保理资产证券化以应收账款为基础，通过评级分层、打包出售在资本市场形成可流通的有价证券。通过资产证券化，银行可优化资产负债结构和流动性，而企业通过银行征信可以获得更多的融资，实现多方共赢。2014 年 11 月，原银监会《关于信贷资产证券化备案登记工作流程的通知》下发后，保理项下应收账款资产证券化进程明显增快。目前，我国保理融资资产证券化主要集中在房地产行业和电商行业，其中房地产行业主要是地产保理资产，万科和碧桂园是代表；电商行业主要是消费保理资产，京东白条和唯品花应收账款是代表。①

① 《2018 年保理资产证券化市场概况》，天逸金融服务集团网站，http://www.vteamgroup.com/view.php?aid=459，访问日期：2019 年 8 月 16 日。

据天逸金融研究院发布的《保理行业2018发展情况与趋势评估研究报告》，2018年保理融资资产证券化无论是从发行数量上还是发行规模上都实现了新的突破。在发行数量上，2018年发行218笔，是2017年64笔的3.41倍。在发行规模上，房地产行业保理2018年发行ABS1099亿元，是2017年467亿元的2.35倍；电商行业保理2018年发行ABS98亿元，是2017年63亿的1.56倍。截至2018年年底（以备案日或计息日为基础），根据不完全统计，共近41家保理公司完成了313笔以保理资产为基础的资产证券化融资业务，累计发行金额达2400.08亿元，这些成功发行的案例为保理行业开展资产证券化提供了典型范本和宝贵经验。[①]

（3）产品创新越来越活跃

现阶段，保理行业与互联网金融、供应链金融、电子商务等呈现出融合创新的新态势，出现了一系列新的业务模式（例如双保理、再保理、联合保理和反向保理等），涌现出一批特色鲜明的创新产品，这有效扭转了保理产品同质化程度严重、传统银行保理受到其他新兴贸易金融产品挤出的不利局面，赋予了保理行业科技动能，实现了行业的跨越式变革。

目前，科技与保理的融合创新产品已经在各大银行（以光大银行为代表）和各大企业（以京东、阿里和美团为代表）大量涌现，2018年北京互融时代软件有限公司研发的“互融云”保理供应链金融系统就是其中的典型。该产品以核心企业为基础，面向其上游供应商和下游经销商分别提供“1+N”保理服务方案，重点针对传统商业保理中融资限制条件冗杂、票据真实性验证困难、再保理流程复杂、风险控制缺位、核心

① 《2018年保理资产证券化市场概况》，天逸金融服务集团网站，http://www.vteamgroup.com/view.php?aid=459，访问日期：2019年8月16日。

企业确权困难以及合同工作成本高等多项痛点问题，运用JAVA技术和大数据技术，通过全面的保理业务支持、灵活的产品配置、专业的授信审查功能、智能的票据综合管理和系统的风险管控，实现便捷、高效、合规和稳定的保理业务运作，全面覆盖供应商、经销商的融资需求。

（三）总结与展望

总的来看，在应收账款数量不断增加、账期不断拉长的大环境和国家强调金融服务实体经济、防控金融风险的大背景下，信用保理已成长为供应链金融中发展最快的行业，在缓解企业融资难、融资贵，降低企业杠杆率和改善商业信用环境方面发挥了重要作用。在未来发展中，应当继续关注以下几个方面：

1. 加强与国际保理商联合会（FCI）合作，推动行业对接国际标准

我国保理行业尤其是银行保理行业总量虽大，但存在业务精品度不高、业务规范度不够、业务专业度不足的问题，在国际保理格局中缺乏新的特点和亮点。在未来，我国商业保理业应当在“保量”的前提下聚焦“增质”，对标保理行业国际标准，打造精品业务，寻找到新的增长点。FCI目前拥有近400家会员，遍布全球90多个国家和地区，构成了全球主流的保理业务体系。我国银行保理行业应当积极加强与FCI的合作，学习FCI的核心价值，运用好FCI教育认证课程，坚持深化国际惯例的理解和应用，对接国际标准；同时积极推动双方在业务培训、人才培养等领域加强合作，培养更多熟悉国际保理通行规则的紧缺人才，推动中国保理业和国际保理业的可持续发展。

2. 继续推进与互联网、大数据等新业态的紧密结合

2018年我国信用保理行业的典型实践充分显示了科技创新融合是现阶

段行业发展的最主要引擎。在未来，银行保理应当继续扩展保理的融资功能，由银行牵头电子化平台建设，发展线上供应链金融，并以平台沉淀数据，逐步开展大数据融资。商业保理应当继续密切关注大数据、云计算和物联网等信息化、智能化和网络化领域，通过业务模式创新、业务领域创新和业务产品创新，真正实现物流、信息流和资本流的高效协同和有机统一。

3. 继续完善企业征信体系建设

目前商业保理企业接入央行征信系统的进程仍然缓慢，截至2018年10月仅有两家商业保理公司成功接入央行征信系统。在此背景下，行业协会相关企业应当积极开发、完善行业自建的企业征信体系，以此作为央行征信系统的暂时替代品，为信用保理行业发展夯实基础设施。

六、信用保险业发展分析

（一）一般商业信用保险

1. 行业现状

信用保险指的是权利人（债权人）向保险人投保债务人信用风险的一种保险，其主要功能是保障企业应收账款的安全。当债务人不能履行其义务时，保险人应根据条款承担相关赔偿责任。在我国，信用保险主要可以分为出口信用保险和一般商业信用保险。据国家统计局数据显示，2018年我国信用保险保费达242.50亿元，较2017年的214.40亿元增长了13.10%，而赔款与给付额达到127.90亿元，相比于2017年的94.70亿元增长了35.06%。[①]

① 数据均来源于国家统计局国家数据网站，http://data.stats.gov.cn/search.htm?s= 财产保险公司信用保险保费（亿元），访问日期：2019年8月16日。

一般商业信用保险主要包括赊销信用保险、贷款信用保险和个人贷款信用保险，分别对应国内贸易、企业贷款和个人贷款。在 2018 年经济下行压力加大的大背景下，赊销信用保险和贷款信用保险相对较弱，而个人贷款信用保险则搭乘普惠金融和互联网金融的快车迅速发展，成为我国一般商业信用保险行业的亮点和支柱，也是行业创新的主阵地。据不完全统计，2015 年至今，保监会共完成对超过 44 款信用保险条款与费率的批复，其中瞄准个人消费的信用保险显著增多，个人贷款保证保险有 12 款，个人汽车消费履约保证保险有 5 款。①

2. 行业发展特点

现阶段个人贷款信用保险与互联网金融紧密结合。据易观发布的《中国消费金融市场数字化进程分析 2019》显示，2019 年上半年我国互联网消费信贷渗透率（即互联网金融消费信贷余额 / 狭义消费信贷余额）已经接近 20%，如此大的信贷规模使得信用风险的管控越来越重要。作为具有融资增信和分散风险功能的信用保证保险，此时可以充分发挥风险“稳定器”的作用，通过“贷款 + 保险”的合力，让普惠金融发展得更安全高效。这种业务模式目前在互联网消费领域已经得到广泛运用。据支付宝官方数据显示，2018 年“双十一”购物节期间，蚂蚁保险联手各大财险公司为消费者和商家提供六大类共 70 种消费保险，一天产生了 11.3 亿单保单。② 针对如何运用信用保证保险提高互联网金融效率、降低互联网金融风险，2017 年以来行业内众多企业（以阳光信保、众安保险等为

① 《信用保险公司迎来参设潮　多家上市公司竞相布局》，中国财经网，http://finance.china.com.cn/money/insurance/bxyw/20160524/3736618.shtml，访问日期：2019 年 8 月 31 日。

② 李致鸿：《双十一全天消费保险出单量高达 11.3 亿单》，21 世纪经济报道数字版，http://epaper.21jingji.com/html/2018-11/13/content_96313.htm，访问日期：2019 年 8 月 16 日。

代表）结合科技创新探索出了多种新的信保业务模式，研发了多款互联网信用保证保险产品，代表了行业产品的科技前沿。具体的行业创新可以归纳为以下三点：

（1）传统信保业务嵌入具体场景

传统信保业务和互联网的结合逻辑的出发点即场景化，场景化是信保业务模式实现创新，产品实现系列化、体系化的核心前提。以众安保险为例，该公司的信保业务目前在300多个具体业态中实现了场景化，与各大金融机构、电商平台、航旅网站和移动APP实现了合作，构建了一张关于消费金融的神经网络。在农业农村场景中，以信用保证保险作为增信方式，为农户、农村创业者等提供信用分期服务；在卫生健康场景中，针对糖尿病、高血压、肝病、哮喘等慢性病也开发了相应的信保产品；在线上和线下消费场景中，研发“买呗”消费信保产品并与线下蘑菇街商户达成授信协议。[①] 以阳光信保为例，该公司立足互联网金融行业、电商金融行业、房贷金融业务和汽车金融业务等八大板块，开发出了小微企业贷款保证保险、网络平台借款保证保险、特定债务合同履约保证保险等多款针对性强的信保产品。特别是创新性地将信保业务引入互联网交易场景，针对“互联网金融交易”“电子商务产业链交易”和“互联网资产证券化交易”三个具体场景开发了特色业务模式，发挥了挖掘优质资产、分散信用风险的重要作用。[②] 总的来看，将信保业务嵌入具体场景，一方面，极大地丰富了信保行业的模式和产品，形成了差异化、

① 孙骋：《从消费金融到信用保证，这是关于保险的更多想象》，钛媒体网站，https://www.tmtpost.com/2497404.html，访问日期：2019年8月16日。

② 《专访阳光信保张见：互联网+信用保险的生长逻辑》，第一财经网，https://www.yicai.com/news/5050215.html，访问日期：2019年8月16日。

细分化和专业化的市场竞争格局，保证了行业发展的活力和质量；另一方面，具体的场景对于明晰风险控制环节、制定有针对性的风控处理流程具有很大的帮助，实现了信用风险控制的精准化和定制化。

（2）以“大数据＋征信”作为后盾

信用评估是开展信用保证保险业务的基础，“大数据＋征信”是前提。基于大数据的保险与征信的合作，一方面，可以全面、及时地了解客户信用情况变化，进而精准管理相应投资组合的信用风险。另一方面，可以帮助公司有针对性地开发相关的信用风险转移类产品，优化资产配置结构，保障客户利益。以阳光信保为例，该公司通过整合自身拥有的数据资源、各类业务合作方数据、各类外部征信数据，对不同客户在生产经营、金融交易、消费服务等各类经济活动场景中产生的数据进行综合分析，通过先进算法对其信用风险做出判断，并通过信用保证保险为不同客户增信。

（3）全流程信用风险管理

信用风险的管理在信保项目过程中始终处于首位，如何建立科学、有效的全流程信用风险管理机制是信保项目成功与否的关键。以众安保险为例，该公司首创“三维度全周期风险管理体系”，在信用保证保险风险管理全流程中，引入了保前识别、分析风险，保中实时监测、预警风险，保后控制和应对风险的机制，全面覆盖了用户消费信贷生命周期的“XYZ”三个维度。其中，“X”指公司凭借庞大的客户群积累的数亿级用户行为数据，用以提炼借款人的有效特征信息，作为信用风险评判依据；“Y”指用户多种行为的表现结果，基于“X”数据特征组合，通过建立从保前到保中再到保后的端对端风险管理流程，实现动态化、差异化的准入规则和风险定价；“Z”则利用上述数据特征及自动归因系统，对信贷全流程各环节的策略进行持续迭代与优化，形成在线精准决策机制。[①]

（二）出口信用保险

1. 行业现状

中国出口信用保险业务大多数集中在中国出口信用保险公司（以下简称中信保），随着中国“走出去”步伐的加快和世界经济发展趋势复杂化导致国际信用风险增加，信用保险作为管理及识别信用风险所造成应收账款坏账风险的主要工具显得尤为重要，市场需求也急剧增加。2018年中信保全年实现承保金额6122.3亿美元，相比于2017年的5246亿美元增长了16.7%。全年向客户支付赔款19.5亿美元，相比于2017年的14亿美元增长了39.3%，全年承保金额、服务支持客户数和支持企业获得保单融资金额等多项指标均创历史新高。[②]同时，中信保积极与国内外各大型银行达成合作协议，协助搭建融资平台，促成企业、银行、业主三方合作。2018年，中信保先后与南非标准银行、南非联合银行、民生银行、阿根廷国民银行、阿根廷外贸投资银行、中国银行、交通银行、埃及国民银行、东方汇理银行、新加坡华侨银行、进出口银行、星展银行、印尼进出口银行、渣打银行、摩洛哥外贸银行以及蒙古开发银行等国内外大型银行建立各种层面上的合作关系，有力地扩充了资金来源，拓展了市场范围。

① 戴梦希：《科技打开信用保证保险　助力普惠金融想象空间》，中国金融新闻网，http://www.financialnews.com.cn/bx/bxsd/201908/t20190805_165325.html，访问日期：2019年8月16日。

② 《中国信保：以高质量发展助力新一轮高水平对外开放》，中国出口信用保险公司网站，http://www.sinosure.com.cn/xwzx/xbdt/193895.shtml，访问日期：2019年8月16日。

2. 行业发展特点

2018年，以中信保为代表的出口信用保险行业呈现出聚焦“一带一路”建设、支持经济高质量发展和联动科技金融要素融合创新三大特征。

（1）出口信用保险聚焦“一带一路”建设

中信保充分聚焦“一带一路”建设，从项目搜寻、融资搭桥、商情研究等多个方面对我国企业“走出去”予以全方位支持，重点推进与“一带一路”沿线国家基础设施互联互通和国际产能合作。2018年，中信保对“一带一路”沿线国家的出口和投资承保1506亿美元，支付出险项目赔款6.3亿美元。在重大项目方面，承保了孟加拉PAYRA2*660MW燃煤电站、孟加拉联合循环电站和巴基斯坦直流输电等重大项目，涉及能源、冶金、通信设备和电力等十余个行业，涉及承保金额522.6亿美元，在保障企业“走出去”安全的同时，也带动了相关共建国家经济社会发展。①

在政策层面，针对我国对“一带一路”国家出口业务特点，2018年3月，商务部等部门联合出台了《关于大型出口信贷及出口信用保险项目的报批程序（修订稿）》。该修订稿对于承保金额在3亿美元以上的大型成套设备出口项目，以及对外承包工程项目的出口信用保险业务的报批流程进行了修订，进一步简化了报批流程，缩短了审批时间，促进了相关业务的拓展。

（2）出口信用保险支持经济高质量发展

新时期经济高质量发展要求重点发展高科技产业和战略性新兴产业，

① 《中国信保：以高质量发展助力新一轮高水平对外开放》，中国出口信用保险公司网站，http://www.sinosure.com.cn/xwzx/xbdt/193895.shtml，访问日期：2019年8月16日。

通过产业结构升级实现经济动能转换。同时重点关注实体经济发展，扶持民营企业和小微企业，减轻企业压力，助力企业“走出去”，保持市场经济活力。2018 年中信保从支持重点行业、开拓新兴市场、关注实体经济和扶持小微企业等方面助力经济高质量发展。

在支持重点行业、开拓新兴市场方面，2018 年中信保积极帮助企业开辟新的出口市场，短期出口信用保险全年承保新兴市场出口 1853.3 亿美元，同比增长 16%。同时对自主品牌、战略性新兴产业、电子信息产品、医药等重点行业、科技行业的覆盖面均超过 20%；对跨境电子商务、外贸综合服务平台等新业态、新模式，承保 84.9 亿美元，同比增长 24.4%。通过对新业态、新模式、新市场的重点倾斜，助力我国经济动能转换。①

在关注实体经济、扶持小微企业方面，2018 年中信保为小微企业量身打造了小微出口企业专属保险产品“信保易”。该产品能够对出口风险实现 16 种不同等级的识别划分和相应保障。中信保还上线了最新版本的小微业务操作平台，实现了对小微出口企业的“一站式”服务。支持小微企业通过保单质押方式获得银行融资，进一步减轻资金压力、提高理赔效率。据统计，2018 年中信保全年支持民营企业出口 2856.2 亿美元，支付赔款 7.6 亿美元；对小微出口企业覆盖面达 30.3%，较 2017 年提高 4.9%，帮助小微企业获得融资 44.3 亿元，向小微企业支付赔款 1.1 亿美元，充分发挥了政策性保险服务实体经济的作用。②

---

① 《中国信保政策性作用充分发挥　承保金额突破 6000 亿美元》，中国出口信用保险公司网站，http://www.sinosure.com.cn/xwzx/xbdt/193650.shtml，访问日期：2019 年 8 月 16 日。

② 《中国信保：以高质量发展助力新一轮高水平对外开放》，中国出口信用保险公司网站，http://www.sinosure.com.cn/xwzx/xbdt/193895.shtml，访问日期：2019 年 8 月 16 日。

（3）出口信用保险联动科技金融要素融合创新

出口信用保险还积极与银行、互联网等金融要素融合创新，推出了许多针对应收账款融资的创新产品，极大地丰富了出口信用保险的业务模式，提升了出口信用保险产品在金融产品中的竞争力。2019 年 8 月，台州人保财险联动泰隆商业银行台州分行推出了全国首个“出口信用险 + 贷款保证保险 + 互联网风控”创新型应收账款融资服务项目“e 信通”。①

“e 信通”主要服务外贸企业及其上下游企业，外贸企业通过项目搭建的进出口管理系统，基于应收账款额度和贷款保证保险额度，能在线完成上下游企业应收账款融资。其基本原理是在传统基于企业应收账款自偿性融资的出口信用险保单抵押融资基础上引入贷款保证保险，将银行对企业的贸易型融资由原先的纯信用融资变化为强担保类融资，有效弥补信用险单一险种的弊端，保险赔付可覆盖贷款损失，大大降低了银行的坏账风险。同时，“e 信通”凭借“保费低、利率低”的特点对出口型中小企业十分友好，综合融资成本低于 7%，低于传统贷款利率，有效破解中小企业融资贵的难题。

（三）总结与展望

2018 年，我国信用保险行业发展态势十分迅猛。出口信保是中流砥柱，稳中有进。商业信保是雨后春笋，迅速成长，科技创新、模式创新和产品创新异彩纷呈，但也存在两个突出问题：

---

① 陈佳杰：《全国首个创新型应收账款融资服务项目“e 信通”落地台州》，中国台州网，http://news.taizhou.com.cn/2019-08/09/content_6235815.htm，访问日期：2019 年 8 月 16 日。

1. 监管政策方面

在监管政策方面，目前随着应收账款类金融行业（包括信用保理、信用保险等）的发展从初创期进入成长期，相应的监管越来越严，监管政策出台的频率高、力度大。例如，2016 年和 2017 年国家接连出台《保监会关于进一步加强互联网平台保证保险业务管理的通知（征求意见稿）》和《信用保证保险业务监管暂行办法》，要求对信用保险行业从严监管。但由于监管权责分散、行业规范化程度不高、监管部门对行业前沿认识不够和行业实际情况复杂度较高等各种因素影响，不同行业之间的监管政策、同一行业内不同地区的监管政策甚至同一行业内不同时期的监管政策，有时会出现“打架撞车”的现象，这使得行业企业在开展业务时不明就里、广受掣肘。以信用保险行业为例，2018 年 5 月，商业保理专委会接到部分会员单位反映，随着《信用保证保险业务监管暂行办法》实施，其中关于“禁止类资产证券化业务和债权转让行为使用信用保险”的规定，已导致商业保理业务无法正常投保信用保险，对保理业务正常开展造成较大负面影响。① 未来，在应收账款类金融行业纳入金融“正规军”，统一由银保监会监管的有利背景下，监管部门在制定监管政策时应当充分统筹业务关系、维系行业平衡、确保政策效果，形成“不冲突、不打架、能兼顾”的闭环政策体系。

2. 信用风险方面

在信用风险方面，目前信用保险的风险仍然巨大，需要高度警惕。据 2016 年历史数据显示，广东 2016 年第一季度信用保险累计保费收入

---

① 《专委会：〈信用保证保险业务监管暂行办法〉相关规定导致商业保理业务无法投保信用保险》，中核商业保理公司网站，http://www.cnncfactoring.com/news_view.aspx?TypeId=28&Id=605&Fid=t2: 28: 2，访问日期：2019 年 8 月 16 日。

为 2.69 亿元，赔付达到 1.99 亿元，行业赔付率为 73.97%，较高的赔付率显示了较高的行业风险；原保监会也在 2017 年 4 月发布《关于进一步加强保险业风险防控工作的通知》，特别强调保险公司应注意防范信用保证保险业务存在的风险。

在未来，应当以更严的标准控制信保行业风险，通过全面提升统计制度的报告精度、执行力度和审查强度，对保险公司选择互联网平台、审核投保人机制、承保规模与公司实力等方面进行及时监测和严格把控，从而进一步加强对信用保险的治理。

七、商账追收业发展分析

（一）行业现状

商账追收行业在概念上名列信用中介服务行业的六大类之一，但在规模和独立性上却很难与其他五个行业相比。目前，我国广义上的商账追收业务主要可以分为附属于债权业务机构的应收账款追收和个人债务催收。前者通常附属于大型债权业务机构（在我国主要是信用保理保险公司），通常针对贸易过程中的应收账款开展追收，是业务板块中的一个部分，追收方式一般是通过律师事务所采取法律行动，理论上规范度和合法性较高，但由于政策限制和法律成本较高，一般只面向单笔大额商账，所以受众较小，不占主流。后者指的是向个人放贷后（包括银行放贷、信用卡业务和互联网金融放贷等）的催收，笔数众多且数额不一，是行业的主流。

在应收账款追收方面，据国家统计局数据显示，截至 2018 年年底，我国工业类企业应收账款余额为 14.34 万亿元，相比于 2017 年增长 8.6%，已经连续 11 年保持高速增长。这充分显示出我国信用风险巨大，商账追收的市场需求巨大，将商账追收作为一个独立行业的必要性极大。2018年商业保理监管权责转移至银保监会后，相关部门对商账追收业务的主要主体——商业保理公司的监管越来越严。2019年出台的首部商业保理地方监管新规《天津市商业保理试点管理办法（试行）》明文规定，商业保理公司禁止专门从事或受托开展催收业务，禁止从事讨债业务。该新规对未来相关业务监管具有示范和导向作用，意味着商账追收行业未来在我国将遭受比以往更加严格的监管。

在个人债务催收方面，据网络资料显示，综合国内银行业金融机构、网贷、消费金融和小贷公司等业态，国内不良资产规模（包括应收账款在内）在2017年已达3万亿元。[①] 到2020年中国不良资产规模或达4.8万亿元。[②] 具体到个人债务上，在信用卡业务方面，据央行公布2018年支付体系运行总体情况显示，截至2018年年末，全国信用卡逾期半年未偿信贷总额788.61亿元。在互联网金融方面，据国家互联网金融安全技术专家委员会数据显示，截至2017年年末，互联网现金贷款行业累计交易额为9.5万亿元，其中涉及催收金额1.14万亿元，占累计交易额的12%。[③]

目前国内个人债务催收行业一直存在两类机构：一类追求短期盈利，常常使用暴力等非法手段催收，以获取高额佣金；另一类追求长期发展，通过流程的规范化获得主流金融机构的认可，但通常盈利水平较低。前

---

① 王宇：《现金贷催收额猛超万亿　暴力催收江湖将有行规》，投资者网，http://www.investorchina.cn/article/29799，访问日期：2019年8月31日。

② 叶开：《麦肯锡：地方AMC扩张至35家　不良资产市场竞争日趋激烈》，第一财经网，https://www.yicai.com/news/5316377.html，访问日期：2019年8月31日。

③ 汪建君：《现金贷不景气　上百家行业公司倒闭》，IT时报网站，http://www.it-times.com.cn/a/itsb/2018/0529/20196.html，访问日期：2019年8月16日。

者是目前个人债务催收行业的主体，据国家互联网金融安全技术专家委员会数据显示，截至 2017 年年末，国内共计催收平台 380 家，涉及催收人员 108 万人，平均催收佣金率高达 25.9%。这些从业的第三方催收组织，通常以追账为唯一业务，通过佣金来获得收益，组织规模通常不大，从业人员背景复杂，追收方式的规范度和合法性存在一定的问题，暴力催收的行为屡屡发生。后者通常是具备行业资质（如员工符合从业条件、操作流程符合安全标准等）的专业机构，规模通常较大，内部催讨流程齐全，各业务节点相对规范，尤其是对于操作风险隐患较大的外访环节进行了相对严格的控制。表 5–11 展示了规范化催收机构（上海一诺银华投资股份有限公司）的内部催收流程。但是，规范化催收带来了巨大的运营成本，使得这类机构的盈利水平较低，难以长期维系，目前国内这类具备行业资质的专业机构数量极少。

表 5–11　催收机构内部催收流程

<table>
<tr><th rowspan="2">市场部</th><th colspan="3">营运部</th><th rowspan="2">营管稽核部</th></tr>
<tr><th>客服人员</th><th>营运人员</th><th>营运主管</th></tr>
<tr><td rowspan="3">客户洽谈及委案通知</td><td>新案件进件</td><td>电催跟进</td><td>分配案件</td><td rowspan="2">定点定时稽核</td></tr>
<tr><td>案件录入</td><td>信函提醒</td><td>审批信函申请</td></tr>
<tr><td>案件咨询</td><td>建议外访申请</td><td>审批外访申请</td><td rowspan="2">根据个案情况分段监控</td></tr>
<tr><td rowspan="5">客户回复及业务回复</td><td>更新资料</td><td>协商折扣</td><td>每日排程外访</td></tr>
<tr><td>通知及跟进客户</td><td>查询更新剩余</td><td rowspan="2">输出外访文件</td><td rowspan="2">外访流程管理及绩效考评</td></tr>
<tr><td>核实、通知催收人</td><td>其他案件查询或通知</td></tr>
<tr><td>了解情况后通知客户输入付款记录</td><td>检查付款</td><td rowspan="2">录入外访报告</td><td rowspan="2">事后分析及流程优化</td></tr>
<tr><td>审批结清或退件</td><td>建议结清或退件</td></tr>
</table>

资料来源：根据上海一诺银华投资股份有限公司公开资料整理

（二）行业发展特点

互联网金融债务催收行业中的乱象，已经引起了行业从业者的深刻认识和行业监管者的高度重视。2018 年 3 月 29 日，中国互联网金融协会签署了《互联网金融逾期债务催收自律公约（试行）》（以下简称《催收自律公约》）并对外发布。《催收自律公约》共 5 章 31 条，主要适用于规范互联网金融逾期债务催收行为，从失信惩戒、业务管理、人员管理、信息管理、外包管理和投诉处理等多个方面，明确了债务催收行为的正负面清单，填补了规范互联网金融债务催收行为的制度空白，对于整顿行业风气、规范行业行为和保障消费者合法权益具有重要促进作用。①

《催收自律公约》的最大创新在于，出于对互联网金融行业生态的考虑，注重平衡债务人保护与债权人保护的关系，既约束债务催收行为，规范债务催收管理，又强调从业机构应主动配合各相关部门建立失信债务人信息公开、联合惩戒等制度，对债务人也有一定的约束。

（三）总结与展望

商账追收业是我国社会信用体系建设中不可或缺、应当补齐的一个重要环节，拥有巨大的市场需求，虽然已初具雏形，但规范性、合法性和科学性亟待提高。在未来发展中，一方面，在继续严厉打击非法催收的基础上，应当在相关法律和行业监管规定上实现突破，以法律法规的形式确立商账追收行业的独立行业地位，与资信评级调查和信用保理保

---

① 《互联网金融逾期债务催收自律公约（试行）》，中国互联网金融协会网站，http://www.nifa.org.cn/nifa/2955692/2955730/2971163/index.html，访问日期：2019 年 8 月 16 日。

险行业一样归于金融主管部门的监管之下，明确行业的准入条件、经营范围和相关从业资质条件，推动行业的规范化发展，让行业的发展更加规范透明。另一方面，针对目前正规从业机构成本高、盈利差的困境，政府层面和行业层面可以与社会信用体系建设相结合，建设共用的催收业务服务覆盖网络平台，降低单一企业前期高额的业务网络铺设成本。同时积极推动 AI 技术在行业中的应用，利用大数据和人工智能提升催收业务的作业效率，实现业务流程自动化，逐步实现“智能催收综合效果趋近人工坐席”的目标。

下篇

企业运行与信用建设

第六部分　企业债务履行与信用建设

——以破产重整企业信用修复为例

一、破产重整企业信用修复问题的提出

自2014年以来，我国破产案件数量不断上升。尤其是自2016年以来，破产案件受理数量明显增多（见表6-1），重整企业数量所占比重也不断提高，破产重整制度逐渐吸引了学者和专家的关注。

表6-1　2007—2018年全国破产案件受理数量情况（件数）

年份	2007	2008	2009	2010	2011	2012	2013	2014	2015	2016	2017	2018
数量	3817	3139	3128	3567	2531	2100	1998	2031	3568	5665	9542	18823

破产重整具有债务清偿的特征，也具有挽救企业的功能：一方面，企业的优势资源得以实现价值最大化；另一方面，切断新债务和老债务的联系，企业获得再生的机会。破产重整后的企业如何消除重整前的不良信用记录，成为急需解决的问题，否则将导致重整计划执行困难，企业再次陷入破产。破产重整企业信用修复问题已经提上日程，各地在积

极探索破产重整企业信用修复机制和路径。[①] 从实践而言，破产重整企业信用修复基于以下实际情况：

（一）破产重整企业继续经营的需求

重整企业信用修复，主要适用于企业破产重整案件。在实际运行中，破产重整计划从开始执行至执行完毕需要一段时间，有些甚至长达 3 年以上。破产重整计划在执行之中，如果企业信用未完全修复，不良信用的历史记录依然存在，会不利于企业重整后正常、健康发展。如果企业重整程序无法修复企业信用，战略投资人大多不会入股企业。如果企业信用修复的问题一直得不到解决，企业即使得到战略投资人的投资获得了再生的机会，也难以在后续发展中正常经营，甚至可能再次走向死亡。由此可见，破产重整企业信用修复与否，直接关系到企业破产重整成功与否，进而影响到企业的再生发展。[②]

（二）破产重整企业的重整计划已得到债权人认可及法院裁定确认

破产重整企业因重整前的不良信用记录，特别是在银行、市场监管部门、税务部门的失信记录未修复，将会导致企业无法正常地进行营业并不能获得银行贷款，投资人的利益受损，债权人及其社会公众对其的信任度也会降低。如果企业的信用修复，投资人的利益得以维护，并得到债权人的认可，经法院裁定确认，维护、平衡各方利益，从而达到破

① 吕永华、钟玩君、俞顶：《破产重整企业金融修复路径探析》，载《信用》2018 年第 3 期。

② 潘光林：《重整企业信用修复的温州探索》，载《中国审判》2017 年第 17 期。

产企业重整的目的，给予企业真正重生的机会。[①]

二、破产重整企业信用修复的主要内容

（一）信用修复的界定

信用中国（广州肇庆）在其制定的《信用修复指引》（以下简称指引）中对行政处罚信息信用修复作出了这样的界定：是指信息主体在一定期限内主动纠正违法失信行为、消除不利影响，向失信行为认定单位提出申请并经审核同意，由信用平台对所归集的信用信息进行相应适当调整的过程。调整后该失信行为信息不再列为公开披露对象或作为失信惩戒依据。[②]该指引虽然为行政处罚信息信用修复规范，但是破产重整企业也同样会面临行政处罚信息信用修复问题，因此对破产重整企业信用修复的界定具有借鉴意义。

破产重整企业信用修复是指人民法院（以下简称法院）依据债权人或债务人的重整申请裁定债务人重整后，破产重整企业根据法院裁定书向失信行为认定单位或平台提出对该企业负面信用信息记录进行恢复、变更及消除相关限制的信用修复申请，[③]失信行为认定单位或平台结合法院裁定书及重整计划书对破产重整企业相关不良信用信息予以相应调整，使破产重整企业信用恢复至与重整企业经营状态相当的信用等级的过程。

① 宋玉霞：《实施破产重整企业信用修复制度》，载《人民法治》2016 年第 9 期。

② 《信用修复指引》，信用中国（广东肇庆）网，http://credit.zhaoqing.gov.cn/fwzy/2876.jhtml，访问日期：2019 年 5 月 18 日。

③ 徐昭、姜弘毅：《破产重整企业信用修复的实践与思考》，载《征信》2018 年第 6 期。

根据对破产重整企业信用修复的界定可知，破产重整企业信用修复不同于常态企业的信用修复，前者主要是基于破产重整这一法律行为，继而产生破产重整企业信用修复的合理性与必要性的问题。因此，破产重整企业信用修复应满足以下几个条件：第一，法院裁定重整或已经批准重整计划；第二，不存在债务人不能执行或不执行重整计划的情形；第三，破产重整企业依据法院裁定书提出信用修复申请；第四，修复至与重整后企业状态相当的信用等级。

（二）信用修复的主要方面

1. 信贷信用信息修复

在市场经济活动中，企业通过银行贷款获取经营资金是最常见最主要的融资方式之一，但是企业在经营过程中会发生信贷违约情形。国家出于防范金融风险、帮助商业银行核实客户身份、杜绝信贷欺诈等目的，由中国人民银行负责监督管理的金融信用信息基础数据库建成并运行。金融信用信息基础数据库（又称企业和个人信用信息基础数据库）的信息来源主要是商业银行等金融机构，收录的信息包括企业和个人的基本信息，在金融机构的借款、担保等信贷信息，并以信用报告形式向社会提供企业和个人的信用状况。金融信息基础数据库由 2006 年 3 月设立的中国人民银行征信中心（以下简称征信机构）负责运行，对企业和个人征信系统进行建设、运行和维护。

当破产重整企业因破产重整前的信贷违约行为被征信机构列为不良信息纳入金融信用信息基础数据库后，该不良记录将直接影响重整企业从银行等金融机构获取融资的机会。此外，破产重整企业在金融信用信息基础数据库中的不良信用记录也会影响其从非金融机构获取融资的机会，甚至影响其重大商业交易。因此，破产重整企业的信贷信用信息修复直接关乎重整计划能否顺利进行，重整目的能否顺利实现。

《征信业管理条例》第十六条规定了个人不良信息的保存期限，但未对企业的不良信用记录保存期限作出规定。根据相关规定，信息主体可以在不良信息保存期限内对不良信息作出说明，且征信机构应当予以记载。参考该规定之精神，针对破产重整企业的信贷信用信息修复问题，在实践中的通常做法是在征信系统"大事记"中公示法院裁定的破产重整计划相关内容，[①] 以达到向信用报告使用者说明破产重整企业当前资信状况、消除负面影响的目的。

2. 纳税信用信息修复

纳税义务是企业的法定义务，目前我国关于企业纳税信用信息的相关规定主要是国家税务总局于 2014 年 7 月发布的《纳税信用管理办法（试行）》（以下简称《纳税信用办法》）。《纳税信用办法》对企业纳税信用信息采集、纳税信用评价、纳税信用评价结果的确定和发布等作出了明确规定。结合实践，破产重整企业纳税信用信息修复主要包括以下两个方面：

一是对纳税信用信息记录的变更。法院裁定企业破产重整后，税务机关应根据重整计划及法院出具的函件对破产重整企业的纳税信用信息记录作出相应变更。譬如，重整企业因为引进战略投资人而需要办理纳税人法定代表人的变更手续，但是税务部门若以税收债权未得全额受偿或原法定代表人被列入税收违法黑名单为由拒绝办理变更手续的，将会

① 南单婵：《破产重整企业信用修复研究》，载《上海金融》2016 年第 4 期。

直接侵害战略投资人的投资权益，进而加大破产重整企业的重整难度。[①]目前，以温州为代表的税务机关配合法院发出的函件以及重整计划，对重整企业的一些税务变更手续提供便利。

二是对企业纳税信用评价的变更。《纳税信用办法》第十八条规定了A、B、C、D四级不同的纳税信用级别，其中A级纳税信用为年度评价指标得分90分以上的；B级纳税信用为年度评价指标得分70分以上不满90分的；C级纳税信用为年度评价指标得分40分以上不满70分的；D级纳税信用为年度评价指标得分不满40分或者直接判级确定的。同时，《纳税信用办法》第二十五条规定“税务机关对纳税人的纳税信用级别实行动态调整”。如果重整企业的纳税信用评价为D级，则根据《纳税信用办法》第三十二条第（七）项的规定，D级评价要保留2年，且第三年纳税信用不得评价为A级，该种规定实际是对D级纳税人的纳税信用惩罚，如果该2年的保留期限同样适用于破产重整企业，则不利于破产重组企业纳税信用的全面恢复。因此，破产重整企业不应受到D级评价仍要保留2年的限制性规定，但可保留第三年纳税信用不得评价为A级的规定。

3. 工商登记信息信用修复

市场监督管理部门有权依法对违法的企业法人作出吊销营业执照的行政处罚措施，而破产重整企业因先前的违法行为被相关行政机关作出吊销营业执照行政处罚后就失去了继续开展经营活动的资格，因此对破产重整企业而言，工商登记信息信用修复主要是指对吊销营业执照这一行政处罚进行信用修复。

有观点认为，对于破产重整企业在进入破产重整程序前被依法吊销营业执照，因破产重整期间营业需要而申请恢复营业执照的破产重整企

① 徐昭、姜弘毅：《破产重整企业信用修复的实践与思考》，载《征信》2018年第6期。

业，市场监管部门按照法院出具的协助执行通知书，及时办理暂时恢复营业执照的手续，期限为半年；如到期需要延长，市场监管部门按照法院出具的协助执行通知书予以办理延期手续，期限仍为半年。[①] 此外，还可以参考信贷信用信息修复中“大事记”修复方法，将法院裁定书及重整计划记载于工商登记信息中供查询主体查阅，及时修复破产重整企业的工商登记公示信息。

4. 法院执行信息信用修复

企业申请破产重整时往往存在资不抵债、合同违约及大量未结执行案件情形，因而其法定代表人也往往被列入失信被执行人名单。企业重整成功后，应当将重整企业的法定代表人从失信被执行人名单中删除，使破产重整企业及其法定代表人的信用信息得到修复。[②] 此外，最高人民法院于2017年修订并发布的《关于公布失信被执行人名单信息的若干规定》第十条第一款第（五）项明确规定“因审判监督或破产程序，人民法院依法裁定对失信被执行人中止执行的，人民法院应当在三个工作日内删除失信信息”。该项规定也为破产重整企业在法院执行系统的信用信息修复提供了法律依据。

5. 政府采购信息信用修复

2016年8月财政部发布《关于在政府采购活动中查询及使用信用记录有关问题的通知》，该通知明确规定了财政部门、采购人、采购代理机构在采购活动中的信用记录查询渠道，即应当通过“信用中国”网站、“中国政府采购网”等渠道查询相关主体信用记录。同时规定对列入失信被

① 徐昭、姜弘毅：《破产重整企业信用修复的实践与思考》，载《征信》2018年第6期。

② 潘光林：《重整企业信用修复的温州探索》，载《中国审判》2017年第17期。

执行人、重大税收违法案件当事人名单、政府采购严重违法失信行为记录名单及其他不符合《中华人民共和国政府采购法》规定条件的供应商，应当拒绝其参与政府采购活动。根据以上通知的规定，针对政府采购信息信用修复则不仅仅包括破产重整企业在“中国政府采购网”中的不良信用信息修复，同样包括在“信用中国”网站、法院的失信被执行人系统及重大税收违法查询系统中的不良信用信息修复。

对于一些特殊行业的企业而言，修复其在政府采购系统中的信用信息对重整成功后企业经营活动的顺利开展具有重要影响。因此，对于破产重整企业已将相关处罚决定履行完毕，向财政部门提出信用修复申请并作出诚信承诺的，财政部门应同意对该破产重整企业信用修复并进行公示。①

三、破产重整企业信用修复的中国实践与典型案例

（一）庄吉集团有限公司等四家公司破产重整案

2014 年 10 月至 2016 年 1 月，庄吉服装旗下庄吉集团有限公司（以下简称庄吉集团）、温州庄吉集团工业园区有限公司（以下简称园区公司）、温州庄吉服装销售有限公司（以下简称销售公司）、温州庄吉服装有限公司（以下简称服装公司）分别向温州中级人民法院（以下简称温州中院）申请破产重整。因四企业存在人格高度混同的情形，符合合并

① 新乡市财政局办公室：《国信招标集团股份有限公司信用修复公示》，新乡市财政局网站，http://www.xxczj.gov.cn/sitesources/xxsczj/page_pc/xwdt/tzgg/article0e6e4764530f4ca4a9137abc8c9b548e.html，访问日期：2019 年 8 月 10 日。

重整的基础条件，故法院对管理人提出的实质合并重整申请予以准许。管理人制定的重整计划草案获得了绝大部分债权人的认可，仅出资人组部分股东不同意。2016年3月，法院强制裁定批准该重整计划草案。在重整计划草案通过后，法院对重整企业进行信用修复并解除法院执行措施，使得重整企业隔断历史不良征信记录、恢复包括基本户在内的银行账户的正常使用、正常开展税务活动，为重整企业营造了良好的经营环境。

本案是法院依法审慎适用重整计划草案强制批准权、积极协调保障企业重整后正常经营的典型案例。实践中，一些企业在重整计划通过后，因相关配套制度的缺失，信用无法修复，又重新陷入困境。因此，重整是否成功，并不仅仅体现在重整计划是否通过上。虽然重整司法程序在法院裁定批准后终止，但要使重整后的企业迅速恢复生机，还需要在信用修复、适当的税收优惠等方面对其予以支持，使其顺利恢复生产经营活动，才是完整发挥重整制度价值的关键。本案中，在庄吉服装系列公司重整计划通过后，温州中院积极协调，为重整后的庄吉服装系列公司营造良好经营环境，维护了各方主体利益平衡，实现了整体利益最大化，庄吉服装系列公司在重整成功后的第一个年度即成为当地第一纳税大户。

（二）温州吉尔达鞋业有限公司预重整案

2017年5月，根据申请，温州中院对温州吉尔达鞋业有限公司（以下简称吉尔达公司）开展破产预重整诉前登记。2017年12月，温州中院认为，吉尔达公司的债权债务情况经审计机构审计，经温州市人民政府组织启动预重整程序，无法清偿到期债务且资产不足以清偿全部债务的事实清楚，具备破产原因，且该公司主营业务经营状况良好，行业前景健康，品牌价值较高，具备重整的可行性和必要性，故裁定受理吉尔达公司的重整申请。2018 年 2 月 7 日，温州中院召开第一次债权人会议，对债务人特定财产享有担保权的债权组、职工债权组、普通债权组、出资人组均表决通过《重整计划（草案）》。2018 年 2 月 8 日，温州中院认为，出席会议的对债务人的特定财产享有担保债权的债权人组、普通债权人组的债权人均过半数同意重整计划草案，并且其所代表的债权额均占该组债权总额的三分之二以上，出资人组、职工债权人组对重整计划草案均已全体表决通过，故各表决组均通过重整计划草案，裁定批准吉尔达公司重整计划，终止公司重整程序。

本案是适用以政府为主导、府院良性互动的预重整机制的典型案例。该案中，温州中院提前介入预重整工作，充分发挥法院的审判职能，加强与市处置办及吉尔达公司管理人等部门、机构的协调工作，就预重整与司法重整程序衔接、战略投资人引进方式、重整计划草案预表决、府院联动修复企业信用等重大事项进行深入探讨，提前预判研究，提出了专业意见和建议，有力推动吉尔达公司预重整工作。

（三）庄吉船业、远东船舶破产重整案

浙江庄吉船业有限公司系温州庄吉投资控股有限公司作为主要出资人投资设立的，以船舶制造、修理、销售等为主要经营范围的企业，温州远东船舶有限公司系浙江庄吉船业有限公司的全资子公司。2015 年 2 月，温州中院作出裁定受理远东船舶、庄吉船业破产重整的申请。根据两企业关联程度较高的情况，2015 年 3 月指定浙江嘉瑞成律师事务所、浙江联英律师事务所、温州华明会计师事务所有限公司担任庄吉船业、远东船舶的联合管理人。2017 年 12 月 20 日，召开第二次债权人会议进

行分组表决，各表决组均表决通过了两公司合并重整以及重整计划草案。2018 年 4 月 11 日，温州中院根据管理人的申请，裁定两公司合并重整。2018 年 4 月 16 日，温州中院根据管理人的申请，裁定批准两公司重整计划并终止两公司重整程序。

本案中，为最大限度保护债权人的合法权利，重整计划对普通债权进行调整，从全部重整资产组合拍卖所得款中，留存部分用于清偿普通债权，作为对债务人财产享有优先权的债权人对普通债权人的权利让渡，并对普通债权按债权数额进行分段清偿。该重整方案兼顾和平衡了各类债权人的利益，获得各债权组的表决通过，取得良好的社会效果。尤其是重整计划裁定之后，温州中院协调中国人民银行浙江省分行、温州税务机关等对该企业的信用状况进行了修复，促进该企业重整计划顺利执行。

（四）温州远洋眼镜有限公司破产重整案

温州远洋眼镜有限公司是从事生产、销售眼镜和眼镜配件的中外合资企业，因资金链断裂、资不抵债向法院申请破产重整。温州中院裁定受理该公司重整后，多次约见意向投资人，解释重整过程中可能面临的风险及原因。就投资人最为关心的问题多次召集管理人进行现场指导，并就该案重整纳税评价工作与税务部门进行协调。为避免草率进行表决而导致草案无法通过，温州中院提前与占普通债权组比例高达 78.21% 的金融机构债权人进行多次沟通。除协调市处置办召集各金融机构召开专题会议，协同市处置办、鹿城处置办上门与个别金融机构沟通协调外，还创新探索通过淘宝网司法网拍平台以竞价方式确定重整投资人，最终促成出资人组、抵押债权组、税收债权组、普通债权组均通过重整计划草案。2018 年 11 月 14 日，温州中院裁定批准远洋公司重整计划，重整投资人依照重整计划向管理人支付相应重整资金，成为实际控制人。

本案在破产清算条件下，普通债权的清偿比例小于 1.6%，但在重整条件下，普通债权清偿率约为 3.8%，重整使债权人获得的利益最大化。同时，通过破产重整，一次性割断企业债务链条，减轻债务人负担，使企业轻装上阵，重获新生。本案中，温州中院创新探索通过淘宝网司法网拍平台以竞价方式确定重整投资人，并在处置过程中，纪委、法院、处置办、税务局等多部门联动，共同商讨，促成重整计划草案表决得以通过。在进入重整程序之前，该企业被法院列入失信黑名单，法院裁定重整后，根据《关于公布失信被执行人名单信息的若干规定》的规定，该企业的失信被执行人的相关信息从“中国执行信息公开网”删除，对企业信用进行了修复。此外，温州中院在处置过程中，通过府院联动机制，修复了该企业的纳税信用信息、金融信用信息，促进了企业重整的成功。

（五）浙江欧健医用器材有限公司破产重整案

2018 年 2 月 27 日，龙湾法院裁定受理浙江欧健医用器材有限公司（以下简称欧健公司）重整一案，通过竞争方式指定北京德恒（温州）律师事务所、中汇会计师事务所联合担任欧健公司管理人。在第一次债权人会议上，管理人向债权人作执行职务工作报告以及财产调查及管理方案报告，债权人会议高票通过同意债务人继续经营。会议还表决了《债权人会议书面表决和电子表决办法》《财产变价方案》，对重整计划不涉及的破产财产快速变价，维护相关债权人合法权益。2018 年 9 月 29 日，第二次债权人会议上，管理人介绍了重整计划草案，抵押权人组、职工债权组、税收债权组、普通债权组、出资人组均高票通过重整计划草案，现场邀请公证处公证人员对计票进行公证。2018年10月12日，法院裁定批准重整计划并终止重整程序。2018年12月12日，鉴于投资人已按照重整计划注入资金，法院裁定欧健公司原股东所持股权零价格转让给投资人指定人员。

本案中，管理人创新经营方式，通过公开招募承包人，以承包人承包经营，管理人监督经营的方式使得欧健公司继续经营，一方面维护了欧健公司的相关资质，为后续招募重整投资人奠定了基础；另一方面也维护了职工稳定，保障了职工的合法权益。同时，该案开创了电子表决先河，允许债权人在一定条件下以填写债权申报资料时或会议签到时预留并确认的手机号、微信号、QQ账号为载体参与表决，既降低了债权人参与会议的成本，又加快了案件审理，促进了司法资源利用的最大化。此外，为确保重整计划草案表决程序的合法、公正，管理人在表决重整计划草案的过程中，引入公证程序，邀请温州中信公证处的公证员对欧健公司重整计划草案的投票、计票过程进行公证、监督，成为温州地区破产案件引入公证的首例。值得指出的是，欧健公司经重整后恢复经营，正常纳税，在2018年被浙江省税务局列入守信红名单，成为A级纳税人。

（六）温州市新澳啤酒有限公司、浙江牛仔啤酒股份有限公司合并重整案

瑞安法院于2013年6月18日裁定受理温州市新澳啤酒有限公司（以下简称新澳公司）破产重整一案，发现该公司与其投资组建的浙江牛仔啤酒股份有限公司（以下简称牛仔公司）之间“人、财、物”高度混同，法院于2014年8月27日裁定对新澳公司、牛仔公司进行合并重整。重整过程中，管理人通过引进战略投资人进行“概念式”重整（又称出售

式重整），即在非上市公司（新澳公司）的重整中，重整方全部或部分放弃该公司的任何经营性资产，仅以继受其投资企业（牛仔公司）的壳资源、无形资产、部分有形资产进行重整，而牛仔公司不纳入企业重整，其壳资源、无形资产剥离、部分有形资产转让后，剩余的有形资产及公司主体由管理人予以破产清算。

本案是适用“概念式”重整模式的典型案例。该重整模式对重整资金要求低，重整意向方接盘门槛降低，大大提高破产案件的清偿率，为债权人争取更多利益。重整投资方通过受让壳资源实现上市，并可以划断与旧上市公司之间的联系，实现新上市公司轻装上阵，信用状态崭新、良好，通过商业运作来修复破产企业的信用。而牛仔公司有多处被列入失信黑名单，则通过破产清算方式注销登记，从市场上退出。

（七）重庆钢铁股份有限公司破产重整案

重庆钢铁股份有限公司（以下简称重庆钢铁）于 1997 年 8 月 11 日登记注册，主要从事钢铁生产、加工和销售，其股票分别在香港联合交易所（以下简称联交所）和上海证券交易所（以下简称上交所）挂牌交易。截至 2016 年 12 月 31 日，重庆钢铁合并报表资产总额为 364.38 亿元，负债总额为 365.45 亿元，净资产为 -1.07 亿元。因连续两年亏损，重庆钢铁股票于 2017 年 4 月 5 日被上交所实施退市风险警示。经债权人申请，重庆市第一中级人民法院（以下简称重庆一中法院）于 2017 年 7 月 3 日依法裁定受理重庆钢铁重整一案。

在法院的监督指导下，管理人以市场化为手段，立足于依托主营业务，优化企业内涵，化解债务危机，提升盈利能力的思路制定了重整计划草案。该重整计划通过控股股东全部让渡所持股份用于引入我国第一只钢铁产业结构调整基金作为重组方；针对企业“病因”制订从根本上重塑其产业竞争力的经营方案；处置无效低效资产所得收益用于债务清偿、资本公积金转增股份抵偿债务等措施，维护重庆钢铁 1 万余名职工、2700 余户债权人（其中申报债权人 1400 余户）、17 万余户中小股东，以及企业自身等多方利益。重整计划草案最终获得各表决组的高票通过。

2017 年 11 月 20 日，重庆一中法院裁定批准重整计划并终止重整程序。12 月 29 日，裁定确认重整计划执行完毕。据重庆钢铁发布的 2017 年年度报告显示，通过成功实施重整计划，其 2017 年度获得归属于上市公司股东的净利润为 3.2 亿元，已实现扭亏为盈。

重庆钢铁重整案是以市场化、法治化方式化解企业债务危机，从根本上实现企业提质增效的典型案例。该案因系目前全国涉及资产及债务规模最大的国有控股上市公司重整、首例股票同时在上交所和联交所挂牌交易的“A+H”股上市公司重整、首家钢铁行业上市公司重整，而被认为属于“特别重大且无先例”。该案中，法院发挥重整程序的拯救作用，找准企业“病因”并“对症下药”，以市场化方式成功剥离企业低效无效资产，引入产业结构调整基金，利用资本市场配合企业重组，实现了企业治理结构、资产结构、产品结构、工艺流程、管理制度等的全面优化。另外，法院在准确把握破产法精神实质的基础上积极作为，协同创新，促成了重整程序中上交所首次调整资本公积金转增除权参考价格计算公式、联交所首次对召开类别股东大会进行豁免、第三方担保问题成功并案解决，既维护了社会和谐稳定，又实现了各方利益共赢，为上市公司重整提供了可复制的范例。在本案中，值得关注的一点是，该重整企业通过司法程序完成了纳税信用的升级，在 2018 年被重庆市税务局评级为 A 级纳税人，纳税信用优异，被“信用中国”列入“守信红名单”。

值得进一步讨论的是，重庆钢铁在重整期间（法院受理重整至裁定批准重整计划的期间）两次（2017 年 8 月 28 日、2017 年 10 月 31 日）被重庆市环境监察总队因未按照排污许可证排污进行了行政处罚，这种环境违法行为被行政处罚尽管不是影响其重整计划能否通过、重整计划能否顺利执行的决定性因素，但是其在一年内因故意的、同一种类环境违法行为受过两次行政处罚，应当纳入社会信用体系，在行政审批、融资授信、资质评定、政府采购、纳税信用评级等方面受到联合惩戒。

（八）江苏省纺织工业（集团）进出口有限公司等六家公司破产重整案

江苏省纺织工业（集团）进出口有限公司（以下简称省纺织进出口公司）及其下属的五家控股子公司江苏省纺织工业（集团）轻纺进出口有限公司、江苏省纺织工业（集团）服装进出口有限公司、江苏省纺织工业（集团）机电进出口有限公司、江苏省纺织工业（集团）针织进出口有限公司、无锡新苏纺国际贸易有限公司，是江苏省纺织及外贸行业内有较高影响力的企业，经营范围主要为自营和代理各种进出口业务及国内贸易。在国际油价大幅下跌的背景下，因代理进口化工业务的委托方涉嫌违法及自身经营管理等原因，省纺织进出口公司及其五家子公司出现总额高达 20 余亿元的巨额负债，其中 80% 以上为金融债务，而六公司经审计总资产仅为 6000 余万元，资产已不足以清偿全部债务。

根据债权人的申请，江苏省南京市中级人民法院（以下简称南京中院）分别于 2017 年 1 月 24 日、2017 年 6 月 14 日裁定受理省纺织进出口公司及五家子公司（其中无锡新苏纺国际贸易有限公司经请示江苏省高级人民法院指定南京中院管辖）重整案，并指定同一管理人接管六家公司。管理人对六家公司清理后认为，六家公司存在人员、财务、业务、资产等人格高度混同的情形，据此申请对六家公司进行合并重整。南京中院在全面听证、审查后于 2017 年 9 月 29 日裁定省纺织进出口公司与五家子公司合并重整。基于六家公司在纺织及外贸行业的影响力及经营前景，管理人通过谈判，分别引入江苏省纺织集团有限公司及其母公司等作为战略投资人，投入股权等优质资产增资近 12 亿元，对债务人进行重整并进行资产重组，同时整合省纺织进出口公司与子公司的业务资源，采用“现金清偿 + 以股抵债”的方式清偿债权。2017 年 11 月 22 日，合并重整债权人会议及出资人组会议经过分组表决，各组均高票或全票通过管理人提交的合并重整计划草案。经管理人申请，南京中院审查后于 2017 年 12 月 8 日裁定批准省纺织进出口公司及五家子公司的合并重整计划，终止省纺织进出口公司及五家子公司的合并重整程序。

该案是探索关联企业实质合并重整、实现企业集团整体脱困重生的典型案例。对分别进入重整程序的母子公司，首先在程序上进行合并审理，在确认关联企业人格高度混同、资产和负债无法区分或区分成本过高以致严重损害债权人利益，并全面听取各方意见后，将关联企业进行实质合并重整。合并重整中，通过合并清理债权债务、整合关联企业优质资源，同时综合运用“现金清偿 + 以股抵债”、重整的同时进行资产重组等方式对危困企业进行“综合诊治”，不仅使案件审理效率大为提升，债权人的整体清偿利益得到有效维护，还化解了 20 余亿元的债务危机，有效防范了金融风险，实现了六家企业整体脱困重生。就信用修复角度而言，六家企业在裁定重整之前存在大量的失信黑名单行为，经过重整后，依据《关于公布失信被执行人名单信息的若干规定》的规定，对六家企业的失信被执行人的相关信息从“中国执行信息公开网”删除，“信用中国”网站也随之屏蔽了相关失信被执行人信息。

（九）桂林广维文华旅游文化产业有限公司破产重整案

桂林广维文华旅游文化产业有限公司（以下简称广维公司）拥有全球第一部山水实景演出、广西旅游活名片、阳朔旅游晴雨表的《印象·刘三姐》剧目。该公司为股东及其关联控制人代偿或担保债务涉及总额超过 15 亿元，导致不能清偿到期债务且资不抵债，据此提出破产重整申请。

2017 年 8 月 15 日，广西壮族自治区高级人民法院（以下简称广西高院）裁定受理本案并指定管理人。管理人采取邀请招标方式并经公开开标，根据交纳投标保证金、具体重整方案的细化可行性情况确定北京天创文投演艺有限公司（以下简称文投公司）以 7.5 亿元出资额成为重整投资方。2017 年 11 月 8 日，第一次债权人会议召开，重整计划草案确定相关债权数额并将出资人权益调整为零，明确文投公司义务。享有担保权的债权组，代表债权金额 275892800.36 元，表决通过该草案；普通债权组过半数同意，代表债权金额 761128974.33 元，占该组债权总额的 77.30%，超过三分之二；出资人组表决未通过该草案。2017 年 12 月 4 日，广西高院裁定强制批准重整计划草案，终止重整程序。2018 年 1 月，文投公司出资资金到位；1 月 26 日，广西高院裁定确认柳州银行股份有限公司等 15 位债权人债权共计 1469526673.18 元，其受偿金额分配共计 589207646.36 元；2 月中旬，文投公司完成股权过户。

本案系全国首个直接由高级法院受理的破产重整案件。由于考虑到公司经营项目为国际知名大型实景《印象·刘三姐》剧目，对广西旅游业、地方经济影响较大，且公司所有资产被国内、区内数十家法院查封、涉及职工人数众多且成分复杂等情况，广西高院依据我国《企业破产法》

第四条、《民事诉讼法》第三十八条第一款的规定，将本案作为全区有重大影响案件裁定立案受理。为确保《印象·刘三姐》剧目演出不受破产重整影响，本案实行演出相关业务自行经营、管理人监督、法院总协调的模式，确保重整期间公司正常经营，各项收入不减反增。该案历经3个月21天顺利终结程序并进入重整计划执行阶段，广维公司摆脱债务困境重焕活力，确保了800多名演职人员的就业机会也解决了关联公司548名职工安置问题，相关产业通过《印象·刘三姐》项目实现升级改造，推动了地方经济发展。值得注意的是，在广西高院受理广维公司重整案之前的2017年5月25日，广西高院以（2017）桂执3号，将该企业列入失信被执行人名单，原因是该企业隐匿财产规避执行、转移财产规避执行、被执行人无正当理由拒不履行执行和解协议。根据《关于公布失信被执行人名单信息的若干规定》第二条的规定，纳入失信被执行人名单的期限是2年，而且不得依据第十条的规定，因破产程序依法被法院裁定中止执行而从失信被执行人名单立即删除，而只能在期限届满后再予以删除。

（十）无锡华东可可食品股份有限公司等三家企业程序合并破产重整案

无锡华东可可食品股份有限公司（以下简称华东可可）是国内三大可可加工生产企业之一，旗下三家全资子公司分别是无锡上可食品有限公司（以下简称无锡上可）、华东可可食品（兴化）有限公司（以下简称兴化可可）和海南万宁欣隆可可有限公司（以下简称海南可可）。2017年9月11日，江苏省无锡市中级人民法院（以下简称无锡中院）裁定受理华东可可重整案；同年9月20日，江苏省无锡市锡山区人民法院裁定受理无锡上可重整案；同年 12 月 7 日，经江苏省高级人民法院指定管辖，无锡中院裁定受理兴化可可重整案。为便于三个案件同步审理，法院指定同一管理人担任华东可可、无锡上可、兴化可可的管理人。针对申报的 5 亿元民间借贷债权，管理人组织专项审计，将债权压降至 2.7 亿元，有效核减虚高债务。经核查，三家企业资产总值 2.57 亿元、负债总额 12 亿元，均已严重资不抵债，普通债权模拟清偿率除兴化可可为 2.42% 外，华东可可和无锡上可均为零。

2018 年 1 月，为维持三企业的营运和投资价值，管理人与既是三家企业经营性债权人又对三家企业有重整意向的江苏汇鸿国际集团股份有限公司（以下简称汇鸿集团）达成托管协议，由其对三家企业重整期间的营业事务进行托管，恢复三家企业规模化生产。后管理人在全国范围内公开招募重整投资人并公布评审标准，最终经评审会评审确定重整投资人为汇鸿集团与无锡盈创国际贸易有限公司（以下简称无锡盈创）联合体。管理人以招募公告、投募文件和中募文书为基础，经过多轮协商谈判，获得重整投资人在投募承诺 2.57 亿元基础上，额外负担部分破产费用、共益债务，另行增加偿债资金，提高普通债权清偿率。管理人据此制作三家企业重整计划草案，获各债权人组及出资人组表决通过。2018 年 9 月 10 日，法院裁定批准三家企业重整计划并终结重整程序。

本案是“关联企业程序合并重整”的典型案例。法院及管理人既尊重三家企业法律上的独立人格，又同步调查财产、审查债权、召开会议、招募投资、清理债权、调整经营，并保持重整投资人控股母公司、母公司全资控股子公司的股权结构，满足绝大多数意向投资人对三家企业一并投资的需求，推动重整取得成功。此外，本案还通过民间借贷专项审计为三家公司摆脱巨额“高利贷”，有力维护了经营性债权人的利益。这个关联企业程序合并重整案件反映出重整计划裁定时是否需要把信用惩戒问题考虑进来。在重整期间，华东可可在2017年12月25日因为违反《反不正当竞争法》第九条的规定而被无锡市锡山区市场监督管理局依据该法第二十条进行了行政处罚。有如此严重违法行为（在食品中做虚假宣传）而被行政处罚时，法院裁定批准重整计划时是否应当考虑此种应当受到联合信用惩戒的要素？如果不考虑此种因素，只是出于挽救所谓的行业内大企业，可能在挽救甚至修复其信用之后，其继续出现严重违法而导致的失信行为。根据“信用中国”网站，华东可可在裁定重整计划之后不久，因为违反《大气污染防治法》第十八条规定的废气超标排放而被无锡市锡山区环境保护局先后在2019年3月8日、3月19日依据该法第九十九条作出行政处罚；因为有履行能力而拒不履行生效法律文书确定义务，于2019年7月18日再次被列入失信被执行人黑名单。

四、改进破产重整企业信用修复的建议

（一）各信用信息认定单位和平台建立专门的破产企业信用信息修复制度

目前，虽然诸如“信用中国”网站、中国人民银行征信中心、税务部门的纳税信用系统、市场监管部门的企业信用信息公示系统及人民法院的“中国执行信息公开网”等都对企业或个人的信用修复或变更申请作出了相应的规定。如《征信业管理条例》第二十五条规定“信息主体认为征信机构采集、保存、提供的信息存在错误、遗漏的，有权向征信机构或者信息提供者提出异议，要求更正”。2017年1月16日，由最高

人民法院审判委员会第 1707 次会议通过《最高人民法院关于修改〈最高人民法院关于公布失信被执行人名单信息的若干规定〉的决定》，该决定自 2017 年 5 月 1 日起施行。修改后的《最高人民法院关于公布失信被执行人名单信息的若干规定》中对处于破产程序而被法院裁定中止执行的失信被执行人可以在符合条件情况下删除其失信被执行人信息，可谓有了针对破产重整企业的信用修复的规定。但是除此之外，其他领域的规定尚付之阙如，没有对破产重整企业的信用修复作出专门或例外规定。如果按照现有的适用规范，破产重整企业将不具备申请信用信息修复的适用条件，因而也无法满足破产重整企业对信用信息修复的要求。因此，笔者认为，各相关信用信息认定单位和平台应当对破产重整企业的信用修复作出专门规定，并对适用范围、适用条件、操作流程、修复期限和责任义务等作出具体明确的规定。只有破产重整企业的信用信息得到适当修复，才能保障破产重整企业正常开展业务，达到挽救企业、恢复企业健康发展的目的。

（二）各信用信息认定单位和平台形成多方融通的信用信息修复机制

在实践中，存在破产重整企业仅有一项信用信息被纳入不良信用信息记录，但是该项不良信用信息可能会同时影响其他信用信息认定单位或平台的信用记录。比如某企业因信贷违约行为而被征信机构记录为不良信用信息录入金融信用信息基础数据库的，因同一事由该企业因为不能执行还款的裁判文书其法定代表人会被“中国执行信息公开网”纳入失信被执行人黑名单；又如某企业因违法经营行为被工商行政管理部门吊销营业执照的，因同一事由往往也会被“信用中国”平台纳入失信黑名单。因此，当破产重整企业的某项不良信用信息记录在其中一个信用信息认定单位或平台被修复的，该项不良信用信息也应在其他信用信息认定单位或平台获得信用修复，否则属于信用信息修复不彻底，从而对破产重整企业造成“一寸之过、寸步难行”的不良影响。

与此相反，信用联合惩戒也因为信息在不同领域传递不畅通，未达到联合惩戒的效果。譬如上述介绍的重庆钢铁破产重整案中，重庆钢铁在重整期间（法院受理重整至裁定批准重整计划的期间）两次被重庆市环境监察总队因未按照排污许可证排污进行了行政处罚，这种在一年内受过两次行政处罚的故意的、同一种类环境违法行为，应当纳入社会信用体系，但是该企业却在2018年被重庆市税务局评级为A级纳税人，被信用中国列入“守信红名单”。这个案例说明，破产重整企业的信用修复面临着复杂的问题，值得进一步讨论。联合惩戒的信息应融通，在挽救企业和信用修复之间寻求平衡机制。“一处严重违法，处处受限”是否可以理解为：因为恶意严重的环境违法行为或严重的食品安全违法行为，所以在纳税信用评级、融资授信、政府采购上受到一定的限制？

（三）建立政府对各信用信息认定单位和平台信用信息修复的协调机制

由于征信机构、税务部门、市场监管部门、政府采购部门以及法院之间在职能上相互独立、互不隶属，在破产重整企业信用信息修复过程中可能会出现各信用信息认定单位和平台之间信用信息修复不统一、不及时和不配合等情形，因此，需要各级政府在不同部门之间进行协调，以实现信用信息修复结果统一、提高修复效率。譬如，上文提及的温州远洋眼镜有限公司重整案中，裁定重整前该企业被法院列入失信黑名单，法院裁定重整后，根据《最高人民法院关于公布失信被执行人名单信息的若干规定》的规定，该企业的失信被执行人的相关信息应当在3个工作日内从“中国执行信息公开网”删除，对企业信用进行修复。但是，从“信用中国”网站查询，该企业仍然被列入失信黑名单，公示了该企业15条失信被执行人的信息。因此，笔者认为应当由法院牵头，联系政府相关部门，组织协调、推动促进破产重整企业信用信息修复。

（四）法院在裁定受理重整或裁定重整计划时考量联合信用惩戒的要素

在破产企业存在严重违法，甚至因故意的、连续的、同一种严重违法行为被数次行政处罚的，法院裁定受理其破产重整申请或者裁定其重整计划时，应当慎重。因此，笔者认为应当建立联合信用惩戒的类型，对于一些特别领域、特别严重的违法失信行为，不予受理重整或者受理后不批准重整计划，在重整环节贯彻联合信用惩戒。譬如，上文提及的华东可可破产重整案中，该企业于2017年12月25日因为在食品中做虚假宣传而被行政处罚，此时正在管理人接管下、法院审理破产重整案件的期间内，发生如此严重的违法失信行为，法院不应裁定批准重整计划，否则就是纵容这些严重违法失信行为。果不其然，华东可可重整计划执行期间，因为连续、故意违反《大气污染防治法》第十八条规定的废气超标排放而被无锡市锡山区环境保护局作出两次行政处罚，并于2019年7月18日再次被法院列入失信被执行人黑名单。破产重整不仅是营业、财务、组织的重整，也是企业合规经营的理念和机制的“重整”。

第七部分　消费者权益保护与企业信用建设

消费者权益保护是促进市场经济健康有序发展的重要前提，因此许多国家都非常重视用特别法来保护消费者的合法权益，维护良好的市场秩序。我国消费者权益保护法律法规对消费者和经营者的权益义务进行了较为明确的规定，这些规定要求经营者在提供商品和服务的过程中具有良好的信用，并对消费者承担一定的责任，具体表现为经营者在提供商品和服务的过程中，在价格、质量、广告和安全等事关消费者切身利益的方面具有良好的信用，符合相关法规要求。因此，观察经营者在价格、质量、广告和安全等方面的诚信状况，是了解经营者是否尽到消费者保护的法律义务，衡量企业信用建设状况的一个重要角度。

当前，我国供给侧结构性改革持续推进，信用经济建设方兴未艾，大力加强消费者权益保护，有效促进企业诚信建设，有利于提振市场信心，提高人民群众的获得感、幸福感和安全感。本部分主要是通过梳理一些与消费者权益保护紧密相关领域企业信用建设的新情况，阐述过去一年我国在产品质量、食药、广告和价格四个方面诚信建设的重要进展，为观察我国企业信用建设状况提供一个可视化的角度。

一、产品质量信用建设

近年来，中国制造的质量迅速提升，但也时常出现一些重大质量问题，给消费者造成了巨大伤害，给中国产品的形象和政府的公信力造成了损害。因此，应该重视加强经营者产品质量诚信建设，通过一系列制度安排，让守信经营者赢得市场和利润，让失信经营者受到应有的惩戒。全社会唯有加强质量诚信建设，加强诚信引领示范，激励企业狠抓质量提升，强化全社会质量意识，方能打赢品质攻坚战，方能助力中国制造向中国创造、中国速度向中国质量、制造大国向制造强国的一系列转变。本章主要梳理过去一年我国在产品质量信用建设方面取得的新进展，为了解我国产品质量信用建设提供一个观察的角度。

（一）政府在产品质量信用建设中所做的努力

1. 政策法规建设

（1）中央政策法规建设

2018 年 1 月 17 日，国务院印发《关于加强质量认证体系建设促进全面质量管理的意见》（国发〔2018〕3 号），规定要根据企业管理水平和诚信状况，实施分类管理，优化认证程序，引入“自我声明”方式，鼓励企业加快提质升级。推行从业机构公开承诺和信息公示制度，建立从业机构及从业人员的诚信档案，完善永久退出和终身禁入等失信惩戒机制，提高违法失信成本。

2018 年 5 月 24 日，交通运输部公布了新修订的《出租汽车服务质量信誉考核办法》，进一步优化完善了巡游车企业和驾驶员服务质量信誉考核指标，并将网约车平台公司和驾驶员纳入考核体系，全面提升出租汽车行业服务水平。

2018 年 6 月 11 日，国务院办公厅发布《关于推进奶业振兴保障乳品质量安全的意见》（国办发〔2018〕43 号），提出要推进行业诚信体系建设，构建奶业诚信平台，支持乳品企业开展质量安全承诺活动和诚信文化建设，建立企业诚信档案；充分运用全国信用信息共享平台和国家企业信用信息公示系统，推动税务、工信和市场监管等部门实现乳品企业信用信息共享；建立乳品企业“黑名单”制度和市场退出机制，加强社会舆论监督，形成市场性、行业性、社会性约束和惩戒。

2018 年 9 月 13 日，农业农村部印发《关于全面推广应用国家农产品质量安全追溯管理信息平台的通知》，决定在全国范围推广应用国家农产品质量安全追溯管理信息平台，推进农产品质量安全追溯体系建设，推动实现全国追溯“一张网”。

2018 年 9 月 26 日，国务院发布《关于推动创新创业高质量发展打造“双创”升级版的意见》（国发〔2018〕32 号），提出加强社会信用体系建设，构建信用承诺、信息公示、信用分级分类、信用联合奖惩等全流程信用监管机制。

2018 年 10 月 16 日，工信部等四部门印发《原材料工业质量提升三年行动方案（2018—2020 年）》，提出完善质量信息收集和发布制度，健全质量守信联合激励和失信联合惩戒制度，在重点领域实施质量追溯制度；加大“中国品牌日”、全国“质量月”和“诚信兴商月”活动宣传力度，推动实施原材料工业品牌培育管理体系标准，引导企业树立诚信经营意识；探索建立符合原材料工业特点的、以质量综合竞争力为核心的征信融资体系，将质量水平、标准水平、品牌价值等纳入企业信用评价指标。

2018 年 11 月 13 日，交通运输部印发《农村公路建设质量管理办法》，规定县级以上交通运输主管部门应当对农村公路建设项目有关单位进行信用记录，建立完善从业单位及其负责人质量诚信档案，开展信用评价工作，推动质量信用评价结果在市场准入、招投标和行业监管中的应用。有关信用信息记录应在全国交通运输信用信息平台共享。

2018 年 12 月 14 日，市场监管总局和国家发展改革委联合发布《服务业质量提升专项行动方案》，提出加强服务行业信用监管，健全服务企业信用记录，加快构建跨地区、跨部门、跨领域的协同监管和联合惩戒机制，对严重违法失信主体采取行业限制性措施，依法予以限制或禁入；有效整合应用全国信用信息共享平台和国家企业信用信息公示系统等数据资源，推进实施企业信用风险分类监管；对信用风险等级高的市场主体，适当提高抽查检验等监管频次，适时进行消费警示提示；鼓励信用服务机构开展服务领域企业信用评价，充分发挥行业协会商会的行业诚信自律作用。

（2）地方政策法规建设

2018 年 1 月 1 日，山西省实施《农产品质量安全“黑名单”管理暂行办法》，规定将危害农产品质量安全的生产经营者及其责任人拉入“黑名单”，每年公布一次。

2018 年 1 月 3 日，重庆市发布《工业企业质量信用等级评价管理试行办法》，工业企业质量信用等级评定分为 A、B、C、D 四个等级，按不同等级对企业实行分类监管，对守信企业、基本守信企业以激励与帮扶为主，对严重失信企业建立惩戒与淘汰机制，系统地将重庆企业质量与企业信用挂钩。

2018 年 1 月 5 日，福建省印发修订后的《福建省农产品质量安全黑名单制度》，要求将出现农产品或农业投入品质量安全问题的相关生产、经营的单位和个人，纳入农产品质量安全“黑名单”。

2018年1月中下旬，辽宁省出台《质量技术监督局关于推进质量诚信体系建设的意见》，提出要建立各类质量诚信“红黑榜”，褒扬诚实守信先进典型，曝光严重质量失信行为；加快制定质量信用数据指标、企业质量信用分级评价、企业质量信用等级表示规范等质量信用地方标准，完善质量诚信标准体系；加快质量信用信息化建设，完善全省企业质量信用档案，完善辽宁省质量安全监控应急中心综合信息平台，推动质量信用信息互联互通共享，实现部门间质量信用信息的公开、共享，同时实施质量信用分级分类管理，针对不同的信用等级采取不同的监管措施，提高质量监管效率。

2018年2月6日，宁波市印发《宁波市质监局“严重质量失信名单管理办法”实施方案（试行）》，要求将质量技术监督（市场监管）部门在履行职责过程中认定的存在严重质量失信的8种行为的自然人、法人、非法人组织列入“黑名单”。

2018年4月28日，北京市印发《深化环境监测改革提高环境监测数据质量实施方案》，要求严惩企业、机构和个人的环境监测数据弄虚作假行为，并将其纳入信息公开公示系统，实现一处违法、处处受限。

2018年5月3日，北京等全国36个大城市在天津共同发布《质量兴农倡议书》，表示要大力推进质量兴农，加快推进农产品追溯管理，实现与国家追溯平台对接和互联互通，推进农业诚信体系建设，实施违法失信主体“黑名单”制度。

2018年5月23日，厦门市印发《2018年质量信用体系建设重点任务及责任分工方案》，结合厦门市社会信用体系建设要求提出20条措施，积极构建以质量为基础、以信用为核心的监管新机制，为“信用厦门”建设奠定质量基石、为“质量厦门”建设提供信用保障。

2018 年 6 月 14 日，无锡市印发《建筑业企业信用考核实施办法（试行）》，要求对在江苏无锡从事工程建设活动的本市和外地建筑企业进行信用评比考核，并通过“计分制”的形式，按月对建筑企业评出月度信用分，并据此产生年度信用分和等级，直接与市场准入清出相挂钩。

2018 年 6 月 25 日，合肥市印发《合肥市农产品质量安全信用承诺制度》，要求相关部门组织辖区内食用农产品、农资生产经营主体负责人签订信用承诺书，食用农产品、农资生产经营主体承诺履行农产品质量安全义务、保证农产品质量安全的工作。

2018 年 7 月 13 日，广东省惠州市印发《惠州市质量技术监督局关于工业产品质量联合奖惩红黑榜管理的实施细则》，对工业产品质量联合奖惩红黑榜的范围及奖惩措施，红黑榜的收集、公开与使用，异议处理与信用修复等进行了规定。

2018 年 8 月 10 日，福建省福州市长乐区印发《生产企业质量行为联合奖惩实施方案》，要求对区域内生产企业的质量行为实施联合奖惩，并对联合奖惩的基本原则、实施对象、质量守信和失信行为的界定、质量守信和失信行为联合奖惩机制等进行了规定。

2018 年 9 月 21 日，徐州市公布《徐州市质量促进条例》，明确将建立质量信用信息制度，构建质量信用信息统一归集、公示、应用的政府大数据平台，发布信息，推动部门间质量信用信息共享共用；开展质量信用评价，实施信用奖惩制度，激励守信，惩戒失信，建立并实施严重质量失信企业名单制度，依法对严重失信企事业单位或者个人予以权利限制。

2018年9月26日，在第五届中国中部投资贸易博览会重大合作项目签约仪式上，湖北、山西、河南、湖南、安徽、江西六省质量技术监督部门共同签署了《中部六省质量信用体系建设合作协议》，提出要努力构建中部六省企业质量信用管理体系，探索建立中部地区企业质量信用等级评价体系，加强企业质量信用信息的动态更新与信用等级的实时评价，实现企业质量信用管理体系的统一性和可兼容性；建立质量信用信息共享与交流机制，实现企业质量信用信息互联互通，以统一的企业质量信用管理体系为基础，对中部六省合作各成员单位认定的质量信用等级实施互认制度；对质量信用记录良好的企业，在中部六省区域内享受同等优惠政策，对质量信用记录不好的企业，在中部六省区域内形成联合监管网络，努力构建起引导企业“讲诚信、重质量”的良好环境和强大合力。

2018年10月23日，厦门市印发《厦门市出租汽车驾驶员服务质量信用考核办法（征求意见稿）》，征求意见座谈会提出，被列入不良记录驾驶员名单的出租汽车驾驶员，自列入不良记录之日起，3年内禁止在厦门市从事出租汽车驾驶工作；建立联合奖惩机制。

2018年10月28日，潮州市交通运输局发布《潮州市巡游出租汽车经营服务管理实施细则（征求意见稿）》，规定对出租车司机不打表，服务质量差等问题，暂停直至注销其从业资格，列入行业黑名单。

2018年10月9日，宁夏回族自治区印发《关于印发进一步加强电梯质量安全工作实施方案》，提出要加强企业自律，推行企业“自我声明+信用管理”的诚信自律模式，对严重违法失信企业依法予以联合惩戒。

2. 标准建设

目前，我国已发布社会信用国家标准45项，已立项在研社会信用国家标准3项，正在申报立项社会信用国家标准27项，质量信用标准是其中的重要组成部分。自 2014 年以来，相关部门按照《企业质量诚信管理实施规范》的相关规定，组织企业开展产品质量标准的宣贯和实施工作，取得明显成效。①

3. 平台建设

（1）企业自我声明信息平台

与产品质量（或服务）相关的企业自我声明信息平台目前主要有中国中小企业诚信建设服务平台、新华信用信息服务平台、中国商业特许经营平台、中国商务信用平台和中国贵金属商务信用平台等。这些平台主要围绕社会信用体系建设，通过积累的大量数据，提供产品质量信用信息发布、信用信息查询、信用档案和信用报告等多项服务，促进行业诚信自律。

（2）监管平台

与产品质量（或服务）相关的监管平台目前主要有国家农产品质量安全追溯管理信息平台、诚信春运公众监督平台、质量诚信档案大数据平台、统一社会信用代码中心、重庆市质量信用系统和“区块链 + 黑猪”溯源系统等。这些平台或者通过接收相关投诉举报，或者通过归集用户售后评价，或者通过信用信息公示和共享，实现对相关产品（或服务）的质量保障，达到信用监管的目的，维护行业诚信健康发展。

4. 行政执法监管

2018 年市场监管总局组织开展了“网剑行动”、红盾质量维权行动等质量专项执法行动，全国质量监管部门还通过接收大量的质量投诉举

---

① 中国质量新闻网：《我国社会信用标准化体系形成　涵盖基础通用标准、质量信用标准、企业信用标准、电子商务信用标准等多个领域》，信用中国网站，https://www.creditchina.gov.cn/hangyexinyong_824/zonghedongtai/meitidongtai/201811/t20181127_141104.html，访问日期：2019 年 5 月 13 日。

报，开展相应的执法工作，这些对促进质量诚信建设起到了一定的作用。

除市场监管部门外，其他相关部门也开展了一些质量执法行动。比如，2018 年上半年，在农业农村部门的农产品质量安全专项整治行动中，全国共出动执法人员 149 万人次，检查生产经营企业 76 万家，查处各类问题 22 万余起，责令整改 8 千余起。在农产品质量安全万里行启动仪式上，十大农产品质量安全执法监管典型案例向社会公布。另外，农业农村部还印发了加强农产品质量安全执法工作的意见，推动各地加大执法办案力度。①

5. 质量信用信息公示

2013 年至 2018 年，原质检总局连续 5 年组织企业发布企业质量信用报告，并委托中国标准化研究院依据《企业质量信用报告编写指南》组织和指导报告的编写工作，将评审认定的典型报告在官网公开展示。②

2018 年 3 月 12 日，原质检总局在其官网发布《2018 年产品质量国家监督抽查计划》，共涉及 219 种产品，包括日用及纺织品 26 种、电子电器产品 39 种、轻工产品 23 种、建筑和装饰装修材料 31 种、农业生产资料 17 种、机械及安防产品 41 种、电工及材料产品 38 种、食品相关产品 4 种。在按计划开展国家监督抽查的同时，原质检总局也根据工作实际需要，组织对计划外产品开展专项监督抽查。质检部门通过官方网站

---

① 《打造百姓放心的农产品质量安全信用体系——访农业农村部农产品质量安全监管司司长肖放》，信用中国网站，https://www.creditchina.gov.cn/xinyongkanwu/xiliebaodao/xileibaodao1/wenzhangliebiao1/wendangliebiao/201812/t20181218_141547.html，访问日期：2019 年 5 月 13 日。

② 中国质量新闻网：《我国社会信用标准化体系形成 涵盖基础通用标准、质量信用标准、企业信用标准、电子商务信用标准等多个领域》，信用中国网站，https://www.creditchina.gov.cn/hangyexinyong_824/zonghedongtai/meitidongtai/201811/t20181127_141104.html，访问日期：2019 年 5 月 13 日。

等渠道，分批次及时向社会公布了产品质量监督抽查结果。

此外，市场监管总局还通过官网等渠道及时向社会发布产品质量安全风险预警。比如，2018 年 6 月，市场监管总局发布婴幼儿用床边围栏及儿童贴纸、儿童文身贴产品质量安全风险警示。

各地相关政府部门也开展了不少质量信用信息的公示行动。比如，2018 年 11 月，黄山市旅委联合工商和质监部门通过官方网站公布了首批 A 级服务质量诚信旅行社名单，[①] 广西南宁推行农产品质量“红黑榜”，南京市公布 41 家市级 A 级农产品质量安全诚信企业名单等。

（二）经营者在产品质量信用建设中所做的努力

目前，我国已有 2700 多万家企业，6100 多万家个体工商户，它们既是提供产品和服务的市场主体，也是质量提升的责任主体。全面提升产品和服务质量的关键，是强化产品和服务提供者的质量主体责任。一方面，要靠政府督促落实质量责任，建立健全商品质量惩罚性赔偿等质量安全多元救济制度，营造公平竞争、优质优价的良好环境，让市场主体愿意为质量埋单，能够因质量获益。另一方面，要靠相关经营者提高质量发展能力，广泛开展质量技术服务提升活动，特别是广大中小企业要建立健全质量管理体系，提高企业技术标准、计量测试水平和质量控制能力。[②] 经营者是质量诚信建设的重要力量，为我国质量诚信建设做出了

① 《黄山市首批 A 级服务质量诚信旅行社名单公布》，信用中国网站，https://www.creditchina.gov.cn/home/zhuantizhuanlan/aWeek/chengxinfengmao/201812/t20181204_132732.html，访问日期：2019 年 5 月 13 日。

② 《侯建国：牢记质量发展使命　推进质量强国建设》，信用中国网站，https://www.creditchina.gov.cn/xinyongkanwu/xiliebaodao/xileibaodao1/wenzhangliebiao1/wendangliebiao/201808/t20180809_123036.html，访问日期：2019 年 6 月 5 日。

重要贡献。

1. 有效提升产品和服务质量水平

当前，我国消费品市场正面临一场“品质革命”，一些经营者为了赢得市场，主动强化产品质量要求，弥补产品缺失，积极开展质量管理活动，把全面质量管理、精益管理等国际先进质量管理方法应用到日常生产与经营活动中，持续加强品牌和标准建设，健全质量管理激励约束机制，不断提升质量水平，成为质量提升的主力军，为质量诚信建设奠定了坚实的基础。①

2. 努力加强质量诚信自律

近年来，不断有经营者主动签署《企业质量诚信承诺书》，将自身置于社会公众的监督之下，敦促自觉履行诚信义务、维护诚信形象，激发诚信自律的内生动力，坚定诚信经营的信心和决心。比如，2018 年 6 月 8 日，在第十一个“6・9”世界认可日来临之际，陕西省西安市质监部门组织开展了沣东新城环境质量检验检测机构质量诚信承诺活动。

2018 年全国“质量月”期间，中国航天科技集团、华为、海尔、重庆红九九食品等 1600 余家企业，作为各行业、各区域质量管理水平较高并在质量提升方面具有良好示范带头作用的代表，以“坚持质量第一，大力提升质量”为主题，联合发出《2018 年全国“质量月”企业质量诚信倡议书》，倡议企业界争先做到弘扬工匠精神、推动质量提升，重视质量发展、造福人民群众，发挥标准引领、打造中国质量。②

---

① 《人民日报整版谈建设质量强国：健全质量信用机制》，信用中国网站，https://www.creditchina.gov.cn/home/zhuantizhuanlan/aWeek/xinyongdongtai/201807/t20180731_122236.html，访问日期：2019 年 6 月 15 日。

② 《中国质量检验协会：开展企业质量诚信倡议活动》，信用中国网站，https://www.creditchina.gov.cn/home/zhuantizhuanlan/aWeek/chengxinfengmao/201809/t20180925_126679.html，访问日期：2019 年 6 月 15 日。

2018年9月，湖北省质监局在“质量月”期间组织武汉钢铁集团公司等637家湖北名牌产品企业开展“质量诚信承诺”活动，各参与企业共同宣誓承诺：遵纪守法，建立质量诚信体系；诚信至上，落实质量主体责任；强化质量管理，提升质量水平；自觉接受监督，全面履行社会责任；加强品牌建设，增强国际竞争力，相关企业在承诺书上签名。[①]

另外，还有一些经营者通过参加相关政府部门或行业协会组织的“企业质量诚信倡议”专题活动、质量诚信宣传和培训会议，推广应用质量诚信溯源和防伪标识等方式，自觉增强质量意识和诚信意识。

3. 主动参与质量诚信创建活动

一些经营者通过主动参加2018年度放心粮油示范企业评选、2018年全国“质量月”“中国品牌日”、个人征信系统数据质量工作优秀机构和个人评选、中国质量奖评选、中国质量诚信企业评比和中国质量诚信品牌论坛等质量诚信创建活动，积极加强自身诚信建设，同时也为促进行业质量诚信建设做出了贡献。

（三）消费者在产品质量诚信建设中所做的努力

产品质量好不好，产品质量诚信建设效果怎么样，最终是由消费者说了算。消费者是产品质量诚信建设的评判者、受益者，也是重要参与者。充分发挥消费者在质量诚信建设中的作用，一方面要完善消费者参与机制，倾听消费者呼声，让消费者深入参与到企业产品服务创新与质量改进实践当中，发挥消费者的创新贡献和价值共创作用，实现消费者

① 《湖北省质监局组织名牌企业开展“质量诚信承诺”》，信用中国网站，https://www.creditchina.gov.cn/zhuanxiangzhili/zhuanxaingzhilixinzheng/201810/t20181011_127701.html，访问日期：2019年6月15日。

需求与先进技术对产品质量提升的双轮驱动；另一方面要建立健全质量信号传递反馈机制，鼓励消费者组织、行业协会、第三方机构等开展产品质量比较试验、综合评价、体验式调查，引导消费者理性消费。①

消费者通过保持理性消费的态度、科学合理选购产品、参与消费热点事件讨论、监督质量监管部门依法履职和依法维护自身合法权益等多种方式，促进产品质量诚信建设。

根据《中国质量万里行》发布的质量消费白皮书，2018 年度中国质量万里行消费投诉平台共收到有效消费投诉 108660 例，给出消费者投诉处理意见的投诉案例 76040 例，质量投诉主要集中在电子产品、汽车、服装鞋帽、家用电器、食品、房地产、日用商品、美妆首饰 8 个行业，其中电子产品与汽车行业的消费投诉量约占一半。② 另据全国消协组织受理投诉情况统计，2018 年全国消协组织共受理消费者投诉 762247 件，其中售后服务问题占 29.24%，质量问题占 25.69%，售后服务和产品质量是引发投诉的主要原因，占投诉总量的五成以上。③ 这些数据，一方面说明我国质量信用建设依然任重道远，另一方面也说明消费者通过大量投诉举报为我国质量诚信建设做出了重要贡献。

近年来，一些地方出现了消费维权志愿者，他们作为消费者的代表，积极参与各类消费维权宣传咨询活动、消费维权社会监督工作、消费调

---

① 《人民日报整版谈建设质量强国：健全质量信用机制》，信用中国网站，https://www.creditchina.gov.cn/home/zhuantizhuanlan/aWeek/xinyongdongtai/201807/t20180731_122236.html，访问日期：2019 年 6 月 26 日。

② 《〈中国质量万里行〉发布 2018 年度消费者诉求白皮书》，载《中国质量报》2018 年 3 月 9 日。

③ 《2018 年全国消协组织受理投诉情况分析》，中国消费者协会网，http://www.cca.org.cn/tsdh/detail/28383.html，访问日期：2019 年 6 月 27 日。

查与测评活动，协助消费者协会解答消费者咨询问题，引导消费者进行合法有效的消费维权，为质量诚信建设贡献自己的智慧和力量。

二、食药诚信建设

我国有 14 亿人口和 4 亿多中等收入人群，人均 GDP 超过 9000 美元，消费市场规模不断扩大，消费结构显著升级，正从数量型消费向质量型消费转变，广大消费者对健康安全食品的需求快速增长。因此，在涉及人民群众健康安全的领域，要扎实开展食药安全信用体系建设，有效推进社会信用体系建设工作，加大对消费者的赔偿力度，保障消费者的合法权益，确保广大消费者的饮食用药安全。[①] 当前，我国食药安全监管工作仍然面临不少困难和挑战，形势依然复杂严峻，因此，要用最严谨的标准、最严格的监管、最严厉的处罚、最严肃的问责，构建食药安全人人关心、人人参与的共治格局，确保广大消费者舌尖上的安全。

（一）政府在食药信用建设中所做的努力

1. 政策法规建设

（1）中央政策法规建设

2017 年 12 月 25 日，国务院食品安全办印发《关于印发国家食品安全示范城市标准（修订版）的通知》（食安办〔2017〕39 号），要求政府建立并完善食品安全诚信管理制度，将食品生产经营相关法人和非法人

① 《市场监管总局局长：食品安全要建巨额赔偿制度》，信用中国网站，https://www.creditchina.gov.cn/home/zhuantizhuanlan/aWeek/xinyongxingui/201811/t20181113_131002.html，访问日期：2019 年 6 月 27 日。

组织、个人的食品安全信用状况全面纳入社会诚信体系范围，各类食品生产经营者食品安全信用信息全面、准确记录并及时更新，食品安全失信行为在金融、土地、许可等各领域得到联合惩戒。各监管部门建立信用信息管理制度、食品生产经营者信用档案及食品安全信用信息数据库，公开食品安全信用信息。将各类食品生产经营企业的行政许可、行政处罚、抽查检查结果等信息，通过相关信用信息系统统一归集、记录并予以公示。

2018 年 2 月 27 日，原国务院食品安全办、农业部和食药监总局联合发布《关于进一步加强“双安双创”工作的意见》（食安办〔2018〕3 号），要求建立健全农产品生产经营主体信用档案，建立食用农产品质量安全监管信息共享制度；建立完善食品和农产品质量安全诚信管理制度，积极推行食品安全责任险，利用诚信管理机制和第三方监督力量，促进加强食品和农产品质量安全治理。

2018 年 6 月 29 日，按照国务院食品安全办《关于继续做好食品保健食品欺诈和虚假宣传整治工作的通知》（食安办〔2018〕7 号），要求研究探索建立综合治理食品保健食品欺诈和虚假宣传的长效机制，加大信用监管，探索完善失信企业信息共享机制，加强协同监管和联合惩戒。

2018 年 8 月 22 日，国家药品监督管理局办公室发布《关于药品信息化追溯体系建设的指导意见（征求意见稿）》，该指导意见明确要发挥行业自律和模范带头作用，探索建立药品信息化追溯体系建设的行业自身发展规划和信用管理制度；要加强地方监管部门的政策引导，督促企业落实主体责任，积极推动药品生产经营环节的信息化追溯体系建设，并适时对接国家信用体系。

2018 年 10 月 22 日，新修订的《药品管理法》草案提请十三届全国人大常委会第六次会议初审，明确建立药品信用档案，作为药品监管的基础工具，记录许可颁发、日常监督检查结果、违法行为查出等情况，并依法向公众公示发布。

2018 年 12 月 26 日，市场监管总局发布《进一步加强保健食品生产经营企业电话营销行为管理的公告》，要求重点加强保健食品虚假宣传、明示或暗示疾病预防或治疗功能等行为的监督检查；加强征信管理，建立信用档案，根据电话营销监测和消费者投诉等情况，把有重大违规行为的保健食品电话营销举办者、品种纳入监管“黑名单”，相关行政处罚信息通过国家企业信用信息公示系统依法向社会公示。

（2）地方政策法规建设

2018 年 1 月 5 日，四川省泸州市发布《泸州市食品药品安全严重违法失信者惩戒管理办法（试行）》，要求对食品药品生产经营出现严重失信行为的经营者及相关负责人，依据失信情节的严重程度，采取一项或者多项措施予以惩戒，同时规定了失信黑名单信用修复制度。

2018 年 2 月 25 日，山东省济宁市发布新修订的《济宁市食品药品安全黑名单管理办法》，明确对出现 6 类失信情形的食药经营者，纳入食品药品安全失信“黑名单”，并依法实施必要的市场和行业禁入限制措施。

2018 年 3 月 30 日，安徽省发布《关于建立现代医院管理制度的实施意见》，明确加强对医疗质量安全、医疗费用以及大处方、欺诈骗保、药品回扣等行为的监管，建立“黑名单”制度。

2018 年 4 月 18 日，内蒙古自治区印发《内蒙古自治区改革完善短缺药品供应保障机制实施方案》，规定要建立失信经营者“黑名单”制度，对屡查屡犯的短缺药品及原料药垄断案件相关经营者，依法制定禁止其从事医药行业的措施。

2018 年 4 月 23 日，宁夏回族自治区印发《宁夏食品药品安全“黑名单”信息共享和联合惩戒办法》，将有 11 类违法失信行为的食品药品生产经营者或责任人员列入“黑名单”。对被列入“黑名单”的失信主体，宁夏食品药品监督管理部门将采取增加日常监督检查频次、限制从事食品药品生产经营活动、暂缓办理执业药师资格审核和个人登记手续等惩戒措施，并联合相关部门和金融机构采取限制其申请政府性资金支持、禁止参与政府采购活动、限制取得政府供应土地、限制办理行政审批等惩戒措施。

2018 年 4 月 24 日，贵州省印发《贵州省食品药品安全信用分级分类管理办法（试行）》，对食药安全信用信息归集、信用评价标准、信用信息修复、信用等级确定、信用分类管理、信用信息披露及档案管理等进行了具体规定。

2018 年 5 月初，武汉市印发《加强食品药品事中事后监管实施方案》，要求采取五项举措加快构建以信息归集共享为基础、以信息公示为手段、以信用监管为核心的新型食品药品监管制度，建立健全登记注册、行政审批、行业主管相互衔接的监管机制，推动形成企业自治、行业自律、社会监督、政府监管的社会共治局面。

2018 年 6 月 26 日，江苏省南京市印发《关于进一步推进对南京市食品药品生产经营严重失信者开展联合惩戒工作的通知》，从建立健全工作推进体制、落实信用信息归集和发布机制、加强对失信行为的约束和惩戒及完善个人信用记录四个方面，加强对食品药品失信当事人实施协同监管和联合惩戒。

2018 年 6 月 28 日，广州市发布《广州地区医疗机构药品集团采购试行办法（征求意见稿）》，规定生产和配送企业应该符合“近两年未被列入广东省药品非诚信交易名单、未因在广州地区医疗机构药品集团采购过程中发生违法违规行为被列入信用广州网公示的失信黑名单”的条件。

2018 年 6 月底，江苏省苏州市印发《关于对苏州市食品药品生产经营严重失信者开展联合惩戒的暂行规定》，要求进一步推进政府部门间信用信息共享交换和整合应用，通过对食品药品生产经营严重失信者进行联合惩戒，使失信者“一处失信，处处受制”，增强食品药品安全社会共治合力。

2018 年 7 月 30 日，江苏省蚌埠市印发修订后的《蚌埠市食品药品安全“红名单”和“黑名单”管理规定》，要求建立食品药品安全“红名单”和“黑名单”，将诚信守法生产经营的单位和有关人员纳入“红名单”；将因严重违反食品、药品、医疗器械、化妆品管理法律、法规、规章，受到行政处罚的生产经营者及其直接负责的主管人员和其他直接责任人员等的有关信息，纳入“黑名单”。

2018 年 8 月 29 日，江苏省宿迁市发布《江苏省宿迁市食品药品监督管理局信用承诺简化审批实施办法（试行）》，对食品药品审批服务中相关经营者的信用承诺相关问题作出了具体规定。

2018 年 10 月 1 日，宁夏回族自治区施行《宁夏食品销售经营风险分级管理工作规范（试行）》，将食品销售经营者风险等级从低到高分为 A 级、B 级、C 级和 D 级，对不同等级的食品销售经营者实施不同频次的监管，通过密切关注重点区域、重点业态及重点品种，有效防范区域性、系统性食品安全风险。

2018 年 10 月 1 日，湖北省钟祥市施行《钟祥市食品药品安全信用红黑名单管理办法》，规定了红黑名单管理制度，要求推进食品药品安全诚信体系建设，加大对食品药品生产经营者守信激励和失信惩戒的宣传引导力度，激励生产经营者全面履行安全责任。

2018年11月13日，陕西省出台《陕西省食品小作坊风险与信用分级管理工作规范（试行）》，明确要求从2019年1月1日起，全面启动全省食品小作坊风险与信用分级管理工作。

2018年11月30日，江苏省宿迁市印发《宿迁市食品销售经营者食品安全信用分类管理细则（试行）》《宿迁市药品生产企业信用分类管理细则（试行）》和《宿迁市医疗器械生产企业信用分类管理细则（试行）》三份文件，部署开展信用+食品药品领域改革和建设食品药品信用体系。

2018年12月25日，广西壮族自治区钦州市印发《钦州市食品药品"红名单"管理制度》，对食药"红名单"管理制度进行了具体规定。

2018年12月26日，陕西省汉中市发布《关于加快推进食品药品领域失信被执行人信用监督、警示和惩戒机制建设的实施细则》，重点对实施联合惩戒措施进行了细化规定。

2. 标准建设

为加快促进食品安全监管信息系统的互联互通和信息共享、完善食品药品监管信息化标准体系，2018年2月12日，原食药监总局发布了与食品生产、经营许可和监督检查相关的21个信息化标准。①

2018年11月底，原食药监总局药品审评中心发布的《中国上市药品目录集》共收录了药品382个品种、577个品规，持续完善、制定、转化药品审评技术指导原则。②

2018年1月29日，原食药监总局发布《医疗器械标准规划（2018—

① 《总局关于发布食品安全监管相关21个信息化标准的通知》，原食药监总局官网，http://samr.cfda.gov.cn/WS01/CL1605/225178.html，访问日期：2019年7月3日。

② 《与时代同行 谱写药品监管新篇章——回顾改革开放40年药品监管工作》，中国网，http://www.china.com.cn/zhibo/content_74268064.htm，访问日期：2019年7月3日。

2020年)》，全面实施医疗器械标准提高行动计划。截止到2018年年底，我国医疗器械标准已达到1580项，基本建成覆盖医疗器械产品各技术领域的标准体系。[①]

3. 平台建设

（1）中国食事药闻官方微信公众号。“中国食事药闻”是食药监部门的官方微信公众号，推送的内容包括国家最新出台的相关法律法规、近期召开的各类食品药品安全会议以及各类食品药品抽检、查验、召回等信用信息。

（2）国家药品抽检信息查询数据库。食药监总局正式上线国家药品抽检信息查询数据库，该数据库涵盖了2016年以来食药监总局发布的国家药品抽检信息，社会各界可以直接查询不合格药品信息。

（3）食药微信辟谣平台。食药监总局及部分地方食药监部门的微信公众号接入微信辟谣中心，将食药部门的专业性、权威性与微信辟谣功能有效结合，开启了政企合作打击网络食药安全谣言的新模式。[②]

（4）食安查。食安查是食药监总局推出的食品抽检结果查询软件，该软件汇总了近年来全国食药监部门食品抽检的结果信息，充分利用食品抽检结果数据，为消费者“买什么、不买什么”提供参考。

此外，有一定影响力的食药信用平台主要还有“中国食品谣言智能预警处理平台”、“食品药品权威科普网络平台（与百度百科共建）”、“食品药品安全科普资源库”、“食品安全抽检监测信息系统”、“传统中药制

① 《与时代同行　谱写药品监管新篇章——回顾改革开放40年药品监管工作》，中国网，http://www.china.com.cn/zhibo/content_74268064.htm，访问日期：2019年7月3日。

② 《携手打击网络谣言　食药监系统98家单位接入微信辟谣中心》，《中国食品药品监管杂志》官方微信公众号，2017年9月7日。

剂备案信息平台”、“鲁菜之乡食安监管云平台”、食品安全全过程追溯系统、食药监管大数据中心、食品药品信息追溯平台、“贵州食品安全云”、四川药品安全信用网等。

4. 食药执法

2018年，国家食药监管部门组织开展了例行性的食品安全抽检工作、飞行检查、体系检查，根据实际组织了食品保健食品欺诈和虚假宣传整治、学校食品安全专项整治等专项工作。

2018年1月4日，原食药监总局发布通知，要求开展食品安全抽检，2018年食品安全抽检计划涵盖33个食品大类、137个食品品种、218个食品细类，共抽检135.05万批次；总局本级抽检2.85万批次，其中计划性抽检2.05万批次，专项抽检0.8万批次；省级局抽检49.2万批次；全国各市、县级局的食用农产品抽检总量83万批次。[①]

2018年3月21日，原食药监总局发布相关通知，要求对食品及保健食品进行专项抽检监测，共抽检2595批，其中保健食品770批，植物蛋白饮料770批，方便食品1055批；总局本级抽检保健食品、植物蛋白饮料和方便食品各200批，总计600批；省级局共抽检保健食品570批、植物蛋白饮料570批，方便食品855批，总计1995批。[②]

2018年上半年，全国药监系统检查药品、医疗器械、化妆品生产企业85.2万家，对148家药品生产、经营企业开展跟踪检查或飞行检查，发现违法违规主体6.4万家次，完成整改7万家次，收回药品GMP证书

---

① 《总局关于印发2018年食品安全抽检计划的通知》，原食药监总局官网，http://samr.cfda.gov.cn/WS01/CL1605/221972.html，访问日期：2019年7月3日。

② 《关于印发食品及保健食品专项抽检监测工作方案的通知》，原食药监总局官网，http://samr.cfda.gov.cn/WS01/CL1605/227382.html，访问日期：2019年7月3日。

51 张，撤销药品 GSP 证书 649 张。[①]

2017 年 7 月以来，国务院食安办联合工业和信息化部、公安部、商务部、海关总署、市场监管总局等部门在全国开展食品保健食品欺诈和虚假宣传整治行动，持续加大案件查办力度，严惩违法违规行为。截止到 2018 年 9 月，各地共查处违法违规案件 4.5 万余件，货值金额达 16.6 亿元，抓获犯罪嫌疑人 8900 余人。[②]

另外，各地也根据地区、产业和消费特点实施本地食品安全专项抽检和食药安全专项整治行动。比如 2018 年兰州市对存在问题的 248 家学校食堂进行了行政处罚，责令停业整顿 4 家，没收过期食品 103 袋，销毁不合格食品 14.5 公斤；[③] 天津市开展整治农村假冒伪劣食品专项行动。

5. 信息公示

2018 年 1 月，原食药监总局发布相关通知，要求各级食品药品监管部门要严格审核并每周公布本行政区域内食品安全的抽检信息，公布内容包括产品合格信息和不合格产品信息。其中，产品合格信息主要包括标称生产企业名称、地址，被抽样单位名称及所在省份、产品名称、规格型号、生产日期 / 批号等，并需注明该产品合格信息仅指本次抽检标称的生产企业相关产品的生产日期 / 批号和所检项目；不合格产品除以上信息外，还包括标称产品商标、被抽样单位名称与地址、不合格项目及结

① 《与时代同行　谱写药品监管新篇章——回顾改革开放 40 年药品监管工作》，中国网，http://www.china.com.cn/zhibo/content_74268064.htm，访问日期：2019 年 7 月 3 日。

② 《维护食品安全专项整治——抓获犯罪嫌疑人 8900 余人》，载《贵州晚报》2018 年 11 月 16 日，第 A08 版。

③ 《兰州市严防严控学校食品安全问题　今年对 248 家学校食堂进行行政处罚》，信用中国网站：https://www.creditchina.gov.cn/xinxigongshi/xinxishuanggongshi/xinyongdongtai/201809/t20180926_126856.html，访问日期：2019 年 7 月 18 日。

果和承检机构等。食用农产品产品合格信息公布包括被抽样单位名称（集中交易市场应包括开办者和销售者）、产品名称、进货来源、标称生产企业或产地、生产日期等，不合格产品除上述信息外，还包括不合格项目及结果、承检机构等。对不合格产品信息要组织专家进行风险解读。[①]

2018 年，原食药监总局在其官网发布了 12 份食品安全生产规范体系检查情况的函，公布了相关企业在生产许可条件保持、食品安全管理制度落实等方面存在缺陷情况。另外，原食药监总局还在其官网公布了国家和各地食药监部门食品抽检不合格情况通告、食品安全消费提示、食品安全风险解析和食品安全风险预警交流，在官网开辟了“曝光栏”，公布了各地查处的食品安全违法违规典型案例。

各地也开展了相应的食药安全信用信息公示行动，比如河南省濮阳市食药监局发布食品药品行业诚信“红黑榜”名单，广东省东莞市食药监局公布 154 家药店“黑名单”，[②] 湖南食药监局在其官网公布食品药品失信黑名单，上海将涉嫌销售假药的 9 人列入食品药品严重违法生产经营者与相关责任人员重点监管名单等。

6. 信用等级评定

一些地方食药监管部门根据企业食品药品的安全状况，对从事食品、药品、医疗器械和化妆品研制、生产、经营、使用活动的公民、法人或其他组织开展信用等级评定，将相关经营者评定为不同的信用等

① 《总局关于印发 2018 年食品安全抽检计划的通知》，原食药监总局官网，http://samr.cfda.gov.cn/WS01/CL1605/221972.html，访问日期：2019 年 7 月 19 日。

② 《广东省东莞市食品药品监督管理局公布 154 家药店“黑名单”买药当心“失信”药店》，信用中国网站，https://www.creditchina.gov.cn/home/zhuantizhuanlan/aWeek/fengxiaxntishi/201812/t20181218_140076.html，访问日期：2019 年 7 月 19 日。

级，信用等级信息通过官方渠道集中向社会发布，信用等级评定实行动态化管理。①

7. 行政约谈制度

例如，陕西省发布有《陕西省药品生产企业药品质量安全责任约谈制度（试行）》，有信用等级评定为失信和产品监督抽验质量不合格等8种情形之一的，相关部门将对药品生产企业实施药品质量安全责任约谈。

（二）经营者在食药信用建设中所做的努力

经营者是食药安全的第一责任人，也是食药信用建设重要的参与者。

1. 有效提升产品和服务质量安全

一些食药生产经营者积极落实主体责任，加强自身内部管理，积极推进标准化生产，严格原料采购、工艺流程和销售规范，建立采购进货查验、生产过程控制、产品出厂检验、不合格产品管理等规章制度，严格开展自检、自查，推出将保质期预警期限提前、收银线再检保质期等举措，有效提升产品和服务质量的安全，为食药诚信建设打下了坚实基础。

2. 主动参与食药诚信创建活动

2018年5月17日，以“共智共享·共信共行”为主题的首届中国区块链食品安全高峰论坛在北京召开，与会的百余企业表示要共同参与建设中国食品链诚信体系。②一些食药经营者通过主动参与诸如“国家食

① 《江苏扬州开展食品药品领域信用等级评定》，信用中国网站，https://www.creditchina.gov.cn/xinyongdongtai/shangwuchengxin/201811/t20181113_131112.html，访问日期：2019年7月19日。

② 《首届中国区块链食品安全高峰论坛在京召开，百余企业共建中国食品链诚信体系》，信用中国网站，https://www.creditchina.gov.cn/home/zhuantizhuanlan/xinyongdashuju/xinyongdashujuqianyan/201805/t20180522_116117.html，访问日期：2019年7月21日。

品安全示范城市”、全国诚实守信道德模范、广州越秀区“东山口食品药品安全主题示范街区”、山东淄博食品安全诚信经营示范街区放心餐桌、南通“守法诚信示范单位”与“诚信药业标兵”“百姓放心的食品安全社区（乡镇）”等食药诚信创建活动，了解行业诚信建设相关法律政策，加强自身诚信建设。

3. 努力加强诚信自律建设

一部分经营者在自愿的前提下，按一定格式向监管部门提交食品药品安全信用承诺书，或者向社会作出公开承诺，违法失信后将依法接受信用约束和惩戒。比如 2018 年 7 月，苏州市诚信维权联盟成立，数百家本地食品零售商家向全社会作出诚信承诺，表示主动加强诚信自律；2018 年 9 月，浙江省食品药品监督管理局组织 119 家高风险药品生产经营企业在杭州集体签订了质量安全承诺书。①

有的经营者还通过食药监管部门的指导，主动制定《自律工作机制》和《操作流程指引》等规范，要求从业人员主动遵守，或者通过签署行业自律公约等方式，加强诚信自律建设，防止出现违法失信的情况。

2018 年 7 月，山西食品工业协会主办了“食品安全进企业”暨“无欺诈虚假宣传，行业企业在行动”山西食品行业诚信自律公约发布活动，山西梁汾醋业、水塔醋业等近 20 家企业现场签署了《山西食品行业诚信自律公约》。②

---

① 《浙江 119 家高风险药企签订承诺书　共推药品信用体系建设》，信用中国网站，https://www.creditchina.gov.cn/xinyongdongtai/xinyongdongtaijiaodianwenzhang/201809/t20180917_126207.html，访问日期：2019 年 7 月 21 日。

② 《山西食品行业诚信自律公约》，信用中国网站，https://www.creditchina.gov.cn/hangyexinyong_824/hangyexiehuixinyongchengn/hangyexiehuishanghuixinyongchengnuo/201807/t20180727_121873.html，访问日期：2019 年 7 月 21 日。

2018年9月29日，为了深入贯彻落实《电子商务法》和《食品安全法》，强化生产企业诚信守法，落实食品安全主体责任，推动移动互联网技术高速发展下电商平台自律规范发展，共同抵制食品保健食品欺诈和虚假宣传行为，阿里巴巴、京东、苏宁、中粮我买网、聚美优品、小红书、生活家、顺丰速运、一亩田9家大型电商平台企业在京共同发布电商联盟食品保健食品反欺诈反虚假宣传公约。①

4. 积极参加食药诚信宣传和培训

2018年3月11日，在3·15国际消费者权益日来临之际，国信追溯源代码技术有限公司与上海电视台联合推出了一台以食品安全为主题、以追溯服务为内容、以诚信建设为灵魂、以“两个健康”为目标的大型宣传活动，积极宣传食品安全及诚信自律。② 另外，一些经营者还积极参加各类食药诚信建设培训以及质量安全培训，提升自身质量安全和诚信建设水平。

（三）消费者在食药信用建设中所做的努力

消费者是食药安全的第一感知人，也是第一受益人，因此要强化消费者维权意识，培养消费者维权能力。近年来，我国消费者对食药安全问题越发关注，也越来越注重通过投诉举报等途径来维护自身的合法权益。

2019年3月9日，中国质量万里行杂志社和中国质量万里行消费投诉平台发布2018年度消费者诉求白皮书，列举了2018年度十大消费维

---

① 《九家电商平台共同发布食品反欺诈反虚假宣传公约》，信用中国网站，https://www.creditchina.gov.cn/xinyongdongtai/shangwuchengxin/201810/t20181007_127301.html，访问日期：2019年7月21日。

② 《“舌尖上的食品安全”新闻发布会在上海成功举办》，信用中国网站，https://www.creditchina.gov.cn/hangyexinyong_824/zonghedongtai/hangyexiehuishanghui/201803/t20180330_112023.html，访问日期：2019年7月22日。

权热点，其中有两大消费维权热点与食药安全、食药诚信有关。[①]

根据国家药品监督管理局公布的《2018年度药品监管统计年报》，2018年各级监管机构共受理药品投诉举报6.4万件，立案3556件，结案4036件；受理医疗器械投诉举报1.8万件，立案1026件，结案1087件；受理化妆品投诉举报3.9万件，立案1263件，结案1391件。各级监管机构共查处药品案件9.8万件，货值金额27.4亿元，罚款76.6亿元，没收违法所得金额20.0亿元，取缔无证经营1037户，捣毁制假售假窝点148个，责令停产停业1093户，吊销许可证197件，移送司法机关2000件。[②]

另外，一些消费者通过主动参加"百姓满意的食品安全网格员（协管员）"等评选活动，自发充当食药安全义务监督员，积极参与食药维权热点事件讨论，呼吁政府相关部门加强食药安全监管，制止食药方面的谣言等方式，争当食药安全的守护者，促进食药行业的诚信建设。

三、价格信用建设

价格信用建设是服务经济发展、规范市场价格行为、维护市场竞争秩序的重要手段，是政府简政放权之后加强事中事后监管的一项重要举措，也是社会信用体系建设的重要组成部分。[③]随着我国市场经济不断发展完善以及消费者权益意识不断增强，价格诚信越来越受到社会的广

---

① 《中国质量万里行发布2018年度十大消费维权热点》，腾讯财经，https://finance.qq.com/a/20190309/005293.htm，访问日期：2019年7月22日。

② 《2018年度药品监管统计年报》，中国食品药品网，http://www.cnpharm.com/content/201905/09/c278073.html，访问日期：2019年7月22日。

③ 庄福军、侯祥荣、董敏：《推进价格诚信建设 规范市场价格行为》，载《中国价格监管与反垄断》2018年第8期。

泛关注。过去一年，我国价格信用建设取得了一定进展，明码标价和收费公示不断完善，价格违法信息归集和披露稳步推进，价格执法检查和反价格垄断有序开展，价格法规政策宣传得到加强，消费者的价格维权意识进一步增强，经营者价格自律和诚信经营意识不断提高，市场价格秩序总体平稳有序。同时我们也应该看到，我国价格诚信体系建设步履蹒跚，价格诚信顶层制度设计较为欠缺，价格诚信法规政策框架还很不完善，价格诚信制度建设与2017年度相比没有明显突破，市场上价格欺诈等价格违法行为屡禁不止，价格失信的方法、手段层出不穷，“天价”事件时有发生，价格诚信建设与消费者的期待、社会的需求相比还有较大差距。在这样的背景下，建立健全价格信用制度，规范市场价格秩序，促进市场价格自律，引导经营者树立价格诚信的理念，充分发挥消费者在价格信用建设中的监督作用，既是政府改进监管方式和提升服务水平的必然要求，也是提高市场经济运行效率、保护市场经济参与各方合法权益的重要手段。

（一）政府在价格信用建设中所做的努力

1. 政策法规建设

2018年1月3日，江苏省物价局公布了《江苏省价格诚信单位创建管理办法》，该办法对价格诚信单位的申报标准、创建、认定和管理进行了明确规定，对于弘扬诚信美德，增强经营者诚信意识，充分发挥价格诚信单位在加强价格信用体系建设中的作用有重要意义。[①]

---

① 《江苏省物价局修订出台〈江苏省价格诚信单位创建管理办法〉》，信用中国网站，https://www.creditchina.gov.cn/zhengcefagui/zhengcefagui/difangzhengcefagui1/201801/t20180103_105477.html，访问日期：2019年6月9日。

2018 年 1 月 23 日，江苏省物价局公布了修订后的《江苏省价格信用等级管理及失信惩戒办法》，该办法对价格信用等级管理、价格失信行为的认定和惩戒、异议处理及修复等进行了明确规定，有利于加强当地价格信用体系建设，建立健全价格信用等级管理和失信惩戒机制，倡导价格诚信，营造经济社会发展良好价格环境。①

2018 年 12 月 6 日，青岛市物价局印发《价格信用信息管理办法》，该办法对价格信用信息的归集、评价、使用等作出规定，明确了价格信用等级划分、评定标准、等级使用、激励惩戒等各方面内容，办法施行后违反价格法律法规的自然人、法人和其他组织除依法接受“行政罚”外，还将面临“信用罚”。②

2019 年 1 月，郑州市社会信用体系建设领导小组办公室发布《郑州市个人信用积分管理办法（征求意见稿）》，提出对守信者实行优先享受、绿色通道、重点支持、媒体宣传等激励政策；对失信者加大惩戒力度，提高失信成本，逐步形成使守信者“处处守信，事事方便”、失信者“一处失信，处处受限”的信用联动奖惩机制，营造优良信用环境。③

2. 平台建设

12358 价格监管平台是消费者进行价格举报的重要平台，有利于政

① 《江苏省物价局修订出台〈江苏省价格信用等级管理及失信惩戒办法〉》，信用中国网站，https://www.creditchina.gov.cn/zhengcefagui/zhengcefagui/difangzhengcefagui1/201801/t20180123_107126.html，访问日期：2019 年 6 月 9 日。

② 《山东青岛价格信用实行分级管理　违反价格法将面临“信用罚”》，信用中国网站，https://www.creditchina.gov.cn/home/lianhejiangchegn/201902/t20190228_148315.html，访问日期：2019 年 6 月 9 日。

③ 郑州市社会信用体系建设领导小组办公室：《关于公开征求〈郑州市个人信用积分管理办法（征求意见稿）〉以及个人信用积分名称的通知》，郑州市人民政府官方网站，http://www.zhengzhou.gov.cn/html/www/news6/20190128/1559643.html，访问日期：2019 年 6 月 9 日。

府部门快速回应消费者的诉求，引导消费者依法诚信维权，及时查处经营者的违法失信价格行为。2018 年，各级价格监管部门借助价格监管平台收到了大量的价格举报、投诉和咨询，共查处价格违法案件 2.6 万件，实施经济制裁 23 亿元，有效震慑了不法经营者的失信行为，有助于营造公平诚信的市场环境。[①]

根据《市场监管总局关于整合建设 12315 行政执法体系更好服务市场监管执法的意见》（国市监网监〔2019〕46 号）相关内容，12358 价格监管平台将与 12315 等平台进行整合，整合后的平台将逐步与企业信用信息公示系统等实现互联互通、信息共享，相关数据也将作为实施企业信用监管的重要支撑，届时相关平台将更好地服务于企业信用建设。

苏州市通过不断建设完善价格信用“一网一库两平台”，即“苏州市价格信用公共服务门户”“全市价格信用监管数据中心”“价格信用信息服务平台”和“价格信用提示监管平台”，实现了价格信用数据互联互通、共享交流、横向监管和联合惩戒，有力推进了当地社会信用体系建设和发展。[②]

3. 价格监管和执法

（1）明码标价

明码标价和收费公示是价格诚信最基础也是最重要的内容之一。从各地公布的价格行政处罚案例来看，过去一年各地价格监管部门对不明码标

① 数据来源：《2018 年全国市场监管系统晒出价格监督检查和反不正当竞争工作成绩单》，市场监管总局官方网站，http://www.samr.gov.cn/jjj/sjdt/gzdt/201904/t20190410_292715.html，访问日期：2019 年 6 月 9 日。

② 张祥生、于绍明、卢鹏林：《创新价格监管模式　推进价格信用减速》，载《中国价格监管与反垄断》2018 年第 11 期。

价和明码标价不规范的行为实施了大量行政处罚，同时还通过加强明码标价法规政策宣传，大力推行明码标价承诺制度，积极开展明码标价示范商家（一条街）评选、明码实价店评选、明码标价提升年、明码标价知识竞赛等活动，制定出台行业明码标价规范等，多方面推进明码标价、明码实价工作，从而有效保障了消费者的知情权和选择权，促进了价格诚信建设。

（2）价格行政处罚信息网上公开

信息公示是企业信用建设的重要前提和基础，价格行政处罚信息公示是价格诚信建设的重要一环。2018 年，国家价格监管部门通过官方渠道公示了冰醋酸原料药垄断案、哈大齐地区天然气纵向垄断协议案和扑尔敏原料药垄断案等多个价格垄断案件的行政处罚信息以及内蒙古自治区公安厅滥用行政权力排除限制竞争案、北京市公安局公安交通局滥用行政权力排除限制竞争案和济南市城乡建设委员会滥用行政权力排除限制竞争等行政垄断案件相关信息。各地省级价格监管部门也大都在其官方网站公示了价格行政处罚信息，2018 年，天津发展改革委在其官方网站公示了 86 条价格行政处罚信息，北京发展改革委在其官方网站公示了 9 条价格行政处罚信息[①]……

（3）价格法规政策提醒告诫

目前，价格法规政策提醒告诫成为价格监管和服务工作的重要表现形式，有助于通过事先宣传和引导，明确监管的红线和预期，减少经营主体可能发生的违法失信行为。近年来，各级价格监管部门一般会在每年的五一、中秋、国庆、元旦、春节等重大节假日和诸如“双十一”“双十二”等集中消费日前，召集辖区内商场、超市、车站、景区等相关经

① 数据来源于各相关单位官方网站公示的信息统计。

营者和协会商会，召开提醒告诫会、发放提醒告诫函，预先提醒相关经营者依法诚信经营。此外，在出现价格异常波动和大幅上涨时，相关部门也会进行提醒告诫。例如，2018 年 10 月，市场监管总局召开天然气价格法规政策提醒告诫会，要求中石油、中石化、中海油三大天然气销售公司加强价格自律，规范价格行为，依法诚信经营；“双十一”前夕，市场监管总局召开规范网络促进座谈会，要求电商企业对假打折误导消费者、虚假宣传及违法广告、不公平格式条款、“刷单炒信”、限制商家选择平台等问题，回应消费者诉求，在平台治理、信息披露等方面，履行好经营主体责任①；对舆论高度关注的互联网售票平台捆绑收费和快递高峰期涨价等问题，市场监管部门第一时间进行约谈，要求企业严格落实主体责任。②

（4）价格专项检查

2018 年，相关政府部门先后组织了涉企收费专项执法行动，电网和转供电环节电价检查，殡葬服务收费专项检查，商品房销售价格行为专项检查，全国城市供水、供气、供暖、电信领域价格重点检查，铁路客运价格检查以及商品房销售价格行为联合检查等，查处了一批典型案件，有效打击了价格违法失信行为。③

① 《市场监管总局提醒告诫三大天然气销售公司遵守价格法规政策》，载《中国价格监管与反垄断》2018 年第 11 期。

② 《2018 年全国市场监管系统晒出价格监督检查和反不正当竞争工作成绩单》，市场监管总局官方网站，http://www.samr.gov.cn/jjj/sjdt/gzdt/201904/t20190410_292715.html，访问日期：2019 年 6 月 9 日。

③ 《2018 年全国市场监管系统晒出价格监督检查和反不正当竞争工作成绩单》，市场监管总局官方网站，http://www.samr.gov.cn/jjj/sjdt/gzdt/201904/t20190410_292715.html，访问日期：2019 年 6 月 9 日。

（5）反价格欺诈

价格欺诈的表现形式主要有虚假标价、虚构原价、虚假优惠折扣、不履行价格承诺、低标高结、质价不符等。目前，我国正处在市场经济制度不断发展完善时期，价格诚信问题虽然有所好转但总体问题依然比较突出，“天价”事件时有发生，价格欺诈成为价格执法部门关注的重点之一。

从全国12358价格监管平台月度分析报告和公示的行政处罚信息来看，2018年，各级价格监管部门查处了一批价格欺诈典型案件。除行政处罚外，各级价格监管部门在各种类型的价格法规政策进行提醒告诫，在宣讲和培训会等场合也会要求相关经营者依法诚信经营、加强价格自律、规范价格行为，不得捏造散布涨价信息，不得价格欺诈，在向消费出售商品和提供服务的过程中要做到质价相符、信守承诺等。强有力和常态化的价格监管，对价格欺诈起到了一定的震慑作用，有利于推动经营者的诚信经营和我国的企业信用建设。

（6）反价格垄断

加强对价格行为的事中事后监管，严肃查处价格垄断违法行为，有利于规范市场价格行为，促进形成公平、诚信、有效的市场环境，助力我国企业价格诚信建设。2018年，我国反价格垄断执法主要围绕服务和保障民生、减轻企业负担、推进重点领域价格改革以及遏制部分领域价格快速上涨展开，出现了一批代表性案例，比如市场监管总局对深圳四家拖轮公司达成并实施垄断协议进行行政处罚案①、对深圳两家理货公司

① 《国家市场监管总局发布对深圳4家拖轮公司的行政处罚决定书》，载《中国价格监管与反垄断》2018年第7期。

达成并实施垄断协议进行行政处罚案[①]、对三家冰醋酸原料药生产企业实施垄断行为罚款1283万元案[②]、陕西省依法纠正西安市国土资源局滥用行政权力排除限制竞争案[③]、北京市房山区燃气中心主动纠正排除限制竞争行为案等[④]。

在行政垄断之下，一些市场主体主要不是通过公平竞争、诚信守法经营获得利益，而是通过行政权力的庇护实施价格垄断，赚取高额的垄断利润。行政垄断破坏了市场的竞争规则，可能导致不公平竞争、诚信缺失和创新不足等问题，不利于消费者利益的保护，不利于加强企业信用建设。2018年，相关部门保持了行政垄断执法的广度和深度，查处和公示了各地公积金中心主动纠正滥用行政权力排除限制竞争等一批有较大影响力的案件，公平竞争审查制度进一步完善，行政垄断得到一定程度的遏止。

（二）经营者在价格信用建设中所做的努力

在市场经济条件下，交易双方处于信息不对称的状态，经营者往往很容易利用他们对行业、产品、服务、技术、价格和法规政策等的了解，实施价格欺诈和价格垄断等损害消费者利益的行为。作为市场经济的重要参与者和价格信用建设中的关键角色，经营者如果不能有效规范自身

---

① 《市场监管总局发布对深圳2家理货公司的刑侦处罚决定书》，载《中国价格监管与反垄断》2018年第8期。

② 《三家冰醋酸原料药生产企业实施垄断行为被依法处罚1283万元》，载《中国价格监管与反垄断》2018年第12期。

③ 《国家市场监管总局发布对深圳4家拖轮公司的行政处罚决定书》，载《中国价格监管与反垄断》2018年第7期。

④ 《北京市发改委开展反垄断调查，房山区燃气中心纠正限制竞争行为》，载《中国价格监管与反垄断》2018年第5期。

价格行为，那么市场交易活动将很难持续健康发展。经营者在提供商品和服务的过程中，应该诚信守法经营，严格依法依规明码标价，如实披露商品的品名、产地、规格、等级、计价单位、价格或者服务的项目、收费标准等事项，不得实施价格欺诈和价格垄断等违法行为，尽量减少信息不对称的情况，使消费者明明白白消费。

当前，我国正处在价格体制机制改革不断深入的大背景下，社会主义市场经济制度和市场诚信建设还有诸多不完善的地方，价格垄断、价格欺诈时有发生，不规范标价、虚假标价、突击标价、模糊标价等违反明码标价规定的行为屡禁不止，经营者价格诚信建设有待进一步加强。同时，近年来经营者价格诚信建设也有了很大的进步，大部分经营者都能够依据价格法规政策诚信守法经营，部分经营者还通过一系列创新举措提升自身价格诚信，打造价格诚信品牌。这既对改善市场购物环境、减少价格纠纷、缓解社会矛盾、促进经济社会稳定起到了积极作用，也为我国价格领域的企业信用建设做出了重要贡献。

1. 实行价格承诺制度

在经营过程中，一些经营者主动实行价格信用承诺制度，公开一定的价格承诺，或者与监管部门签订价格自律承诺书，展示价格诚信的态度和决心，接受社会各界及广大消费者的监督，从而树立诚信自律的品牌形象，同时也间接促进了企业诚信建设。比如，山东省荣成市在推动“价格信用进商场”的过程中，一些商场、超市与监管部门签订《执行价格政策信用承诺书》，主动承诺正确行使商品定价权利、诚信标价以及公平交易[①]；山东省枣庄市 160 家“价格诚信示范单位”主动签订了价格自

① 张劲松：《发挥职能作用　助力信用建设》，载《中国价格监管与反垄断》2018 年第 4 期。

律承诺书，并分批通过媒体公开其承诺。[①]

2. 建立健全物价员制度

近年来，各地赋予物价员制度价格诚信建设新的内涵，也在不断建立健全相关制度。比如山东省沂南县在全县六个行业 15 个乡镇共聘请了 456 名价格义务监督员，义务监督员成为当地经营者价格诚信建设的重要监督力量。[②]

3. 积极参加价格诚信宣传和培训

部分经营者通过主动参与“3·15 消费者权益保护日”“价格法宣传日”“明码标价宣传月”“市场价格宣传年”“价格服务面对面”等宣传活动，登录浏览“价格通”等价格诚信建设平台，参加相关部门组织的价格诚信专题培训、讲座等培训活动，学习价格诚信相关知识和价格法规政策，了解价格诚信建设的重要意义和任务目标，建立完善各类价格管理制度和价格台账，提高了价格诚信意识和水平。[③]

4. 主动参与价格诚信评比表彰

2018 年，一些地方举办了形式多样的价格诚信评比标准活动，比如山东省枣庄市的“年度价格诚信示范单位”[④]、沂南县的“价格诚信单

① 庄福军、侯祥荣、董敏：《推进价格诚信建设　规范市场价格行为》，载《中国价格监管与反垄断》2018 年第 8 期。

② 胡凡福、李孝峰、王德光：《健全机制强化监管　推动价格诚信建设》，载《中国价格监管与反垄断》2018 年第 2 期。

③ 胡凡福、李孝峰、王德光：《健全机制强化监管　推动价格诚信建设》，载《中国价格监管与反垄断》2018 年第 2 期。

④ 杜丽娜：《枣庄市命名表彰 82 家价格诚信示范单位》，载《中国价格监管与反垄断》2018 年第 1 期。

位”[①]、江苏省宿迁市的“泗阳县桃源中路价格诚信经营师范街”[②]、泗洪县的“省级诚信示范街区”[③]、山东省荣成市的“价格信用进商场”[④]等。在政府部门的引导之下，一些价格管理制度健全、明码标价规范、价格自律意识高、能够自觉抵制价格欺诈等不正当价格行为、未有行政处罚记录或者在行业中能起到典型示范作用的经营者，积极支持配合并主动参与其中，提升了价格诚信建设的影响和效果。

5. 妥善应对价格投诉举报

为有效应对消费者的价格投诉举报，创建价格诚信品牌，一些经营者建立了比较有效的价格内部管理和纠错机制。比如，江苏省宿迁市泗阳县参评“价格诚信区域”的企业，在政府部门的引导下，强化内部价格自律，建立自我约束和内控机制，不断健全价格投诉处理机制，积极与价格监管部门对接处理各类价格咨询的释疑和举报案件的查处工作，起到了迅速解决价格争议、有效化解价格矛盾的作用。[⑤]

同时我们也应该看到，经营者价格诚信建设目前也存在不少问题。少数经营者对价格诚信建设的参与重视程度不够，总体存在相关经营者数量偏少、比例偏低、涉及行业面偏窄等问题，经营者价格诚信建设的示范引领效应有待进一步提高。少数经营者对价格诚信建设工作认识不

① 胡凡福、李孝峰、王德光：《健全机制强化监管　推动价格诚信建设》，载《中国价格监管与反垄断》2018 年第 2 期。

② 姜耕田、刘鸿运：《加强价格诚信建设　打造诚信泗阳品牌》，载《中国价格监管与反垄断》2018 年第 4 期。

③ 伍泓妹：《泗洪县扎实推进省级诚信示范街区创建工作》，载《中国价格监管与反垄断》2018 年第 7 期。

④ 张劲松：《发挥职能作用　助力信用建设》，载《中国价格监管与反垄断》2018 年第 4 期。

⑤ 姜耕田、刘鸿运：《加强价格诚信建设　打造诚信泗阳品牌》，载《中国价格监管与反垄断》2018 年第 4 期。

到位，有的片面重经济效益轻社会效益，内部价格诚信管理制度不健全，价格法规政策知识相对缺乏，重价格诚信示范单位创建轻后期管理维护，对明码标价工作的重要性缺乏应有的认识，个别单位甚至借明码标价之名行违法失信之实。①

（三）消费者在价格信用建设中所做的努力

消费者是企业信用建设社会共治中的重要一环，企业信用建设离不开消费者的积极参与。消费者通过依法主张自身权益，积极行使监督权，主动参与消费后评价，主动投诉、举报价格违法失信行为，能对经营者形成有效威慑，促进经营者加强价格诚信建设，促进政府部门对违法失信行为的查处和价格诚信制度建设。

2018 年，在消费者的积极参与和支持下，全国市场监管部门共查处价格违法案件 2.6 万件，实施经济制裁 23 亿元。② 另外，随着消费者的价格法律法规意识和维权意识的不断加强，一些消费者还通过自愿参加价格听证、价格政策义务宣讲、价格知识问答、价格行政执法监督、价格诚信创建等活动，宣传和普及价格法规和政策，积极参与和促进了价格诚信建设。

目前，我国消费者价格信用建设面临着不少问题，这就要求消费者在行使价格监督权的过程中，应当遵守诚实信用的原则，市场监管部门

---

① 庄福军、侯祥荣、董敏：《推进价格诚信建设　规范市场价格行为》，载《中国价格监管与反垄断》2018 年第 8 期。

② 《2018 年全国市场监管系统晒出价格监督检查和反不正当竞争工作成绩单》，市场监管总局官方网站，http://www.samr.gov.cn/jjj/sjdt/gzdt/201904/t20190410_292715.html，访问日期：2019 年 6 月 9 日。

也应当引导消费者依法理性维权，努力营造重视、鼓励、保护消费者监督权的社会氛围，让消费者敢监督、愿监督、能监督，逐渐使全社会价格诚信意识普遍增强，价格诚信风尚逐步形成。①

四、广告诚信建设

2018年，我国广告业飞速发展，在提高经济效益的同时，也为整个社会带来了巨大的文化效益，发展成果有目共睹。然而，广告业在迅速发展的同时，也出现了一些诸如虚假宣传、虚假承诺、刷单炒信、曲解政策、捏造和散布不实信息等失信违法广告行为，不仅直接损害了广大消费者的利益，也损害了广告行业的形象和声誉，给国家的经济发展和社会文化都带来了一定的负面影响。广告行业的持续健康发展，呼唤政府部门、经营主体和消费者等相关主体多方共治，共同努力促进行业诚信自律。本部分拟从政府、经营者和消费者三个方面入手，梳理过去一年广告行业诚信建设取得的重要进展，为行业信用体系建设提供参考借鉴。

（一）政府在广告信用建设中所做的努力

1. 政策法规建设

根据腾讯研究院发布的《2018年广告治理法律政策年度报告》，2018年我国广告治理领域共出台或实施广告相关法律3部、国务院部门规章28部，涉及18个国家部委，在立法领域多维度加强广告监管，广

① 庄福军、侯祥荣、董敏：《推进价格诚信建设　规范市场价格行为》，载《中国价格监管与反垄断》2018年第8期。

告治理呈现出导向为先、关注民生领域、多方共治加强等趋势。[①] 主要相关政策法规梳理如下：

2018 年 1 月 1 日，新修正的《反不正当竞争法》正式实施，新法规定虚假宣传同时属于发布虚假广告的，依照《广告法》有关内容进行处罚，在一定程度上解决了《反不正当竞争法》和《广告法》在虚假广告行政处罚上的交叉问题。

2018 年 2 月 9 日，原工商总局发布《关于开展互联网广告专项整治工作的通知》（工商广字〔2018〕23 号），要求集中整治社会影响恶劣、公众反映强烈、危害人民群众人身财产安全的 5 类虚假违法互联网广告。

2018 年 2 月 12 日，原国家食药监管理总局发布《关于对医疗机构应用传统工艺配制中药制剂实施备案管理的公告》（2018 年第 19 号），规定医疗机构不得发布医疗机构制剂广告。

2018 年 2 月 26 日，原工商总局等十一部门联合发布《整治虚假违法广告部际联席会议 2018 年工作要点》（工商广字〔2018〕28 号），要求严肃查处虚假违法广告，净化广告市场环境，积极探索广告领域跨部门信用联合惩戒工作机制，加大失信惩治力度，发挥信用监管作用，推动广告市场诚信经营。

2018 年 3 月 13 日，原保监会印发《2018 年保险消费者权益保护工作要点》（保监消保〔2018〕64 号），提出研究建立保险广告行为监管规范，建立健全保险广告正、负面清单，推进保险违法违规广告行为治理。同时，该工作要点还提出，要推进保险业信用体系

---

① 《2018 年广告治理法律政策年度报告发布》，市场监管总局官网，http://www.samr.gov.cn/ggjgs/sjdt/gzdt/201902/t20190221_291012.html，访问日期：2019 年 6 月 9 日。

建设，编制保险业信用信息目录，研究制定保险业信用信息系统管理使用办法，逐步建立健全保险业信用体系建设制度规范；积极参与新制定的守信联合激励和失信联合惩戒备忘录签署，并抓好已签署相关备忘录的落实；加快推进保险业信用信息系统建设，确保如期完成建设目标；推动将违法违规失信行为作为各级监管部门查处的重要内容，依法严肃追究相关单位和责任人的责任，积极稳妥防范和处置各种信用风险。

2018 年 3 月 19 日，国务院发布《城市房地产开发经营管理条例》，规定房地产开发企业不得进行虚假广告宣传，商品房预售广告中应当载明商品房预售许可证明的文号。

2018 年 4 月 27 日，第十三届全国人民代表大会常务委员会第二次会议通过《英雄烈士保护法》，规定不得将英雄烈士的姓名、肖像用于或者变相用于商标、商业广告，损害英雄烈士的名誉和荣誉。

2018 年 5 月 14 日，市场监管总局发布《关于开展反不正当竞争执法重点行动的公告》（2018 年第 4 号），要求重点查处互联网领域“刷单炒信”、虚假的商品或经营者荣誉评比、直销领域的虚假宣传行为，保健品领域的虚假宣传行为。

2018 年 6 月 1 日，原国家药品监督管理局发布《关于进一步加强机构改革期间药品医疗器械化妆品监管工作的通知》，要求将企业的广告宣传推销行为纳入日常监管，进一步加强对生产企业的监督检查力度，探索建立信用机制，对有不良信用记录的，纳入联合惩戒名单，联合相关部门实施联合惩戒措施。

2018 年 6 月 4 日，市场监管总局等八部门联合发布《2018 网络市场监管专项行动（网剑行动）方案》（国市监市〔2018〕67 号），要求通过开展网剑行动，打击网络侵权假冒、刷单炒信、虚假宣传、虚假违法广告等违法行为。

2018 年 6 月 25 日，住建部等七部门联合发布《关于在部分城市先行开展打击侵害群众利益违法违规行为治理房地产市场乱象专项行动的通知》（建房〔2018〕58 号），要求各相关城市治理以下行为：通过捏造、散布不实信息，或者曲解有关房地产政策等方式，误导购房人的市场预期；发布虚假房源和价格信息，欺骗、误导购房人；发布未取得许可或备案的房地产项目预售、销售广告；在房地产广告中承诺为购房人办理户口、就业、升学等事项；在房地产广告中承诺房产升值或者投资回报等虚假房地产广告。

2018 年 6 月 27 日，国务院食品安全办发布《关于继续做好食品保健食品欺诈和虚假宣传整治工作的通知》（食安办〔2018〕7 号），要求严查以健康养生讲座、专家热线等形式进行虚假宣传的违法行为。

2018 年 7 月 18 日，国务院出台《关于改革完善医疗卫生行业综合监管制度的指导意见》（国办发〔2018〕63 号），要求加强对医疗养生类节目和医疗广告宣传的管理，严肃查处假冒医疗机构或医务人员宣讲医疗和健康养生知识、推销药品、推荐医疗机构等非法行为。

2018 年 8 月 20 日，民政部办公厅发布《关于进一步做好养老服务领域防范和处置非法集资有关工作的通知》（民办函〔2018〕116 号），要求各地配合有关部门重点排查通过互联网（手机 APP、微信）发布的养老或养老服务领域融资类广告资讯讯息，特别是含有或涉及“养老投资”“针对老年人群投资理财”等内容，宣传高回报，暗示或明示保本、无风险等内容的广告。

2018 年 8 月 22 日，国务院办公厅发布《关于规范校外培训机构发展的意见》(国办发〔2018〕80号),要求校外培训机构应实事求是地制订招生简章、制作招生广告,向审批机关备案并向社会公示,自觉接受监督。要认真履行服务承诺,杜绝培训内容名不副实。

2018年8月31日,十三届全国人大常委会第五次会议表决通过《电子商务法》,该法规定电子商务经营者向消费者发送广告时,应当遵守《广告法》的有关规定,电子商务平台经营者对于竞价排名的商品或者服务应当显著标明“广告”字样。

2018年9月29日,广电总局发布《关于开展广播电视广告专项整治工作的通知》(广电发〔2018〕48号),要求各地重点查找和整顿存在夸大夸张虚假宣传、误导受众,或者以节目形态变相发布等问题的医疗、药品、医疗器械、保健食品、化妆品、美容等广告;存在夸大夸张虚假宣传、误导受众、引诱受众上当受骗问题的招商加盟、投资理财、收藏品等有投资回报预期的广告。

2018年10月26日,新修正的《中华人民共和国广告法》正式实施。新广告法明确了构成虚假广告的五种情形、发布虚假广告的法律责任、发布虚假广告侵害消费者合法权益应当承担的民事责任、广告违法行为信用档案和公示制度以及消费者组织对虚假广告依法进行社会监督等内容,同时规定了“广告不得含有虚假或者引人误解的内容,不得欺骗、误导消费者”“广告主应当对广告内容的真实性负责”“广告行业组织依照法律、法规和章程的规定,制定行业规范,加强行业自律,促进行业发展,引导会员依法从事广告活动,推动广告行业诚信建设”“在虚假广告中作推荐、证明受到行政处罚未满三年的自然人、法人或者其他组织,不得利用其作为广告代言人”等与行业信用建设密切相关的内容,广告行业信用建设有了坚实的法律保障。

2018年12月4日，市场监管总局发布《关于做好药品、医疗器械、保健食品、特殊医学用途配方食品广告审查工作的通知》（市监广〔2018〕87号），强调“三品一械”广告不得含有表示功效、安全性的断言或保证等内容，不得使用广告代言人做推荐、证明，不得以介绍健康、养生知识等形式变相发布“三品一械”广告。

另外，在2018年市场监管部门开展互联网广告专项整治工作期间，市场监管总局针对执法办案中普遍存在的疑难问题进行及时研究，形成了《广告监管执法办案若干问题的指导意见》（初稿），并专门召开会议组织讨论修改；海南市场监管部门制定了《关于进一步加强广告监管工作的意见》，明确把执法办案作为落实广告监管职责的第一要务，并对互联网广告持续严控严管；浙江市场监管部门制定了《浙江省互联网媒介广告信用评价管理办法（试行）》《广告经营单位业务管理规范》《互联网广告标注与传输技术规范》，对100家重点网站广告开展信用评价，推动网站落实主体责任；福建市场监管部门完善了《涉嫌互联网违法广告线索处置流程》，制定了《互联网广告监管突发事件预警处置预案》；云南市场监管部门印发了《关于推进网络市场线上线下一体化协同监管的实施意见》，专门针对第三方平台、自营网站、较大企业自设网站、公众服务号、小程序等领域的专项整治、案件查办工作作出详细规定。①

2. 管理制度建设

（1）虚假违法广告监测制度

2018年1月24日，原山东省工商局印发《关于进一步加强广告监

① 《守护网络净土——2018年互联网广告专项整治工作纪实》，市场监管总局官网，http://www.samr.gov.cn/ggjgs/sjdt/gzdt/201812/t20181218_281076.html，访问日期：2019年6月17日。

测工作的通知》和《关于报送广告监测数据的通知》，要求全系统尽快建立统一协调、分工明确的省市县三级广告监测网络。2018 年上半年，全省共监测市级以上传统媒体 181 家，监测各类广告 5.37 万条 182.3 万条次，其中涉嫌严重违法广告 284 条 2030 条次，抽查监测县级媒体 102 家，抽查监测各类广告 9.4 万条次，发现涉嫌违法广告线索 148 条次。另外，市场监管部门试点建设的户外广告监测平台不断优化提升，2018 年基本完成了对山东、黑龙江、辽宁、吉林、江苏、浙江、上海、天津等 27 个省区市的户外广告信息采集工作，监测户外广告 29.3 万条 178 万条次，初步建立了全国户外广告监测信息数据库。①

（2）广告违法失信行为公示制度

2018 年，市场监管总局通过执法联动，协作配合，结合重点领域，加大了对虚假违法广告的查处力度，分四批共曝光了 100 件虚假广告典型案例，对震慑违法失信行为，净化行业风气，促进经营者诚信自律起到了很大的作用。② 另外，自 2018 年 2 月市场监管部门开展互联网广告专项整治工作以来，市场监管总局 2 次通报各地专项整治工作进展及案件查办情况，共 3 次向社会集中曝光了 53 件互联网虚假违法广告案例。③

山东省市场监管局通过官方渠道公布了 2018 年下半年以来查处的菏泽郓城县格朗特眼镜店利用小学生奖状发布违法广告案、临沂市中医医

---

① 《多措并举严监管　开拓创新有成效——山东广告监管工作纪实》，市场监管总局官网，http://www.samr.gov.cn/ggjgs/sjdt/gzdt/201808/t20180815_281045.html，访问日期：2019 年 7 月 7 日。

② 《广告业走出上扬曲线　年经营额接近 8000 亿元》，市场监管总局官网，http://www.samr.gov.cn/ggjgs/sjdt/gzdt/201904/t20190425_293125.html，访问日期：2019 年 7 月 7 日。

③ 《守护网络净土——2018 年互联网广告专项整治工作纪实》，市场监管总局官网，http://www.samr.gov.cn/ggjgs/sjdt/gzdt/201812/t20181218_281076.html，访问日期：2019 年 7 月 7 日。

院发布违法医疗广告案、“银座健身俱乐部”使用国家机关名义发布违法广告案、山东乐交易网络科技有限公司发布违法金融广告案等10起欺骗、误导消费者及含有不良影响的虚假违法广告典型案件。①

武汉市场监管局通过官方渠道，公布了2018年查处的武汉天禄财富投资公司宣称“获取中长期的绝对回报”案、湖北视佳医眼镜光学公司广告违规使用绝对化用语案、武汉五洲莱美整形美容医院公司医疗广告使用明星作证明案、武汉文都辅导学院网上发布教育培训违法广告案四起网络广告违法典型案例。②

陕西省市场监督管理局在“3·15”消费者权益保护日即将来临之际，发布了2018年度陕西省互联网违法广告十大案例。③

浙江省各级市场监管部门2018年共查处各类违法广告案件6174件，其中互联网违法广告案件4548件，金融类、医疗、药品等重点领域违法广告案件1238件，并通过公告的形式向社会公示了12起典型违法广告案例。④

山西省工商和市场监管部门对外公布了2018年查处的山西农大绿荣科技有限公司发布包装物违法广告案、长治潞州农村商业银行股份有限公司利用展示牌和印刷品发布违法广告案、山西中民普健健康管理有限

---

① 《山东公布10起广告监管执法典型案例》，市场监管总局官网，http://www.samr.gov.cn/ggjgs/sjdt/gzdt/201905/t20190516_293687.html，访问日期：2019年7月7日。

② 《武汉发布网络广告违法典型案例　全年查处案件228件》，市场监管总局官网，http://www.samr.gov.cn/ggjgs/sjdt/gzdt/201903/t20190321_292232.html，访问日期：2019年7月12日。

③ 《陕西省市场监管局发布2018年度互联网违法广告十大案例》，市场监管总局官网，http://www.samr.gov.cn/ggjgs/sjdt/gzdt/201903/t20190314_291995.html，访问日期：2019年7月12日。

④ 《浙江发布12起典型违法广告案例》，市场监管总局官网，http://www.samr.gov.cn/ggjgs/sjdt/gzdt/201902/t20190225_291251.html，访问日期：2019年7月12日。

公司发布印刷品违法广告案等十起典型违法广告案例。[①]

天津市市场监管委主动曝光了2018年查处的华耐立家电子商务有限公司发布违法广告案、天津市第四中心医院发布违法广告案、天津乐乐鲜果科技有限公司发布违法广告案等十起互联网虚假违法广告典型案例。[②]

安徽省工商和市场监管部门主动曝光了2018年查处的淮北市国购商业运营管理有限公司发布违法互联网广告案、合肥正大中西医结合医院发布虚假违法医疗广告案、合肥闺密医药科技有限公司发布违法化妆品广告案等十起虚假违法广告典型案例。[③]

另外，各地市场监管部门还查处并公示了一批有全国影响力的广告违法案件。比如上海网络直播万艾可广告案、海南股交所互联网有限公司发布虚假违法广告案、浙江微信公众号发布虚假房地产广告案等。[④]

（3）广告违法失信警示制度

近年来，各地市场监管部门根据广告市场监管和行政处罚情况，分领域分行业将一些常见的虚假宣传表述、相关法律法规规定和虚假广告典型案例，通过违法警示的形式在网上集中进行公示，提醒广大消费者和经营者注意。这对于提高消费者对虚假宣传的鉴别能力，促进广告行

---

① 《山西公布十起典型违法广告案例》，市场监管总局官网，http://www.samr.gov.cn/ggjgs/sjdt/gzdt/201812/t20181211_281073.html，访问日期：2019年7月12日。

② 《天津曝光十起互联网虚假违法广告案》，市场监管总局官网，http://www.samr.gov.cn/ggjgs/sjdt/gzdt/201812/t20181204_281070.html，访问日期：2019年7月12日。

③ 《安徽公布2018年第一批典型虚假违法广告案例》，市场监管总局官网，http://www.samr.gov.cn/ggjgs/sjdt/gzdt/201808/t20180815_281044.html，访问日期：2019年7月12日。

④ 《守护网络净土——2018年互联网广告专项整治工作纪实》，市场监管总局官网，http://www.samr.gov.cn/ggjgs/sjdt/gzdt/201812/t20181218_281076.html，访问日期：2019年7月12日。

业诚信自律起到了很好的作用。

（4）虚假违法广告行政约谈制度

2018 年 2 月，市场监管部门开始开展互联网广告专项整治工作，一年来，市场监管总局集中行政约谈了百度、淘宝、腾讯、今日头条等重点互联网站，并对涉嫌发布互联网虚假违法广告的行为提出了整改要求。[①]

（二）经营者在广告信用建设中所做的努力

2018 年中国广告市场经营额接近 8000 亿元，同比增长 15.88%，成为近六年来涨幅最大的一年，在全球广告市场持续低迷的情况下，走出了一条上扬曲线。在广告市场快速发展的同时，2018 年广告经营者违法数量却同比下降 13.95%，电视、广播、报纸和期刊传统四大媒体广告违法数量大幅下降，与同期相比分别下降了 16.19%、45.32%、77.13% 和 62.41%。[②] 成绩的取得，一方面，与政府、行业组织、媒体和消费者等主体共同参与行业治理有关；另一方面，也与经营者坚持守法经营，加强诚信自律，不断强化自身广告行为管理密切相关。

在守法经营的同时，一些广告经营者还通过不断参加相关政府部门或者行业协会组织的广告法规政策宣讲、培训和研讨会，积极参与广告行业评比达标活动，主动投身公益扶贫广告事业，来提升自身广告行为的合规水平，加强诚信自律，在一定程度上推动了广告行业信用建设。

随着广告行业的快速发展，违法失信行为也出现了一些新情况。在

---

① 《守护网络净土——2018 年互联网广告专项整治工作纪实》，市场监管总局官网，http://www.samr.gov.cn/ggjgs/sjdt/gzdt/201812/t20181218_281076.html，访问日期：2019 年 7 月 12 日。

② 《广告业走出上扬曲线　年经营额接近 8000 亿元》，市场监管总局官网，http://www.samr.gov.cn/ggjgs/sjdt/gzdt/201904/t20190425_293125.html，访问日期：2019 年 7 月 12 日。

广告经营者违法数量同比大幅下降的同时，互联网广告违法数量却有了大幅上升。2018 年市场监管部门共查处互联网广告违法案件 23102 件，占总查处案件的 55.88%，同比增加 55.01%。另外，广告主违法数量也同比增长了 40.29%。[①]

2018 年发生的某平台在搜索引擎广告投放中出现侮辱英烈事件、江苏连云港穿侵华日军制服促销事件和广西南宁雇女模特赤裸营销楼盘事件，都警示广告经营者在创新发展的同时，也应当加强诚信自律建设，自觉遵守相关法律法规，维护良好市场秩序，主动为广告行业诚信建设做出更大贡献。[②]

除广告经营者外，媒体、社会团体、群众组织、行业协会等也日益成为广告治理的生力军。大部分引发社会广泛关注的广告违法失信案件都有媒体监督的身影，自媒体的兴起更是将广告治理中的症结推向公众视野，社会力量逐渐登上广告治理的舞台，扮演着越来越重要的角色。[③]

（三）消费者在广告信用建设中所做的努力

消费者是广告信用建设社会共治中的重要一环，主要通过依法主张自身合法权益、积极行使监督权、主动参与消费后评价、自发参与消费热点事件讨论、投诉举报经营者违法失信行为、自主选择诚信商家的产品和服务等途径参与到广告信用建设中来。

---

① 《广告业走出上扬曲线　年经营额接近 8000 亿元》，市场监管总局官网，http://www.samr.gov.cn/ggjgs/sjdt/gzdt/201904/t20190425_293125.html，访问日期：2019 年 7 月 12 日。

② 《2018 年广告治理法律政策年度报告发布》，市场监管总局官网，http://www.samr.gov.cn/ggjgs/sjdt/gzdt/201902/t20190221_291012.html，访问日期：2019 年 7 月 12 日。

③ 《2018 年广告治理法律政策年度报告发布》，市场监管总局官网，http://www.samr.gov.cn/ggjgs/sjdt/gzdt/201902/t20190221_291012.html，访问日期：2019 年 7 月 12 日。

2018 年，全国市场监管部门共处理广告投诉 105.73 万件，同比增长 233.6%，占投诉总量的 29.6%。消费者广告投诉成为上一年度增长最快的投诉种类之一，广告投诉的问题主要集中在家居用品、服装鞋帽、食品、化妆品和儿童用品等领域。① 全国市场监管部门共查处虚假违法广告案件 4.13 万件，罚没金额 7.58 亿元。其中食品类虚假违法广告案件 3858 件，占查办广告案件总数的 9.3%，同比增长 23.7%，罚没金额 6010 万元。其中保健食品虚假违法广告案件 726 件，罚没金额 1977 万元。② 广告投诉举报的大量增加，反映出消费者的维权意识越来越强，消费者的维权行为越来越多，而大量广告违法案件被查处，对于促进行业诚信自律起到了重要作用。

2018 年，市场监管总局相关负责人表示，要研究建立内部举报人（吹哨人）制度，利用知情人士的爆料尽早发现可能存在的违法失信行为，大幅度降低监管成本。相关制度的建立，对于广告行业信用监管具有一定的参考意义，有利于形成鼓励和保护消费者监督权的社会氛围，充分发挥消费者在广告信用建设中的重要作用。

① 数据来源：《2018 年消费者投诉举报呈现八大特点》，中国市场监管微信公众号，https://mp.weixin.qq.com/s/cXy5aln7gNfjJWMcpsZlxQ，2019 年 3 月 14 日。

② 《市场监管总局：去年虚假违法广告案罚没金额超 7 亿元》，市场监管总局官网，http://www.samr.gov.cn/ggjgs/sjdt/gzdt/201904/t20190402_292521.html，访问日期：2019 年 7 月 12 日。

第八部分　若干行业信用建设分析

第一节　电商领域信用建设分析

电子商务行业是借助互联网开展商务活动的新兴行业。其含义宽泛，在商务领域全部业务流程中，借助互联网和使用各种电子工具从事的商务活动都可以看作电子商务。作为一种新兴行业，电子商务发展迅速。截至2018年12月，我国网络购物用户规模达6.1亿，较2017年年底增长14.4%；网络支付用户规模达6.0亿，较2017年年底增长13.0%[①]。电子商务在爆发式发展的同时，也出现了一些不容小觑的诚信缺失问题，这些问题在一定程度上甚至制约了行业的健康发展。

随着国家社会信用体系建设进程不断加快，电子商务行业也迎来了信用建设的大发展。2016年年底，为加快推进电子商务领域全流程信用建设、全面推进电子商务信用信息共建共享，促进电子商务市场主体依法诚信经营，营造良好的行业诚信环境，国家发展改革委会同人民银行、中央网信办、公安部、交通运输部、商务部、原工商总局、原质检总局、原食药监总局联合印发了《关于全面加强电子商务领域诚信建设的指导

---

① 数据来源：第43次《中国互联网络发展状况统计报告》，中国互联网络信息中心网站，http://cnnic.cn/hlwfzyj/hlwxzbg，访问日期：2019年4月29日。

意见》（发改财金〔2016〕2794 号）。以此为节点，电子商务领域信用建设工作全面展开。近年来，在国家相关主管部门的领导下，电子商务领域大力推进信用体系建设，从法律法规的制定完善、制度建设、行业组织建设到电商市场的规范发展，逐渐形成了一套由上至下、涵盖市场各主体和业务领域的信用建设体系。一些电商平台也逐渐采取一系列举措，打击各种失信行为，电子商务领域信用环境明显好转。

一、电商领域诚信建设概况

随着电子商务的发展，国家层面、地方政府、电商平台以及电商企业等都高度重视行业的有序发展，推动电子商务领域信用体系建设已成为各方共识。据统计，截至 2018 年年底，我国关于电子商务领域的行业规范有 230 多个，其中涉及电商领域信用建设的有 40 多个，如图 8-1 所示：

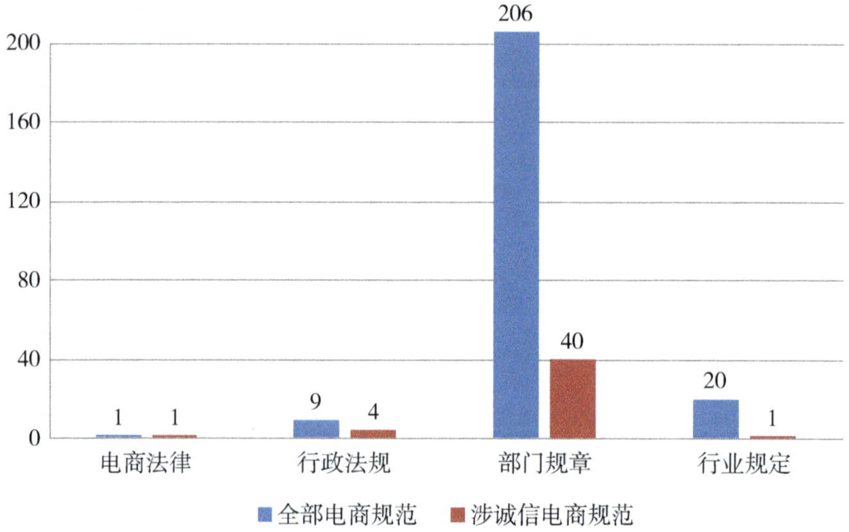

图 8-1　我国电子商务行业规范分类统计

资料来源：中国电子商务诚信发展报告

1. 国家层面电商领域诚信建设战略部署

电子商务是信息时代最具创新和活力的领域之一，需要政府加强指导，依法促进其健康有序发展。近年来，针对电子商务领域的法律法规、政策性指导意见较多，从不同角度、不同层级理顺电子商务各个利益主体关系，推动行业发展。

2014年，国务院印发《社会信用体系建设规划纲要（2014—2020年）》（以下简称《纲要》），对社会信用体系建设展开全面部署，其中对电子商务领域信用建设提出了明确要求。《纲要》主要提出五个方面的要求：第一，建立健全电子商务企业客户信用管理和交易信用评估制度，加强电子商务商品服务质量监督；第二，推行电子商务主体身份标识制度，完善网店实名制；第三，加强网店产品质量检查，严厉查处电子商务领域制假售假、虚假广告、以次充好等欺诈行为；第四，完善电子商务信用服务保障制度，推动信用调查、信用评估、信用担保、信用保险、信用支付、商账管理等第三方信用服务和产品在电子商务中的推广应用；第五，促进电子商务领域和社会信用信息的互动，开展电子商务网站可信认证服务工作。《纲要》着眼于顶层制度构建，对于构建电子商务领域信用体系，以及对电子商务领域系列主体今后一段时间内的信用建设、评价指明了方向。

2016年10月，国家发展改革委、公安部、原质检总局、中央网信办、人民银行等七部门，联合阿里、腾讯、百度糯米和滴滴出行等八家互联网公司，共同签署了《反“炒信”信息共享协议书》（以下简称《协议书》），共同打击刷单炒信行为。《协议书》的签订标志着我国电子商务领域信用建设进入了新时期。不同于以往政府或者企业各自在自己范围内发挥作用，单打独斗，此次的“政商”携手行动，可以充分发挥政府和企业优势，达到“1+1 ＞ 2”的效果，对于电子商务领域信用建设是一次有益的尝试。

2016 年 12 月，国家发展改革委联合商务部、公安部等九部门共同发布的《关于全面加强电子商务领域诚信建设的指导意见》中，进一步阐明了电子商务领域诚信体系建设的重要意义、指导思想、构建原则。指出要加强电子商务全流程信用建设、全面推进电子商务信用信息共建共享、大力实施电子商务信用监管、广泛开展电子商务信用联合奖惩活动。

2018 年 5 月，针对电子商务行业的突出失信问题，国家发展改革委、工业和信息化部、商务部以及公安部等八部委联合印发了《关于加强对电子商务领域失信问题专项治理工作的通知》（发改财金〔2018〕716 号），要求加快建立健全电子商务领域诚信建设专项治理长效工作机制，科学区分电子商务领域失信主体名单信息、督促失信企业限期整改，对逾期未整改的，要加大惩戒力度、加强对治理整顿过程的指导和监测、加强电子商务领域诚信文化建设、持续扎实做好专项治理工作。

2018 年 7 月，商务部发布《2018 年商务信用建设工作要点》。将电子商务作为开展商务诚信建设的四个重点领域之一，明确了建立健全联合奖惩机制，建立名单认定、报送、处理、响应和反馈机制；加强大数据等技术应用，加强企业信息和数据搜集工作，建立健全网络零售企业库，为每个企业建立信用档案等；并提出研究制定电子商务诚信企业评价办法，遴选推出一批电子商务诚信企业和诚信案例，加强典型经验的宣传推广。

2018 年 12 月 19 日，商务部印发《关于深入推进商务信用建设的指导意见》（商秩函〔2018〕762 号），要求加强电子商务领域信用建设，组织电子商务平台和企业开展诚信经营承诺，制定电子商务平台和企业诚信档案评价规范，鼓励平台型企业健全经营者信用档案。引导平台型企业建立餐饮、美容美发等重点领域服务后评价机制，鼓励电子商务企业建立重要商品溯源系统，提供便捷的查询渠道。

2019 年 1 月 1 日，《电子商务法》的正式实施，电子商务行业长期存在的失信灰色地带被正式纳入有明确法律规范调整的领域，其中对人们关心的“大数据杀熟”，搭售，竞价排名广告，保证金、押金的退还，以及个人信息保护等热点问题均作出了明确规定。《电子商务法》作为国家基本法律规范，涉及电子商务经营主体、经营行为、合同、快递物流、电子支付等方面，立法效力层次非常高，为我国电子商务的规范发展奠定了基本的法律框架。

2019 年 3 月 14 日，商务部发布《电子商务商品近似品牌技术识别指南》《电子商务服务要求和评价规范家装安装服务》两项行业标准征求意见稿，对电商领域商品近似、服务要求以及家装安装提出了新的标准。

2019 年 4 月 9 日，商务部发布《2019 年商务信用建设工作要点》，要求推进电子商务领域信用建设，建立事前承诺、事中记录、事后评价相结合的电子商务诚信建设工作体系，组织电子商务示范企业诚信承诺和评估等。

2. 地方政府促进电商诚信建设的重要举措

在促进电子商务领域规范发展方面，地方政府及其相关部门发挥着重要作用。地方政府部门一方面通过发布各种指导性意见，对本地区电子商务活动的规范发展提出要求；另一方面通过组织、指导辖区相关协会、部门开展诚信评优评奖、发布红黑名单等活动，引导电商平台和企业诚信发展。

2018 年 2 月，云南省曲靖市发展改革委、中国人民银行曲靖支行、曲靖市公安局等多部门联合发布了《关于印发全面加强电子商务领域诚信建设工作方案》（以下简称《方案》）。根据《方案》，云南省曲靖市将建立健全电子商务领域诚信体系，褒扬诚信，惩戒失信，营造良好的市场信用环境，促进云南省曲靖市电子商务健康快速发展。《方案》提出要建立实名登记和认证制度，完善网络交易信用评价体系，加强网络支付管理，建立寄递物流信用体系，强化消费者权益保障措施；要大力实施电子商务信用监管，加强第三方大数据监测评价；加快电子商务领域诚信体系建设，建立健全守信激励与失信惩戒制度，构建以信用为核心的市场监管体系。

2018 年 5 月，杭州市政府发布了《杭州市电子商务平台诚信试点建设方案（征求意见稿）》（以下简称《建设方案》），提出将以电子商务平台诚信试点培育为切入口，促进电子商务领域的信用信息公示、信用管理体系完善、消费者权益保护以及政企信用共享互用。力争在两年内，达到全市电子商务信用信息共建共享基本实现、电子商务信用监管和评价机制初步建立、电子商务信用联合奖惩广泛开展的目标。杭州还提出了从加强全流程信用建设、推动信用信息共建共享、大力实施信用监管、加强消费者权益保护、广泛开展信用联合惩戒 5 个方面推进电商领域诚信建设的具体措施。

2018 年 8 月 8 日，浙江省东阳市发布《东阳市电子商务领域企业信用联合奖惩实施细则》，对建立健全东阳市电子商务领域诚信体系，营造电商营商环境，促进电子商务健康快速发展起到了积极作用。

2018 年 8 月 21 日，扬州市政府发布《扬州市全面加强电子商务领域诚信建设的实施意见》，在电子商务领域建立了实名登记和认证制度，对守信和失信的商户主体，分别建立并发布红黑名单。

2018 年年底，为促进山东省电子商务领域的诚信发展，营造良好营商环境，山东省发展改革委等多个社会信用体系建设联席会议成员单位联合制定了《关于全面加强电子商务领域诚信建设的实施意见》，针对电子商务领域假冒伪劣、以次充好、服务违约、刷单炒信以及滥用、泄露和倒卖个人信息等“乱象”，提出多条治理具体措施。要求落实电商业务实名登记和认证制度、加强网络支付管理，建立寄递物流信用体系；建立信用承诺制度、完善信用记录，推动建立线上线下信用信息共享机制等。

地方政府相关部门还积极推动电子商务领域的行业组织开展和参与各项诚信建设活动。以广东省为例，广东省电子商务协会作为行业自律联盟，在政府部门的指导支持下，展开了一系列的诚信建设活动：如受省质监部门委托，拟定“电子商务标准”等工作；受市工商部门“广东省重合同守信用”活动委托，推荐和宣传电商领域的“重合同守信用”企业等。为了加强网站信息核实，打击电商的网络违法行为，深圳市则通过开展“网剑”行动，加大对互联网信息的核查力度，大力加强电子商务平台的信用监管。

3. 电子商务领域的行业组织诚信建设现状

电子商务作为互联网和传统商业的结合，不仅具有传统商事活动的灵活性和复杂性，也兼具互联网的虚拟性和多变性。尤其是近几年随着智能终端的普及和互联网通信技术的升级，电子商务领域业务体系日趋庞杂。有限的政府监管部门面对如此数量级的市场主体、交易量及高度专业化的电子商务技术，很难实现全方位的行业监管。电子商务的发展实践告诉我们，仅仅依靠政府有关部门的努力是远远不够的。充分发挥行业协会的作用，构建起行业组织和政府监管部门的有效信息沟通渠道，进一步完善行业内部自律监督机制，是促进电子商务领域不断规范发展的有效途径。

据统计，目前我国共有电子商务领域的行业组织350余个，从全国性的电子商务或者是互联网协会，到省级电商协会乃至一些县市，都有自己的电子商务行业组织。这也从另一个方面说明了我国电子商务行业的迅猛势头，同时也为电子商务的业务监管提供了有效的基础。

根据主管部门和活动方式的不同，电子商务领域的行业组织大致可以分为三类：（1）由工业和信息化部、商务部等中央政府机关主管的国家级行业组织；（2）由地方工信或者经信部门主管的地方行业组织，包括省级和市县级的电子商务协会及相关组织；（3）在民政部门登记的纯粹的民间性质的行业组织，没有明确的指导机构。

表8–1列举的是典型电子商务行业组织：

表8–1 我国电子商务行业代表性协会组织

协会名称	指导/主管机构
中国电子商务协会（被撤销）	工业和信息化部
广西电子商务协会	广西壮族自治区工业和信息化委员会
北京电子商务协会	北京市商务委员会
上海市电子商务行业协会	上海市社团管理局
广东省电子商务协会	广东省工业和信息化厅
邢台市电子商务协会	邢台市商务局
杭州市余杭区电子商务协会	余杭区商务局
义乌市江东街道电子商务协会	义乌市江东街道政府
东莞市虎门电子商务协会	—
中欧校友电子商务协会	—
上海跨境电子商务行业协会	上海市商务委员会
广东省农村电子商务协会	广东省商务厅、农业厅
中国网络社会组织联合会	国家互联网信息办公室

表 8-1 中列举的电子商务领域的行业组织只是众多电商行业组织中的代表。我国电子商务领域的行业组织已经形成了从国家到省级，再到市县，甚至更基础组织的全方位的社会组织模式。像杭州市余杭区电子商务协会，是我国第一家区级电子商务领域的行业组织；东莞市虎门电子商务协会，是国内首家镇级电子商务领域的行业组织，可见，电子商务领域的行业组织触角几乎覆盖了国家的整个行政区划，为电子商务领域的业务监管奠定了组织基础。

此外，我国电商领域的行业组织还开始向专业化、整体化方向发展。比如上海跨境电子商务行业协会，是我国第一家跨境电商行业协会，协会目前拥有近 200 家会员单位，主要来自跨境平台、电商平台、国际贸易、跨境物流、跨境金融、第三方服务六大类行业，在国内及上海市有跨境电子商务业务的代表性企业，基本都是协会会员。

电子商务领域行业组织在信用体系建设过程中的作用主要体现在以下三个方面：第一是通过制定行业协会章程、行业自律公约、倡议书等，制定自律性规范；第二是发布行业经营失信、守信黑红名单，举行各种形式的评优评奖活动，推动实施行业信用联合惩戒；第三是举办信用宣传相关活动，包括举办信用论坛等，提升协会会员诚信意识，促进市场主体诚信经营。

2017 年 12 月 28 日，在“第四届中国 B2B 电子商务大会”上，与会企业发布了《中国 B2B 电子商务行业自律公约》。该公约以“遵纪守法、公平公正、诚信合作、公开透明”为基本原则，约定成员单位要勇于承担社会责任，自觉接受社会各界对本行业的监督和批评，杜绝行贿、弄虚作假、窃取商业秘密、签订阴阳合同等失信行为；要求成员单位要加强政策法规、信用服务、标准规范等诚信体系建设，营造电子商务发展的良好环境，并引入风险管控机制，加强信用体系建设；自觉遵守有关国家互联网信息服务管理的规定，自觉履行行业信息服务等自律规范，不制作、发布和传播虚假信息，自觉维护消费者的合法权益，以身作则，保守客户信息秘密，不利用客户提供的信息从事任何与向用户作出的承诺无关的活动，不利用电子技术或其他优势侵犯客户的合法权益。

为创造良好的电子商务发展环境，增进协会会员诚信经营意识，2018 年 6 月，上海市电子商务行业协会制定了《上海电子商务行业自律公约》（以下简称《公约》），确立了“守法、公平、诚信”的行业自律基本原则，对电子商务交易平台经营者、电子商务经营者，对从事设计、生产、销售、服务等方面的行为进行规范。同时为了保障《公约》的贯彻执行，在最后一条还规定了处罚条款，对于违反公约，经查证属实的，视不同情况给予内部通报或取消协会会员资格的处理①。

2018 年 9 月至 12 月，北京电子商务协会开展北京市企业诚信创建活动。2018 年 11 月，北京电子商会推荐 54 家企业参加 2018 年“北京市诚信创建企业”评选。

2018 年 11 月，中国互联网发展基金会联合主办电子商务诚信签名活动，阿里巴巴、美团、唯品会等十家企业代表签署《电子商务诚信公约》和《电子商务诚信商家承诺书》。2018 年 12 月，中国互联网发展基金会及中国网络社会组织联合会共同主办以“网络诚信　美好生活”为主题的 2018 中国网络诚信大会，主要聚焦电子商务领域诚信，首次发布了《中国电子商务诚信发展报告》。

① 《上海电子商务行业自律公约》，上海市电子商务行业协会网站，http://www.sh-ec.org.cn/a/chengxinzilv/2018/0929/4671.html，访问日期：2019 年 4 月 29 日。

2018 年 11 月 23 日，山东省电子商务企业诚信联盟在济南成立，旨在联合各方面的力量，共同抵制失信行为，加强电子商务领域信用监管，为打击和治理电子商务领域失信问题提供了新思路、新方法。

2019 年 3 月 15 日，中国网络社会组织联合会主办电商诚信建设座谈会，会上阿里巴巴、京东、苏宁等 16 家企业共同发布《3・15 电商诚信共识》。

2019 年 4 月，中国电子商会成立中国电子商会企业信用管理办公室。推动电商领域各大行业协会在电商网络诚信建设、电商行业诚信自律、电商企业诚信文化方面做出努力，把商务诚信作为重要的工作内容和评价考核指标。

表 8–2　主要电商领域行业组织活动情况

协会名称	成立登记时间	活　　动
中国电子商会	1991 年 5 月 13 日	成立中国电子商会企业信用管理办公室 举办 2019 年中国国际电子商务博览会暨数字贸易博览会 提出服务信用评价计划
北京电子商会	1993 年 1 月 10 日	推荐企业参加北京市诚信创建企业评选
中国电子商务协会	2000 年 6 月 21 日	举办全国电子商务人才培养峰会
上海电子商会	2002 年 5 月 24 日	开展市中小企业服务中心专题活动
上海市电子商务行业协会	2002 年 5 月 23 日	举办互联网 + 智慧供应链建设专家圆桌论坛 成立上海市电子商务行业协会中高本院校电商专业联盟
北京电子商务协会	2002 年 6 月 14 日	承办北京市商业服务业技能大赛 开展北京市企业诚信创建活动
广东省电子商务协会	2003 年 1 月 22 日	开设广东电商大讲堂 推荐和宣传重合同守信用企业

续表

协会名称	成立登记时间	活　　动
深圳市电子商会	2003 年 1 月 22 日	评选深圳电子信息产业创新大奖——蓝点奖
深圳市电子商务协会	2008 年 8 月 4 日	承办跨境电商东盟合作发展论坛 举办第二届中国（深圳）电子商务跨域合作与协同发展国际论坛
南京电子商务协会	2011 年 1 月 21 日	开展电商人才培养座谈会 发行《南京电商》杂志 发布《南京市 2018 年电子商务运行报告》
上海跨境电子商务行业协会	2014 年 2 月 21 日	举办跨境电商研修班 举办跨境电商 2019 新政实务与案例论坛 举办跨境电子商务的合法与合规系列讲座
中国互联网发展基金会	2015 年 6 月 10 日	举办电子商务诚信签名活动 主办 2018 中国网络诚信大会
广东省农村电子商务协会	2015 年 12 月 29 日	指导邮政农村电商、助力脱贫攻坚梅州交流会
江苏省电子商务协会	2016 年 4 月 8 日	举办江苏省电子商务发展论坛 举办江苏跨境电子商务峰会
中国网络社会组织联合会	2018 年 6 月 12 日	召开电商诚信建设座谈会 主办 2018 中国网络诚信大会

资料来源：中国社会组织公共服务平台，网址：http://www.chinanpo.gov.cn/search/orgcx.html

4. 电商平台与企业诚信建设现状

电子商务行业经过十几年的发展，已经逐步摆脱了以往的无序竞争状态，各个电商企业也认识到行业诚信建设事关每个市场主体的生死存亡。电商平台和企业作为联结消费者和生产者的中介，始终站在行业诚信建设的第一线。

电子商务领域不仅存在传统商业固有的失信行为，同时由于电子商务市场的虚拟性，该领域的商务诚信建设面临更加严峻的挑战，这就需要政府有关部门与行业相关企业联合，构建联合保障机制，充分发挥各自的优势，打造电子商务行业信用体系。2018年5月30日，国家公共信用信息中心与品尚电商在福建泉州签署信用信息共享协议，双方将在数据共享方面深度合作，拓展提升共享数据的范围和质量。全国信用信息共享平台在充分发挥“总枢纽”作用的基础上，注重市场机构对公共信用信息的共享与应用，实现大数据汇聚应用，是实现联合奖惩机制落地的有力保障。品尚电商能够在业务范围内与国家公共信用信息中心密切合作，充分挖掘利用信用大数据，更精准、更全面地刻画企业信息画像，有效提高决策效率。在拓宽联合奖惩机制覆盖面方面，品尚电商能够发挥在鞋服领域的专业优势，在上下游企业中起到引领示范的作用，让高效便利的互联网金融服务模式落地生根，更好地服务于鞋服小微企业。

电子商务平台企业，作为整个电商业务的枢纽和最活跃因素，对行业诚信体系的建设发挥着举足轻重的作用。电商平台往往掌握着大量卖家、买家数据，依托各自的大数据分析平台可以有效治理存在的行业失信行为，对行业信用建设至关重要，充分发挥电子商务平台的作用，可以起到事半功倍的效果。以广泛存在的“刷单炒信行为”监管为例，基于电商平台大数据分析可以精确判别出哪些是正常交易，哪些是刷单行为，具体而言，大数据监管平台可以根据买家在店铺的停留时间、用于购物的时间段分布、搜索关键词分析、评价语句分析、物流分析，甚至可以根据购物时使用终端的不同，做出相应判断。依托电商平台数据，建立企业大数据分析制度对于电子商务行业信用建设至关重要。

在电商平台的诚信体系建设中，苏宁建立了国内首家平台协议规则公示制度，在第一时间，将平台计划推出或者更改的协议、规则予以公示和告知，充分保障交易规则透明和消费者知情权。在《电子商务法》实施之前，苏宁就按照相关要求，调整完善了商家准入制度、商品引入制度等七套管理制度，并针对用户注册、账号注销、隐私保护、交易规则、交易安全等诸多方面的规则进行了进一步的优化。2018 年 10 月，苏宁积极响应由中央网信办指导、中国网络社会组织联合会发起的中国电子商务诚信签名活动，专门开发上线了网络诚信平台，在苏宁旗下苏宁易购、苏宁云台、苏宁服务市场、苏宁帮客等多个平台显要位置进行活动的宣传，号召商家参与诚信签名。此外，苏宁坚持与所有供应商、平台商户签订《阳光承诺书》，督促其严守诚信，并与员工订立“阳光公约”，持续培养强化内部诚信意识。

2019 年 2 月 28 日，阿里巴巴、国美零售、京东、聚美优品、美团、蘑菇街、苏宁易购、网易、唯品会、携程网十家有影响的电商平台代表，共同签署了《电子商务诚信公约》，从“货真价实、童叟无欺、客观公正、保护数据、奖惩有效、开放共享、守信履约”七个方面，倡议电子商务平台坚持首善标准，知行合一，积极、主动、认真践行公约，为经济社会健康发展争先助力。并要求各个电子商务线上卖家也要在一个月内，线上签署《电子商务诚信公约》，成为电子商务领域的诚信共建行动。

二、《电子商务法》的实施与电商领域的诚信制度建设

对电子商务领域诚信体系建设影响最大的事件莫过于《中华人民共和国电子商务法》的颁布实施。在电商领域的法治建设方面，主要表现

为相关法律、法规、部门规章、地方性立法的制定和实施，它们共同构成了电商领域不同效力位阶的诚信建设法治环境。

目前，我国已经形成了以《电子商务法》和国务院关于信用体系建设的综合性政策文件为基础，以部门和地方性规范性文件为主体，以行业组织的自律规范为补充的电子商务诚信建设政策和法治环境。

《中华人民共和国电子商务法》于2018年8月31日由第十三届全国人民代表大会常务委员会第五次会议通过，2019年1月1日起正式实施，是保障电子商务各方主体合法权益，规范电子商务行为，维护市场秩序，促进电子商务持续健康发展的重要基础性法律。电子商务法鼓励发展电子商务新业态，创新商业模式，促进电子商务技术研发和推广应用，推进电子商务诚信体系建设，营造有利于电子商务创新发展的市场环境，充分发挥电子商务在推动高质量发展、满足人民日益增长的美好生活需要、构建开放型经济方面的重要作用。

在电子商务领域诚信体系建设方面，电子商务法规定电子商务行业组织应当按照本组织章程，开展行业自律，建立健全行业规范，推动行业诚信建设，监督、引导本行业经营者公平参与市场竞争。在电子商务信用评价方面，电子商务法支持依法设立的信用评价机构开展电子商务信用评价，向社会提供电子商务信用评价服务。从法律环境角度来看，电子商务法主要为电商领域诚信建设奠定了以下制度保障：

1. 电子商务实名登记和认证制度

旨在督促电子商务平台对其平台内销售商品或者提供服务的经营者身份进行审查和登记。电子商务经营者经实名登记、备案后从事经营，并遵守依法认可的有关网络身份标识的行业规范。电子商务平台对开办网店的单位和个人采集实名身份信息，定期更新并依法报送相关行业主管、监管部门。同时《电子商务法》还规定个人销售自产农副产品、家庭手工业产品，个人利用自己的技能从事依法无须取得许可的便民劳务活动和零星小额交易活动，以及依照法律、行政法规不需要进行登记的除外条款。这有利于实名登记和认证制度的落实，同时也为相关行业的发展提供了便利。

电子商务法还规定，电子商务平台和网店等销售食品、药品、医疗器械、农产品、日用消费品等关系人民群众生命财产安全的产品，要严格依照法律法规规定办理工商登记和相关许可手续，将营业执照或身份核验标识等信息向社会公开。推动电子商务平台和网店建立产品许可官方网站信息链接。支持独立第三方机构对电子商务网站域名、工商登记信息等进行审核验证，开展电子商务网站可信认证服务，推广应用网站可信标识，为电子商务用户识别假冒、钓鱼网站提供技术手段和保障。

2. 网络交易信用评价制度

旨在支持和鼓励电子商务平台结合自身特点，建立电子商务交易双方信用互评、信用积分制度，建立交易后评价或追加评价制度，将交易双方评价和服务承诺履约情况记入信用档案，并将评价结果和积分充分公开，供市场交易者参考。同时针对近几年愈演愈烈的刷好评、改差评等现象，《电子商务法》规定电子商务平台经营者不得删除消费者对其平台内销售的商品或者提供的服务的评价，有利于交易信用评价制度更好地发挥信用评价的作用。

3. 电子商务消费者权益保障机制

长久以来受制于消费者和商家之间信息的极度不对称的影响，消费者在消费过程中一直处于不利地位，电子商务时代由于互联网的虚拟性，消费者权益的保护更迫在眉睫，亟须建立电商领域的消费者权益保障制度，在电子商务的不断发展中建立诸如“七天无理由退货”等制度，保障消费者权益。《电子商务法》规定电子商务经营者应当全面、真实、准确、及时地披露商品或者服务信息，保障消费者的知情权和选择权；不得欺骗、误导消费者；对于收集、使用消费者的个人信息，应当遵守法律、行政法规有关个人信息保护的规定；对于互联网押金退还难问题，明确规定电子商务经营者应当明示押金退还的方式、程序，不得对押金退还设置不合理条件。

4. 电子商务信用信息共享与信用承诺公示制度

首先要建立健全信用记录。利用大数据技术，提升电子商务全过程信用信息归集的质量与处理效率，实现电子商务领域信用信息采集标准化、高效化，向有关公共信用信息平台实时推送信息，促进各系统平台信用数据互联互通，为在电子商务领域的信用大数据应用服务和监管创造条件。其次是建立事前信用承诺制度。推动电子商务平台、入驻商家、个人卖家、物流企业等提供商品销售和服务的市场主体，就遵纪守法、信息真实性、产品质量、服务保证、承担的责任与义务等情况作出信用承诺，以规范格式向社会公开，并承诺违法失信后将自愿接受约束和惩戒。将信用承诺事项纳入市场主体信用档案，接受社会监督，并作为事中事后监管的参考。最后推动建立线上线下信用信息共享机制。依托全国信用信息共享平台，依法依规归集电子商务领域信用信息，实现各地区、有关行业主管、监管部门信用信息的互联互通和共享交换。

5. 电子商务信用监管制度

加强对电子商务领域的信用监管，第一是要健全政府部门协同监管机制。开展电子商务产品质量提升行动，建立风险监测、网上抽查、源头追溯、属地查处的电子商务产品质量监督机制。充分利用电子商务平台大数据开展综合执法，完善部门、区域间监管信息共享和职能衔接机制。完善适合电子商务的投诉管理制度，制定基于统一产品编码的电子商务交易产品质量信息发布规范。依托国家、省、市公共信用信息平台采集并发布部门监管、大数据监测、群众举报等渠道形成的电子商务领域失信信息。第二是要加强电子商务信用社会监督。引入第三方信用服务机构，依法采集电子商务平台、交易主体及物流等相关企业的信用信息，定期发布信用评价状况报告，监测失信违约行为信息。推动信用服务机构加大电子商务领域信用担保、信用保险等产品研发力度。依托独立第三方信用服务机构，对电子商务信息进行异地备份及提供对外查询、下载或打印服务，实现站内经营者在保存期限内可自助查询交易信息。加强对商务“12312”、消费者“12315”、文化“12318”、食品药品“12331”、价格“12358”、质量监督“12365”等举报投诉服务平台电子商务失信信息的整合、共享、推送。

6. 电子商务信用联合奖惩制度

没有奖惩的制度终将是昙花一现，不可能长久存在。电子商务领域各项诚信制度的建立，最有力的保障就是要建立一套完善的信用联合奖惩机制。首先要加大信用信息公示力度。建立电子商务平台基本信息、信用信息及重大事件信息披露制度。《电子商务法》要求电子商务经营者应当在其首页显著位置，持续公示营业执照信息、与其经营业务有关的行政许可信息或者上述信息的链接标识，并保持更新。其次要加大对守信主体的激励和失信主体的惩戒力度。建立和规范电子商务领域守信主体“红名单”以及失信主体“黑名单”制度。对于守信主体，在公共服务、市场交易、社会管理等方面给予一定便利。鼓励电子商务平台对“红名单”主体在搜索排序、流量分配、营销活动参与机会、信用积分等方面给予倾斜，强化正面激励引导。对于失信主体实施限制入驻会员、降低信用等级、屏蔽或关闭店铺、查封电子商务账户、公开曝光等惩戒措施。

电子商务法颁布实施后，相关部门组织电子商务领域的行业组织举办了各种形式的诚信培训班、组织学习相关法律规范。2018 年 9 月 28 日，上海市电子商务行业协会举办了《中华人民共和国电子商务法》培训活动。培训活动介绍了电子商务发展情况、电子商务法立法过程、电子商务法主要内容、电子商务法关键词。对会员充分了解《电子商务法》精神大有裨益，对于上海市电子商务的健康发展起到了促进作用。

三、电商领域信用专项治理

2018 年 5 月，国家发展改革委发布《关于加强对电子商务领域失信问题专项治理工作的通知》，要求充分认识电商领域诚信建设的重要性和艰巨性，解决行业突出的诚信缺失问题，完善工作机制，加快建立健全专项治理长效机制，整合部门资源，加强政企合作，提高失信成本，做好打硬仗、打持久战的准备。

该通知要求，严厉查处电子商务领域制假售假、传销活动、虚假广告、以次充好、服务违约等欺诈行为；科学区分电子商务领域失信主体名单信息，对于因虚假宣传、合同违约等失信行为被行政处罚的电子商务领域重点关注名单，通过全国信用信息共享平台曝光公示；促进电子商务信用信息与社会其他领域相关信息的交换和共享，推动电子商务与线下交易信用评价。在行业信用信息系统建设和重点领域信用记录建设方面，将电子商务领域作为重点，应当完善行业信用记录和从业人员信用档案；督促失信企业限期整改，加强政府对相关整改工作的指导和监管，对于拒不整改的失信主体加大惩戒力度；打击内外勾结、伪造流量和商业信誉的行为，对失信主体建立行业限期禁入制度，持续做好电子商务领域信用建设工作。

1. 行业突出问题

在电子商务市场的虚拟性背景下，电商领域信用建设所呈现的问题不同于其他领域，在打击侵权和制假售假、消费者权益保护方面面临着严峻的挑战。2018 年 12 月 25 日，中国消费者协会发布《〈电子商务法〉消费者认知情况调查报告》，报告显示，虚假宣传、网络售假、刷单炒信、物流滞缓等问题多遭诟病。其中，商品质量是电商领域突出的问题。

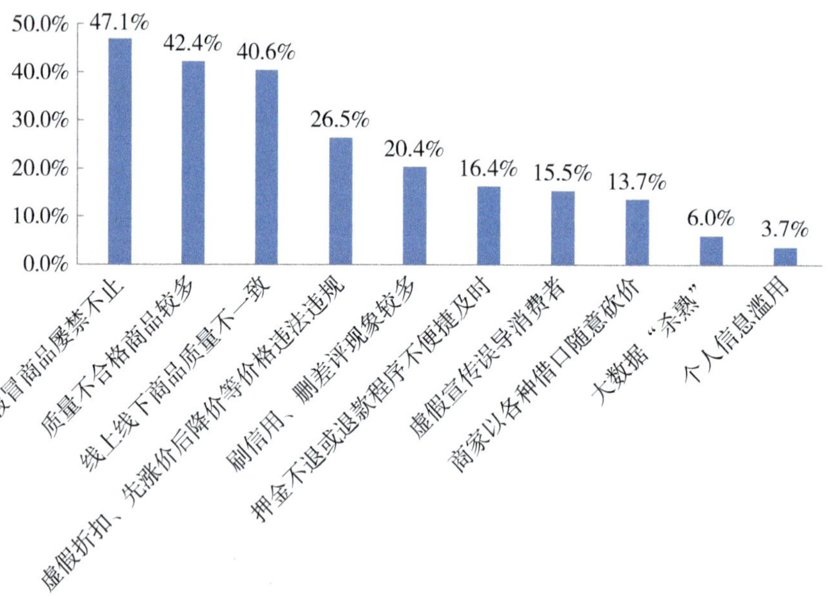

图 8–2　电商领域突出的问题

资料来源：中国消费者协会

（1）假冒商品屡禁不止

受假冒商品高额利润驱使，一些不法电商在没有取得授权的情况下，以假货冒充正版商品，以超低价在电商平台流通。再加上市场监督力度有待进一步加强和消费者辨别能力不足，使得电商平台上假冒商品屡禁不止。报告调查结果显示，47.1% 的消费者认为“假冒商品屡禁不止”，这是电商领域最突出的问题。

（2）质量不合格商品较多

质量是商品的生命，质量合格是商品的最低要求，但是电商平台销售的一些商品的质量问题引起了部分消费者的担忧。报告调查结果显示，42.4% 的消费者认为“质量不合格商品较多”，这是电商领域第二突出的问题。电商平台销售商品包括自营和他营的方式，但无论是自营商品还是他营商品都应该保证商品质量合格。

（3）线上线下商品质量不一致

比起实体店线下购买商品，通过电商平台线上购买商品的消费者越来越多。截至 2018 年 12 月，我国网络购物用户规模达到 6.10 亿，占网民总体比例达到 73.6%。手机网络购物用户规模达到 5.92 亿，使用比例达到 72.5%。[①] 在线上购买商品成为常态化的背景下，线上商品质量成为关键。商家通常把商品质量描述为优质商品，以此吸引消费者购买。报告调查结果显示，40.6% 的消费者认为“线上线下商品质量不一致”，这是电商领域第三突出的问题。

（4）跨境电商假货较多或真假混卖

跨境电商是最近兴起的一种跨国商业活动，相比于国内电商，跨境

① 数据来源：中国互联网络信息中心《中国互联网络发展状况统计报告（2019 年 2 月）》。

电商的特点在于消费者所购买的商品是他国商品，涉及的环节多。跨境电商获得了国家大力支持，2018 年 11 月 21 日国务院常务会议决定，从 2019 年 1 月 1 日起延续和完善跨境电子商务零售进口政策，将政策适用范围从之前的 15 个城市扩大到 22 个城市，提高了享受税收优惠政策的商品限额上限，增加了享受优惠政策的商品范围。跨境电商发展前景好，但是跨境电商商品质量却存在诸多问题。报告调查结果显示，52.4% 的消费者通过跨境电商平台购买商品时发现“假货较多或真假混卖”。

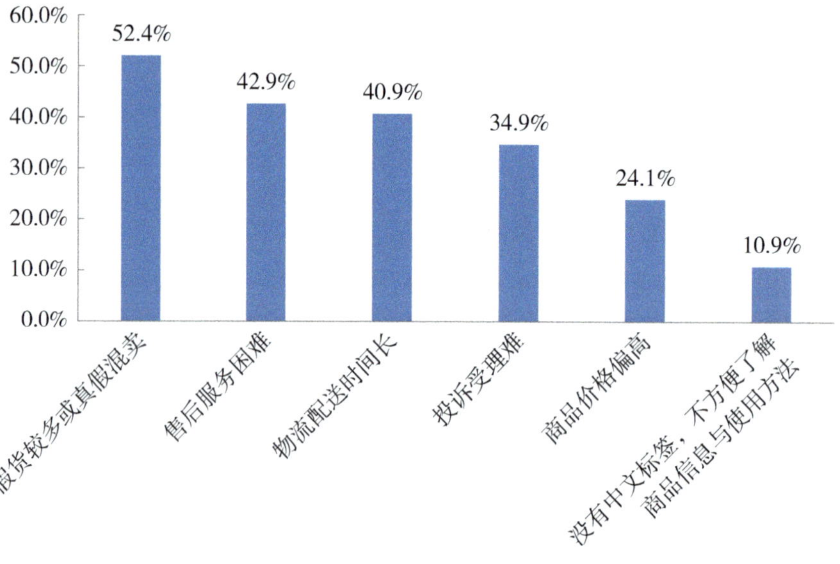

图 8-3　消费者通过跨境电商购买商品时的问题

资料来源：中国消费者协会

2. 电商领域信用专项治理行动

针对电商领域各种质量问题，相关部门及时采取专项行动，防止问题恶化，维护消费者合法权益。

（1）在电商购物节节前开展专项治理行动

电商领域不缺乏网络购物节，各大电商平台“造节”现象普遍，如“唯品会4·19特卖会”“京东6·18年中购物节”“淘宝11·11购物节”“苏宁易购8·18购物节”等，通过电商购物节，采用大量广告宣传、打折促销、瓜分红包等手段来吸引消费者，提高销售额。电商购物节作为网上集中购物的节点，相关部门高度重视，以此为契机，开展电商领域信用专项治理行动。

表8-3 各部门部分节前专项行动

部门名称	行　　动	时间
国家市场监督管理总局	召开“6·18”网络集中促销活动行政指导座谈会	2018年6月8日
柳州市工商局	开展“6·18”网络购物节电商企业检查工作	2018年6月15日
北京市工商局	召开行政指导会，对阿里巴巴等12家电商平台作出指导	2018年6月13日
广东省工商行政管理局	召开大型电商平台和电商协会座谈会	2018年8月31日
国家市场监督管理总局	召开规范网络集中促销活动行政指导座谈会	2018年10月30日
贵州省工商局	召开电商企业行政指导座谈会	2018年11月1日
国家发展改革委	发布《电子商务领域信用风险“双十一”预警报告（2018年度）》	2018年11月5日
湖南省市场监督管理局	召开2018年全省规范网络集中促销活动行政指导座谈会	2018年11月6日
国家市场监督管理总局	开展2018年“双十一”电子商务产品质量国家监督专项抽查	2018年11月8日
甘肃省市场监管局	召开“双十一”电商企业行政约谈会	2018年11月8日
浙江省市场监督管理局	部署2018年“双十一”网络定向监测工作 发布“双十一”消费警示	2018年11月9日

（2）开展2018年网络市场监管专项行动

2018年6月4日，国家市场监督管理总局、国家发展改革委、工信部、公安部等印发《2018网络市场监管专项行动（网剑行动）方案》，部署网络市场监管专项行动，方案将规范网络经营主体资格、查处制售侵权假冒伪劣网络商品行为、整治互联网不正当竞争行为、打击网络虚假宣传与虚假违法广告、规范网络合同格式条款五个方面确定为重点工作，提升网络商品和服务质量，改善网络市场竞争秩序和消费环境，推动社会信用体系建设。

（3）电商平台专项治理行动

2019年1月3日，国家市场监督管理总局发布《假冒伪劣重点领域治理工作方案（2019—2021）》，方案将农村市场、食品安全、电商平台、认证领域作为四个重点领域，集中开展为期三年的专项治理。方案将从严厉查处网络违法经营行为、强化对网络交易平台的监管、提升网络交易监管能力、推动网络监管综合治理四个方面集中开展电商平台专项治理，净化网络市场交易环境。

3. 专项治理成果

各地、各部门通过电商领域开展的多项信用治理行动，重点推进食品、药品、日用消费品等关系人民群众生命财产安全的产品质量检查，加大对销售假冒伪劣商品等严重失信商家的处罚，强化信用约束，实施协同监管，治理成效明显。在专项治理过程中，国家市场监督管理总局着力完善电子商务领域标准体系，推动制定了《电子商务产品质量风险信息分类处理规范》等10项国家标准。国家市场监督管理总局还开展“2018年平衡车专项电子商务产品质量研究性摸排”“2018年6·18电商节专项电子商务产品质量违法线索摸排”等4次质量违法线索排查，全国共查办电商产品质量违法案件275起，移送公安机关案件11起，其中大案要案3起。国家发展改革委发布的《电子商务领域信用风险“双十一”预警报告（2018年度）》，在守信激励、联合惩戒方面推出十大正面典型案例、十大负面典型案例，对消费者起到了警示作用，督促电商企业诚信经营，切实维护消费者权益。

通过专项治理，电商平台和企业高度重视自身的诚信建设，在企业运行过程中结合自身和行业特点，提出了不少新点子。2018年1月19日，中钢网、鲜易网、顺丰速运、宅急送等电商和物流企业签署《反“炒信”信息共享协议》，倡导电商企业加强内部管理制度，对“炒信”主体进行联合惩戒，为电子商务发展营造良好环境。

2018年9月17日，阿里巴巴等12家大数据企业在杭州签署《个人信息保护倡议书》，倡导电商企业公开透明处理用户信息，向用户明示个人信息处理目的、方式、范围、规则等，不使用“一揽子协议”的方式，强迫用户打包授权对个人信息的收集。2018年9月29日，阿里巴巴、京东、苏宁、中粮我买网、聚美优品、小红书、生活家、顺丰速运、一亩田9家大型电商平台企业共同发布电商联盟食品保健食品反欺诈反虚假宣传公约。2018年11月8日，阿里巴巴、网易考拉、云集、美团、顺丰等22家电商和物流企业联合发起成立浙江省电子商务失信惩戒联盟，签署了《浙江省电子商务失信惩戒联盟公约》，公布了第一批网络失信企业名单，对电子商务领域失信行为进行联合惩戒。2019年1月1日，苏宁易购优化制度规则，首家推出平台协议规则公示制度，在电商领域首推30天包退、365天包换计划。

电商领域的信用专项治理活动，改善了电商营商环境，取得了较好的效果。2018年全国电子商务交易额为31.63万亿元，比上年增长

8.5%，[1] 成为拉动经济增长的重要力量。

四、电商领域失信联合惩戒与信用监管

任何领域的发展都离不开政府的监管，电商领域也是如此。电子商务领域失信黑名单是政府监管的有力抓手，是政府为防范化解风险，推进电子商务领域信用体系建设而作出的信用监管手段。

1. 电商领域失信黑名单

2017 年 11 月以来，国家发展改革委共发布四批电子商务领域黑名单，共计 870 家。最新一批（第四批）于 2018 年 9 月 7 日公布，共计 100 家。从失信黑名单公布的情况来看，15 家企业因合同纠纷纳入失信被执行人，主要是因为产品责任、网络购物合同、其他合同等纠纷而败诉；30 家企业因知识产权侵权被纳入失信被执行人，主要是因为侵害外观设计专利权、技术委托开发合同等纠纷而败诉；55 家市场主体因违法从事网络商品交易经营活动被纳入失信被执行人名单，主要是由民间借贷、买卖合同、劳动合同等纠纷引发。

失信被执行人名单一般是申请执行人要求被执行人给付金钱及迟延履行利息，但被执行人无可供执行财产，且被执行人不积极履行判决义务，人民法院将被执行人列入失信被执行人名单，国家发展改革委将电商领域的失信被执行人纳入电子商务领域黑名单，并定期向社会公布。

---

① 《国家发改委发布第四批电子商务领域黑名单》，信用中国网站，https://www.creditchina.gov.cn/lianhejiangcheng/dianzishangwuzhuanxiangzhili/201809/t20180907_125543.html，访问日期：2019 年 9 月 2 日。

2. 电商领域失信联合惩戒

为了落实《关于加强对电子商务领域失信问题专项治理工作的通知》《关于深入推进商务信用建设的指导意见》《2019 年商务信用建设工作要点》等文件的相关内容，各地区积极开展相关活动，推进电商领域的信用联合惩戒，让失信者寸步难行。

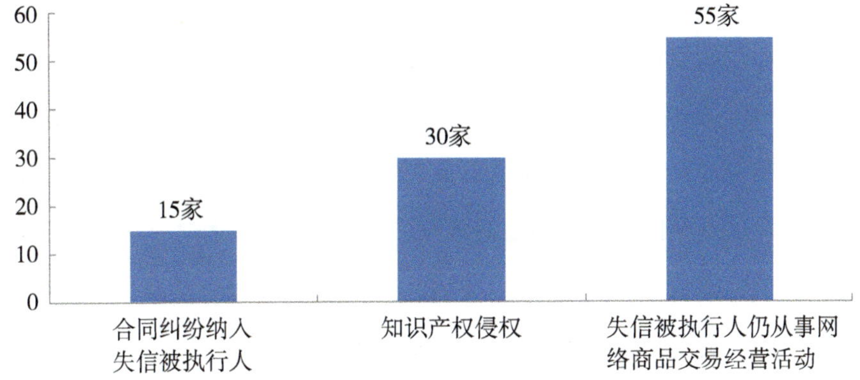

图 8-4　第四批电子商务领域黑名单行为分析

资料来源：国家发展改革委

2018 年 1 月 5 日，广西壮族自治区发布《广西全面加强电子商务领域诚信建设的实施方案》，方案从加强全区电子商务的全流程信用体系建设、信用信息共建共享体系建设、信用监管体系建设、信用联合惩戒体系建设四方面入手，开展联合奖惩，力争到 2020 年年底，使电子商务市场信用环境得到明显改善。

2018 年 2 月 28 日，上海市发展改革委、商务委等十部门签署《上海市"炒信"联合惩戒行动计划》，指出"炒信"行为是严重危害电商领域的毒瘤，上海市将定期公布"炒信黑名单"，并对"炒信"主体进行联合惩戒。

2018 年 3 月 20 日，浙江省衢州市发布《衢州市电子商务领域严重失信问题专项治理工作计划》，从认定专项治理对象、成立反“炒信”联盟、电子商务领域失信主体联合惩戒措施方面入手，扎实营造良好的电商市场信用环境，促进电子商务健康快速发展。

2018 年 5 月 28 日，浙江省杭州市政府网站发布了《杭州市电子商务平台诚信试点建设方案（征求意见稿）》和《杭州市诚信电商平台评估标准》，从电子商务平台的全流程信用建设、信用信息共建共享、信用监管、消费者权益保护、信用联合惩戒五方面进行电子商务平台诚信试点建设，为深入推进电商领域的失信联合惩戒奠定了扎实的基础。

2018 年 11 月 1 日，宁波保税区跨境电商信用信息公示平台在宁波市上线，这是全国首个跨境电商信用信息公示平台上线，平台将公开跨境电商的主体信息、经营信息、监管信息、服务信息、奖惩信息和投诉举报信息，实现对违法违规跨境电商的跨部门联合惩戒。

2019 年 1 月 2 日，陕西省印发《陕西省电子商务领域诚信建设和失信治理实施方案》，实施方案包括总体要求、完善信用制度、推进信息共享、健全信用监管和强化联合奖惩五部分，部署了电商领域失信联合惩戒的配套措施。

2019 年 3 月 19 日，杭州互联网法院发布了《电子商务案件审判白皮书》（2018 年度），白皮书反映了电子商务发展呈现出六大特点与问题，也对电商领域的失信治理提出了建议，包括对电商领域失信联合奖惩的具体意见。

五、关于推进电子商务领域信用建设的几点建议

1. 强化制度建设，推进专项治理措施落实

中国社会信用体系建设于 2014 年进入一个新的发展阶段，标志是国

务院发布《关于印发社会信用体系建设规划纲要（2014—2020年）的通知》（国发〔2014〕21号）。其中对于电子商务领域信用建设提出相关要求，包括建立健全电子商务企业客户信用管理和交易信用评估制度、推行电子商务主体身份标识制度、建立失信主体行业限期禁入制度等。

中国电子商务领域信用建设经历了六年发展，电商领域取得明显进展，电商领域信用体系基本建立，信用信息资源共享有了一定的基础，信用监管体制基本健全。但监管体系和各项制度的实施有待进一步加强，特别是加大电商平台监管力度，针对消费者反映的热点问题及时开展专项治理行动等方面需要进一步推进制度建设，把工作做得更实更细，推动电商领域诚信建设向更高水平发展。

2. 加强行业自律监管，引导电商平台和企业诚信发展

电商行业是我国经济发展的新引擎，电商领域诚信建设是我国商务领域诚信建设的重点，除政府支持和监管外，电商领域行业组织的自律监管更为关键。比起政府，电商领域的行业组织更为清晰地掌握着行业发展情况与实务操作情况，并一直活跃于电商领域信用建设中。行业组织如何引导电商企业诚信发展是个难题，目前，电商领域行业组织主要采用组织论坛、承办会议和发起承诺书等方式推进电商领域信用建设，需要进一步发挥自律监管作用，引导电商企业诚信经营。

3. 提高电商平台和企业信用意识，恪守诚信经营理念

电商企业是电商领域信用体系建设的基础。在经济下行压力大的背景下，很多电商平台和企业都面临着自身的经营困难。为了提高经营利润，有的电商平台或企业不惜铤而走险，制假售假、泄露用户信息，以不正当手段进行竞争。当这些行为被监管部门查处时，企业将面临重大处罚，甚至导致破产。电商企业作为经营者，首要原则是恪守诚信经营，

不断加强企业诚信意识，避免因失信行为导致处处受限，进而增强企业经营实力，实现企业更好、更持久发展。

4. 积极开展信用修复，促进电商信用创新

有关部门公布电子商务领域黑名单已成常态，但电子商务领域信用修复工作有待加强。实践中，除不可修复的信息外，多采用签订信用修复承诺书、提交已履行义务相关材料证明、参加信用修复培训等方式进行信用修复，但各地各领域信用修复条件、程序不一，缺乏统一标准，特别是电商领域信用修复工作创新力度还不够，难以适应电商领域诚信建设发展的需要，应当积极创新信用修复方式，完善电商领域的诚信建设体系。

第二节　环保领域信用建设分析

环保领域一直以来都是党和政府持续高度重视的社会治理方面之一。十二届全国人大环资委委员吕彩霞2018年3月12日在北京表示，全国人大常委会在十二届时制定的立法规划中有18个立法项目是涉及环境生态保护的，占到整个立法项目的18%以上。这不仅是谋求国家健康可持续发展的明智之举，同样也因应了国家治理能力和治理体系现代化的要求。当前我国正如火如荼地进行社会信用体系建设，多领域信用体系建设方兴未艾。这无疑为环保领域信用建设向各方面深入延伸，以匹配信用社会的快速发展，带来了难得的机遇。环保领域迎来信用建设的重要时期。

自2015年新修订的《环境保护法》实施以来，我国政府就加快推进了环保领域信用建设的步伐，这部法律明确规定了企业、事业单位和其他生产经营者的环境违法信息应当记入社会诚信档案，违法者的名单应

当向公众曝光。紧接其后，国务院印发的《社会信用体系建设规划纲要（2014—2020年）》对环保领域信用建设提出了明确要求，以通过利用大数据平台打造环境领域信用信息的多方位流转为引导，逐步实现全社会对企业或者事业单位的环境信用信息共享。此外，在2014年12月，国务院办公厅印发《关于加强环境监管执法的通知》。2015年11月，环保部、国家发展改革委联合印发《关于加强企业环境信用体系建设的指导意见》（环发〔2015〕161号），为加强企业环境信用体系建设，加快建立企业环保守信激励、失信惩戒机制提出了具体的指导意见。2016年，国务院办公厅相继出台《关于建立完善守信联合激励和失信联合惩戒制度加快推进社会诚信建设的指导意见》（国发〔2016〕33号）和《关于加强个人诚信体系建设的指导意见》（国办发〔2016〕98号）。2016年7月，环保部联合国家发展改革委、人民银行等31个部门印发《关于对环境保护领域失信生产经营单位及其有关人员开展联合惩戒的合作备忘录》，提出了24条具体的联合惩戒措施。[①] 以上文件的相继出台，意味着我国环保领域信用建设工作正有条不紊地开展，同时也体现了社会公众对于国家在环保领域进行的信用建设工作接纳度非常高。此外，"信用环保[②]""信用中国[③]""环境信用·中国[④]"这3个企业环境信用信息共享平台建设以来，不仅使公众的知情权得到了应有的保障，也让公众对企业环

① 《31部门联合印发〈关于对环境保护领域失信生产经营单位及其有关人员开展联合惩戒的合作备忘录〉》，中央政府门户网站，http://www.gov.cn/xinwen/2016-08/19/content_5100687.htm，访问日期：2019年3月25日。

② 信用环保官方网站——环保信用企业信用公示系统的网址为：http://www.credithb.org/。

③ "信用中国"的网址为：https://www.creditchina.gov.cn/xinxigongshi/。

④ "环境信用·中国"的网址为：http://www.环境信用.com/。

境信用信息的获取途径更加畅通。诸多文件的出台，同样也表明环保领域信用体系建设中政府监管与信用建设、企业信用建设、行业协会的信用建设在目前取得了长足发展。

一、环保领域信用建设总体情况

2018 年，在生态环境部、国家发展改革委、财政部等有关部门的大力助推下，我国环保领域信用建设取得了显著成就，主要体现在以下几个方面：

（一）环保领域信用建设依据不断健全

环保领域的信用建设非一朝一夕可完成，其间需要大量精细而周密的安排部署。就支撑环保领域信用建设的规范和制度而言，其出台并非一蹴而就，而是经过长期谨慎考虑以及综合考量后，寻求恰当时机进行发布。目前作为环保领域信用建设的制度依据，相关规范性法律文件在实践中呈现出中央层面是一部法律和多个规范性文件，地方层面则是出台相关立法与办法的态势。

中央层面就法律依据而言，2015 年 1 月 1 日新修订的《中华人民共和国环境保护法》（以下简称《环保法》）正式落地实施，该法第五十四条第三款规定，“应当将企业事业单位和其他生产经营者的环境违法信息记入社会诚信档案，及时向社会公布违法者名单”，这表明在环保领域是通过将有关主体的环境违法信息记入社会诚信档案这一方式来响应社会信用体系建设。

法律之外的其他依据，又可细分为纲领性文件和具体实施类文件。

纲领性文件：（1）为加快部署建设社会信用体系、构筑诚实守信的经济社会环境，国务院于2014年6月27日印发了《社会信用体系建设规划纲要（2014—2020年）》（以下简称《纲要》），在《纲要》第（三）部分“全面推进社会诚信建设”处，就明确规定了环境保护领域应当进行信用建设的要求；（2）为加强社会诚信体系建设，国务院办公厅于2016年6月印发《关于建立完善守信联合激励和失信联合惩戒制度加快推进社会诚信建设的指导意见》（国发〔2016〕33号），将“生态环境”作为重点领域进行联合惩戒约束严重失信行为；（3）为加强个人诚信体系建设，褒扬诚信，惩戒失信，提高全社会信用水平，营造优良信用环境，国务院办公厅于2016年12月30日出台《关于加强个人诚信体系建设的指导意见》（国办发〔2016〕98号），同样将“环境保护”列为个人诚信体系建设的重点领域。

具体实施类文件包括：（1）为指导各地开展企业环境信用评价，督促企业履行环保法定义务和社会责任，约束和惩戒企业环境失信行为，原环保部会同国家发展改革委、人民银行、原银监会于2013年12月18日联合发布《企业环境信用评价办法（试行）》（环发〔2013〕150号）；（2）为全面加强环境监管执法，严惩环境违法行为，国务院办公厅于2014年11月27日发布《国务院办公厅关于加强环境监管执法的通知》（国办发〔2014〕56号），规定要建立环境信用评价制度，将环境违法企业列入“黑名单”并向社会公开，将其环境违法行为纳入社会信用体系，让失信企业寸步难行；（3）为指导各地方加强企业环境信用体系建设，促进有关部门协同配合，加快建立企业环境保护“守信激励、失信惩戒”机制，原环保部会同国家发展改革委于2015年12月15日联合发布《关于加强企业环境信用体系建设的指导意见》；（4）为指导环境保护领域具体开展联合惩戒工作，原环保部联合国家发展改革委、人民银行等31个部门于2016年7月印发《关于对环境保护领域失信生产经营单位及其有关人员开展联合惩戒的合作备忘录》（发改财金〔2016〕1580号），共提出了24条具体的联合惩戒措施。

从以上规定来看，在中央层面，环保领域信用建设的制度依据朝着越来越精细化的方向发展，相关规定从信用体系建设细化到环境信用评价、环境监管执法以及联合惩戒，也更加注重通过联合多部门进行惩戒以达到建设目标，环保领域信用建设依据更加健全。

地方层面就环保领域推行信用建设的制度依据，呈现出五地颁布信用立法为该地各个行业信用建设提供总依据，多地以（企业）环境信用评价办法的印发作为切入点，部分地区开展联合惩戒措施后续发力的态势，具体而言：

1. 信用立法依据

2012年1月1日，陕西省施行了《陕西省公共信用信息条例》。2017年7月1日，湖北省正式施行了《湖北省社会信用信息管理条例》。2017年10月1日，上海市正式实施了《上海市社会信用条例》。2018年1月1日，河北省、浙江省相继正式实施了《河北省社会信用信息条例》《浙江省公共信用信息管理条例》。上述五个地区颁布的信用立法将不仅为今后该区域在各个行业领域（包括环保领域）开展信用建设进行信息归集与应用提供根本性的依据，同时也为社会信用上位法的制定提供了经验，反哺了上位法的制定。地方在实践探索过程中颁布的这五部信用立法可以视为地方环保领域信用建设未来发展的蓝图和基本框架。

2. 具体实施依据：多地印发（企业）环境信用评价办法

（1）2017年2月14日，湖北省环境保护厅印发《湖北省企业环境信用评价办法（试行）》。

（2）2017 年 4 月 5 日，安徽省环境保护厅正式出台《安徽省企业环境信用评价实施方案》（修订版）。

（3）2017 年 10 月 13 日，重庆市环保局印发《重庆市企业环境信用评价办法》。

（4）2017 年 11 月 29 日，河北省环境保护厅印发《河北省企业环境信用评价管理办法（试行）》。

（5）2018 年 5 月 10 日，贵州省环境保护厅印发《贵州省企业环境信用评价指标体系及评价方法（试行）》。

（6）2018 年 11 月 27 日，上海市环保市容局印发《企业环境信用评价办法（试行）》。

除上述地区外，还有福建、山东、河南等 10 多个省（市、区）及长三角地区，制定了地方环境信用评价办法，助推环保领域企业环境信用建设。

3. 部分地区开展联合惩戒措施

为全面提升长三角地区环保领域信用管理水平，营造“失信者处处受制，守信者处处受益”的区域信用发展环境，三省一市信用办及环保部门于 6 月 1 日长三角地区主要领导座谈会期间，签署了《长三角地区环境保护领域实施信用联合奖惩合作备忘录》，明确环保领域区域信用合作内容，建立完善区域信用合作机制，发布首个区域严重失信行为认定标准和联合惩戒措施。①

总体而言，地方层面通过出台信用立法、印发环境信用评价办法和

① 《关于印发〈长三角地区环境保护领域实施信用联合奖惩合作备忘录〉的通知》，上海市发展和改革委员会网站，http://fgw.sh.gov.cn/xxgk/cxxxgk/34496.htm，访问日期：2019 年 3 月 28 日。

实施联合惩戒措施为环保领域进行的信用建设提供依据。实践中，支撑地方环保信用建设的依据越来越体系化、制度化、完善化，无论是出台立法还是印发相关规定，都表明各地一方面在积极投入社会信用体系建设，另一方面又做到了结合自身环境保护实际制定行之有效的法律规范。

（二）环保领域信用建设体制健全

环保领域的信用建设是一个较为系统且庞大的工程，实践中就形成了政府部门、市场（企业）和行业协会等主体合作共同参与建设的良好局面。在具体实践中，政府部门负责日常监管与执法等事宜，要求企业主动履行环保义务，强化环境信用建设。市场（尤其是企业）负责积极参与、配合政府部门各项环保信用建设工作，加强自身自律监管能力，助推政府环保信用建设工作顺利开展并逐步得到落实。行业协会则通过加强自治能力，或者提供专业性支持，一方面，充分参与到生态环境保护有关法律或者政策制定中去，为政府有关决策提供智力支持；另一方面，积极开展环保企业信用评价工作。由此，各方主体在实践中形成了一个较为健全的合作体制，加之运行态势良好，使得环保领域信用建设工作稳步推进。具体而言：

1. 政府部门

政府部门作为环保领域信用建设的主导者，掌控着环保信用建设的进程和方向，在与市场（企业）、行业协会的共建过程中，其秉承“执法到位，企业环境信用才有威慑”的观念，多以生态环境部门日常监管和环境执法的形式强化企业的义务履行和责任实现。以湖北省环保厅为例，其通过环境行政执法，倒逼企业履行环保主体责任，并就环境污染和环境失信问题进行整改。据该厅于 2018 年 1 月 17 日召开的 2017 年全省环境执法监管工作情况新闻发布会有关报道，2017 年，该省各级环保部门共实施行政处罚案件 3484 件，罚款金额约 2.53 亿元，与去年同期相比，分别增长 1.1% 和 13.38%。此外，该省 2017 年 3 月推行企业环境信用评价。截至 2017 年年底，有 5 家企业被挂黑牌。被挂黑牌的企业，已通过湖北省信用联合奖惩管理系统推送给相关部门进行联合惩戒。[①]

2. 市场（企业）

市场作为环保领域信用建设的重要方面之一，成绩的取得离不开企业的积极参与，因此，分析这方面的信用建设情况，主要以企业参评为例。

截至 2018 年 7 月 20 日，全国有近 5 万家企业参与各地环保部门开展的环境信用评价工作，为环保领域信用建设工作的持续深入开展提供了深厚的基础。[②] 实践中，各地企业积极参与的环境信用评价数据如下：依照 2018 年 11 月有关部门发布的广东省 2017 年企业环境信用评价结果可知，该省 1162 家国家重点监控企业中，除 64 家企业因全年停产（运）、关闭等原因不参评外，1098 家企业以组织机构代码证 / 统一社会信用代码为准最终确认 1060 家参加评价（即有 65 家经合并后为 27 家），其中，“环保不良企业”（红牌企业）26 家，占参评企业数比例为 2.45%；“环保警示企业”（黄牌企业）106 家，占参评企业数比例为 10.00%；“环保良好企业”（蓝牌企业）781 家，占参评企业数比例为 73.68%；“环保诚信

① 《湖北晒 2017 年环境执法成绩单 5 家企业环境信用被亮黑牌》，湖北省人民政府网站，http://www.hubei.gov.cn/zwgk/hbyw/hbywqb/201801/t20180118_1244511.shtml，访问日期：2019 年 3 月 31 日。

② 《近 5 万家企业参与环境信用评价　失信者贷款、补贴将受限》，新浪新闻网，https://news.sina.cn/gn/2018-07-20/detail-ihfnsvzc1401121.d.html?pos=3&vt=4，访问日期：2019 年 3 月 30 日。

企业”（绿牌企业）147 家，占参评企业数比例为 13.87%。[①] 重庆市也于 2019 年 3 月 5 日公布了 2018 年度环境信用评价市级参评企业名单，共计 531 家企业参评[②]；四川省德阳市于 2018 年 12 月 7 日发布了参与 2018 年市级环境信用评价工作的企业名单，共计 161 家企业参评[③]。福建省于 2019 年 4 月启动了 2019 年第二批环境信用动态评价工作，共计 853 家企业参评，且已经通过生态云环境信用动态评价系统完成审核评定流程。值得一提的是，今年福建省出现了一些企业主动参评的现象，这表明越来越多企业在环境问题上从被动变主动，从强制变自愿，从对立变亲近，企业加强环境管理的内生动力被激发[④]，从而使得生态环境部门监管效率也相应地提高。

上述地方企业参评结果显示，企业参与环保领域信用建设的积极性越来越高，其对于自身担负的环保责任和更高的社会责任也有了更加清晰的认知。企业主动积极参评，一方面可使环保部门就企业环保信用建设有一个整体态势把握，并有助于制定相对应的激励或惩罚的措施，以便更好地提高企业的环保信用；另一方面也有助于社会公众更多地了解企业在环保信用建设方面所做的努力，有利于企业获取社会公众的支持和理解。

---

① 《广东省生态环境厅关于通报广东省 2017 年企业环境信用评价结果的通知》，广东环保产业网，http://www.gdep.gov.cn/wgk/jg/201811/t20181115_245840.html，访问日期：2019 年 5 月 1 日。

② 《重庆市 2018 年度环境信用评价市级参评企业名单》，重庆市生态环境局网站，http://www.cepb.gov.cn/hjgl/hjzf/qyhjxypj/62497.shtml，访问日期：2019 年 4 月 11 日。

③ 《关于公布 2018 年度市级环境信用评价企业名单的通知》，德阳市生态环境局网站，http://sthjj.deyang.gov.cn/show.asp?id=3873，访问日期：2019 年 4 月 2 日。

④ 《福建省 1069 家企业已开展环境信用动态评价 272 家获“绿牌”》，搜狐网，http://www.sohu.com/a/307569910_120047106，访问日期：2019 年 4 月 11 日。

3. 行业协会

行业协会在环保领域中，主要通过开展申报企业信用等级等工作来开展信用建设。2019 年 1 月 2 日，中国环境保护协会发布了关于申报 2019 年度中国环保企业信用 AAA 的通知。此项工作旨在进一步加强环保行业的自律，优选一批环保诚信企业开展各项推广工作。一方面通过重点记录企业在生产过程中绿色节能及废弃物无害化处理的信用记录，另一方面加大与当地环保、工商部门的信息共享互通力度，一旦发现企业有违规记录，则会将相关企业录入黑名单数据库，并禁止其在 3 年内加入环保协会。①

中国环境保护产业协会在环保领域信用建设方面开展工作，一方面是通过加强与政府部门的联系，在有关部门大力支持下开展环保企业信用工作。如 2018 年 11 月 7 日发布《关于开展第十一批环保企业信用评价工作的通知》，2019 年 4 月 15 日公布了第十一批中国环境保护产业行业企业信用评价结果，此次共有 166 家行业企业参评，51 家企业被评为 AAA 级、63 家企业被评为 AA 级、52 家企业被评为 A 级。② 另一方面则是通过与时俱进地修改管理办法，使环保企业信用评价工作开展更加顺利。如在 2018 年 6 月，中国环境保护产业协会对环保企业信用等级评价管理办法进行了修订。新办法简化了评价机构、评价等级，优化了评价流程，扩大了企业的申报范围并重点加强对守信企业的推介，鼓励符合条件的行业内所有企业积极参加信用评价申报工作，提升信用评价工作

---

① 《协会关于 2019 年度申报中国环保信用 AAA 通知》，中国环境保护协会网站，http://www.zhb.org.cn/gonggao/2019-01-02/4520.html，访问日期：2019 年 4 月 21 日。

② 《环保行业 AAA 级信用企业，我们榜上有名！》，搜狐网，http://www.sohu.com/a/308354831_756848，访问日期：2019 年 4 月 11 日。

在行业内的代表性。[①]

（三）环保领域信用建设运行机制良好

1. 环境信用平台建设日益成熟

企业环境信用信息的平台建设思路沿用的是“全国一张网”的总体思路，即通过建立政府部门企业信息归集机制，充分发挥监管部门作为企业信息源头的基础作用，按照以企业登记机关为枢纽并将企业信息记于企业名下，形成企业信息的全景多维画像，构建集企业信息归集公示、协同监管、社会共治于一体的信息平台，进一步完善事中事后监管，深入推进企业诚信建设。[②]

实践中，环保领域信用平台建设已经建立了“环境信用·中国”“信用中国”“信用环保”等集全国企业环境信用信息于一体的平台，这些平台当前正同全国信用信息共享平台进行数据共享。目前，全国信用信息共享平台累计归集各类信用信息约 318 亿条，“信用中国”网站公示行政许可和行政处罚等信息超过 1.4 亿条，[③]而这其中就包含了很多环保信用信息。此外，生态环境部门还将打造全国统一的环境影响评价信用平

---

① 《中国环境保护产业协会发布〈环保企业信用评价指标体系〉团体标准 助力行业信用体系建设》，信用中国网站，https://www.creditchina.gov.cn/hangyexinyong_824/zonghedongtai/hangyexiehuishanghui/201812/t20181205_141364.html，访问日期：2019 年 4 月 12 日。

② 《织好织密“全国一张网”——国家企业信用信息公示系统建设纪实之一》，中央人民政府网站，http://www.gov.cn/xinwen/2017-03/21/content_5179369.htm，访问日期：2019 年 4 月 13 日。

③ 《国家发展改革委 2018 年度推进法治政府建设进展情况》，中央人民政府网站，http://www.gov.cn/xinwen/2019-04/01/content_5378651.htm，访问日期：2019 年 4 月 15 日。

台[①]，着力提升环保领域信用信息平台的建设水平。

2. 环境信用信息归集共享公开

环保信用信息，应该坚持以公开为常态，不公开为例外。以陕西省为例，为建立环境保护信用信息归集、公开机制，确保信用信息及时公布，该省近年来按照“谁产生，谁推送，谁负责”的原则，由生态环境厅定期向省公共信用信息交换平台报送生态环境厅在履行职责过程中形成和掌握的信用信息。先后印发了《关于报送信用信息工作的通知》《关于进一步做好向省信用信息平台推送信息工作的通知》《关于做好信用信息归集及使用工作的通知》《关于进一步加强信用信息互联互通共享共用及报送工作的通知》作为依据支撑[②]。此外，随着统一社会信用代码制度的全面实施，全国信用信息共享平台实现了与44个部委、全国31个省区市和65家市场机构互联互通，归集信用信息超过165亿条。[③]

3. 环境信用修复机制日趋完善

随着我国社会信用体系建设工作的不断深入，环境违法行为失信惩戒力度也不断加大，信用主体对环境信用修复的需求也日益增强，构建科学合理的环境信用修复机制是对失信惩戒制度的有效补充和完善。

实践中，贵州省于2017年8月发布了《关于实施环境信用修复有关事项的通知》，明确实施联合惩戒后相关单位和个人在规定期限内积极纠

① 《生态环境部将建设全国统一的环境影响评价信用平台》，信用中国网站，https://www.creditchina.gov.cn/hangyexinyong_824/zonghedongtai/meitidongtai/201903/t20190327_151014.html，访问日期：2019年4月25日。

② 《信用大家谈丨刘文亮：推行企业环境信用评价工作全面开展》，凤凰网（陕西），http://sn.ifeng.com/a/20180905/6859426_0.shtml，访问日期：2019年4月25日。

③ 《全国信用信息共享平台已归集超过一百六十五亿条信息》，新华网，http://www.xinhuanet.com/legal/2018-07/18/c_129915779.htm，访问日期：2019年4月26日。

正失信行为、消除不良影响，经本单位或个人申请，并经将其纳入黑名单管理的环保行政机关批准，缩短其纳入黑名单管理实施联合惩戒的有效期限。[①]2019 年 4 月，河南省郑州市对 2018 年被列入黑名单的 7 家环保单位，进行了信用修复培训，现场进行大气污染法律法规、环境污染的形成及信用实施细则等方面的授课，并于课程结束后进行考试。公示期满后，郑州市控尘办已受理该 7 家单位的信用修复申请，拟移出郑州市环境保护领域失信“黑名单”。[②] 由此可见，实践中对于环保企业的信用修复越来越完善，由原先的申请批准转变到现在需要经过一系列系统性、针对性强的课程培训和考试，这表明环境信用修复机制运行趋于完善并朝着精细化方向不断发展。

二、环保领域政府监管与信用建设

当前政府在环保领域的信用建设、信用监管发展较为迅速。信用监管的发展起源可以追溯到 2013 年上海自贸试验区制度创新改革。上海集十多年社会信用体系建设经验，借助自贸试验区这一平台，在全国率先提出基于“三清单”（数据、行为、应用清单）、覆盖“三阶段”（事前告知承诺、事中评估分类、事后联动奖惩）的全过程信用管理模式。[③]

---

① 《贵州实施环境信用修复机制　在规定期限消除影响可申请缩短惩戒时间》，搜狐网，http://www.sohu.com/a/191218315_398095，访问日期：2019 年 4 月 16 日。

② 《“信用修复”！ 7 家环保失信单位拟移出“黑名单”》，信用中国网站，https://www.creditchina.gov.cn/xinyongfuwu/shixinheimingdan/zhongdianguanzhuheimingdan/201904/t20190416_152797.html，访问日期：2019 年 4 月 26 日。

③ 《信用监管的实施路径和方法》，搜狐网，http://www.sohu.com/a/259737203_777813，访问日期：2019 年 4 月 27 日。

信用监管就其定义而言，是基于对管理对象的行为进行信用分类并据此采取差别化措施的新型管理模式，是政府履行经济社会管理职能的一项新型管理制度，是在传统行政管理的基础上经过制度创新发展而来的，是实现国家治理能力现代化的一种表现形式。基于此，其应用领域包括但不限于市场监管，在社会治理和公共服务领域也大有可为，这也就为政府在环保领域采用信用监管方式进行治理提供了借鉴和相关依据。

具体而言，政府在环保领域信用监管主要做了如下努力：

（一）在全国范围内推行企业环境信用评价工作

企业环境信用评价，是指生态环境部门根据企业环境行为信息，按照规定的指标、方法和程序，对企业遵守环保法律法规、履行环保社会责任等方面的实际表现，进行环境信用评价的一种管理手段。评价最终将确定企业的环境信用等级，供有关部门、机构和社会公众等参考使用。此外，将评价结果及时向社会公开，有利于社会公众进行监督。自原环保部会同发展改革委、人民银行以及原银监会于 2013 年 12 月 18 日发布《企业环境信用评价办法（试行）》以来，全国已经有 20 个省级环境保护部门陆续印发了企业环保信用评价办法或实施方案。江苏、福建、湖南、四川、广东、甘肃、西藏等省区均在其中。值得一提的是，2018 年 12 月发布的《江苏省企业环保信用评价暂行办法》，使得江苏省成为国内首个采用 12 分记分制（借鉴交通管理部门 12 分制），探索构建动态化环保信用评价办法来监管企业环境行为的模范地区。具体评价分值，如表 8-4 所示：

表 8–4

评价等级	信用状况	环保信用分值
绿色	守信	11—12 分
蓝色	一般守信	6—10 分
黄色	一般失信	3—5 分
红色	较重失信	1—2 分
黑色	严重失信	≤ 0 分

此外，江苏、福建、湖南、四川、广东等省份还建立了省、市、县三级企业环保信用评价工作机制，上海、江苏、浙江、安徽（“三省一市”）建立了企业环保信用评价的区域联动机制。

截至 2018 年 6 月，南京、无锡、常州、南通等地已经陆续发布了 2017 年度的企业环境信用等级结果。以南京市为例，2017 年度全市纳入评价的原非国控重点污染源企业共 2118 家，同比去年纳入评价企业总数增加了 65%。经各区（园区）环保部门核查，评定出绿色等级企业 34 家、蓝色等级企业 1952 家、黄色等级企业 88 家、红色等级企业 30 家、黑色等级企业 14 家。此次出现了 14 家黑色企业，它们除在被动地接受列入黑色名单带来的惩罚外，还有机会向政府部门申请复核。①

湖北、甘肃、福建、广西、湖南、天津市、四川、山东、江苏、辽宁、内蒙古、河北、安徽、黑龙江、浙江 15 个地区的 2017 年度省、市企业环境信用评价等级工作或正在进行或已经公布。其中四川省公告参评 1172 家企业，湖南省公告参评 1190 家企业，山东公告参评 32031 家企业。

① 《关于公示 2017 年度南京市非国控重点源企业环境信用评价结果的通知》，南京市生态环境局网站，http://hbj.nanjing.gov.cn/njshjbhj/201810/t20181020_460335.html，访问日期：2019 年 4 月 17 日。

广东省佛山市环境保护局于2018年8月8日发布了2017年度佛山市企业环境信用评价结果的通知。结果显示：原定340家参评企业其中有36家因关闭、停产等原因不参与此次评价，因此纳入此次评价的企业有304家。经过评定，评为绿牌（环保诚信企业）的有4家，占参评企业的1.3%；评为蓝牌（环保良好企业）的有236家，占参评企业的77.6%；评为黄牌（环保警示企业）的有48家，占参评企业的15.8%；评为红牌（环保不良企业）的有16家，占参与评级企业的5.3%。①

截止到2019年4月，针对全国2018年度企业环境信用评价结果，据不完全统计，共计8个省区（分别为山东省、湖北省、浙江省、甘肃省、江西省、广东省、宁夏回族自治区、陕西省）分别开展了2018年省级（市县级）企业环境信用评价工作，共计48938家企业参评。具体而言，评价结果划分为省级评价结果和市县级（包含区）评价结果。详细数据见表8–5和表8–6。

表 8–5

2018年（部分）省级企业环境信用评价结果					
地方（省级）	**企业参评数量**	**绿色企业**	**黄色企业**	**红色企业**	**黑色企业**
山东	43076	0	41503	1573	0
湖北	4386	264	1422	0	17
共计	47462	264	42925	1573	17

注：截至2019年2月1日，湖北省企业参评数共计4403家，15家企业因关停、全年停产，2家企业因注销、全年停产等原因无法开展评价外，以统一社会信用代码证为准最终确认参评的共计4386家。另外，4386家企业中，有2683家企业无记分，未被评价。

① 《佛山市环境保护局关于发布2017年度佛山市企业环境信用评价结果的通知》，佛山市环境保护局网站，http://www.foshanepb.gov.cn/zwgk/wryjgxx/jczf/xypjjg/201808/t20180808_7176091.html，访问日期：2019年4月7日。

表 8–6

2018 年（部分）市县级（包含区）企业环境信用评价结果							
地方		企业参评数	评价结果				
			绿色企业	蓝色企业	黄色企业	红色企业	黑色企业
浙江省	温岭市	132	7	60	62		3
	瑞安市	238	15	219	4		
	洞头区	12	3	8	1		
	温州经济技术开发区	68		66	1	1	
	龙湾区	259	1	248	9	1	
	文成县	43		43			
	永嘉县	204	6	195	2	1	
	平阳县	97	2	95			
甘肃省	酒泉市	77		58	19		
	靖远县	11		9	2		
宁夏回族自治区	贺兰县	27	16	11			
陕西省	西乡县	14	4	4	5	1	
江西省	上饶市	11	6	4	1		
广东省	思平市	234	9	193	27	5	

通过以上数据可知，目前企业环境信用评价工作已在全国各相关省市的生态环保部门大力建设下逐渐步入常态，由原先的试点工作到现在个别省市结合自身实际制定出更为细致的环保信用评分等级。这充分说明了信用监管工具在实践中与环保领域结合更加紧密，各相关省市政府部门积极开展环境信用评价工作，有力地推动环境信用评价工作顺利开展。

（二）建立环境信用“红黑名单”制度

国务院于2016年6月印发了《关于建立完善守信联合激励和失信联合惩戒制度加快推进社会诚信建设的指导意见》（国发〔2016〕33号）（以下简称《意见》），《意见》第四部分第十九条规定了“规范信用红黑名单制度”，意在助推信用领域联合奖惩制度的完善。由此，政府部门在环保信用建设方面顺势而为，建立了企业环境信用红黑名单制度。

实践中，江西省、四川省、云南省、浙江省、山东省、湖南省、重庆市、青海省和贵州省等省市均建立了环保诚信“红黑名单”制度（或相关的管理办法）。例如，湖南省环境保护厅为加强环境信用体系建设，于2017年10月19日印发了《湖南省环境保护黑名单管理暂行办法》。2018年4月19日，该省环保厅发布了34家环境保护黑名单（第一批）企业。①

此外，重庆市生态环境局于2018年12月29日发布了《2018年重庆市环保领域信用红黑名单公告》。该份名单中共计63家企业荣登红榜，分布在重庆市23个区（县），而黑名单有2家企业，分布在重庆市2个区。

结合上述数据可知，政府部门就建立环保诚信“红黑名单”制度的工作开展范围较广、力度较大，各地在结合自身环保领域的特点后，纷纷制定“红黑名单”制度（相关管理办法），进一步助推环保领域信用建设。

---

① 《关于发布湖南省环境保护黑名单（第一批）的通知》，湖南省生态环境厅网站，http://sthjt.hunan.gov.cn/xxgk/zdly/wrfz/qyhjxypj/201805/t20180514_5011811.html，访问日期：2019年4月8日。

（三）建立环保守信激励与失信惩戒机制

2016 年 7 月，环保部、国家发展改革委和人民银行等 31 个部门印发《关于对环境保护领域失信生产经营单位及其有关人员开展联合惩戒的合作备忘录》。对此，各级环保部门都充分重视，并不断加快建立环保守信激励和失信惩戒机制。2018 年 1 月 14 日，宁夏环保厅同中国人民银行银川中心支行签署《关于加强环保信息共享协作推动区域绿色金融发展合作备忘录》（以下简称《合作备忘录》），双方将通过建立环保信用信息应用机制、搭建环保信用信息共享平台和实施绿色金融工作动态管理三个步骤，加强环保信息共享协作。环保信息共享内容主要包括排污许可证发放情况、企业环境信用评价信息等，按照环保部相关规定持续提供并及时更新。[①]《合作备忘录》的落地实施，将有助于引导企业环保自律，提升企业诚信守法意识。2018 年 3 月 1 日，吉林省环境保护厅会同该省发展改革委联合发布《吉林省企业环境信用评价办法（试行）》，旨在推进企业环境诚信体系建设，从而建立环境保护“守信激励　失信惩戒”机制。[②]2018 年 7 月，山西省质监局与环保部门通力协作，建立环保失信企业联合惩戒机制，对严重环保违法失信企业实行市场禁入制度。[③]2019 年 2 月，海南省就加快生态文明试验区建设明确要建立完善

---

① 《建环保守信激励与失信惩戒机制》，人民日报图文数据库（1946—2019），http://paper.people.com.cn/rmrb/html/2018-01/15/nw.D110000renmrb_20180115_5-20.htm，访问日期：2019 年 4 月 10 日。

② 《吉林将对企业开展环境信用评价》，中央人民政府网站，http://www.gov.cn/xinwen/2018-01/12/content_5256088.htm，访问日期：2019 年 4 月 15 日。

③ 《山西将对严重环保违法失信企业实行市场禁入制度》，中央人民政府网站，http://www.gov.cn/xinwen/2018-07/04/content_5303441.htm，访问日期：2019 年 4 月 20 日。

环保信用评价、守信激励、失信惩戒及承诺制度，健全环境违法行为联合惩戒机制。[①]

（四）积极探索推行环境信用承诺制度

企业环境信用承诺，是指企业就申请材料的真实性、履行环保法定义务的情况以及违反承诺的违约责任等事项，以规范的形式作出书面承诺，并向社会公开，主动接受监督。[②]2015 年 11 月 27 日，原环境保护部会同国家发展改革委发布《关于加强企业环境信用体系建设的指导意见》，就探索企业环境信用承诺制度等方面的工作提出了具体要求，标志我国开始实施环保信用承诺制度。此后，各地环保部门纷纷开始推进此项制度。贵州省环境保护厅于 2017 年 4 月 5 日发布《关于在环保行政许可中试行实施信用承诺制度有关事项的通知》，要求建立市场主体准入前信用承诺制度，规定信用承诺的对象是向贵州省各级环保行政机关申请排污许可、建设项目环境影响评价许可、危险废物经营许可和辐射安全许可等环境保护行政许可的各类企业及个体工商户，信用承诺的程序细分为告知（环保行政机关告知申请环境保护行政许可的企业需承诺的内容）、承诺（企业在提交正式许可申请时，自主作出信用承诺。网上办理的，根据系统提示填写是否同意《信用承诺书》内容，作出信用承诺）、归集（环保行政机关应将企业环境信用承诺纳入市场主体信用记录，作为对其实施事中事后监管、实施信用分类监管、评选环境保护先进和优

---

① 《海南省加快生态文明试验区建设》，中央人民政府网站，http://www.gov.cn/xinwen/2019-02/26/content_5368545.htm，访问日期：2019 年 4 月 29 日。

② 陈兴华、柳第、黄亚柯：《论市场主体信用承诺制度的分类实施》，载《中国企业信用建设报告（2017—2018）》，中国法制出版社 2018 年版，第 416 页。

秀、授予模范企业等荣誉称号的重要依据）。公示企业获得环保行政许可批准文件后，受理其行政许可申请的环保行政机关根据国家、省有关信用承诺公示的要求，对企业信用承诺情况通过部门门户网站、“贵州诚信网”“信用中国”网站和全国企业信用信息公示系统（贵州）向社会公布，统一纳入“贵州省环境信用信息管理系统”并向社会公示。[①]2017 年 12 月 15 日，厦门市环保局发布《关于推行环保信用承诺和信用审查制度有关事项的通知》，将环保信用承诺的对象设定为向环保部门申请各类专项资金、行政许可或其他环保申报事项的行政相对人，规定的具体程序与前述贵州省环保厅规定的相关程序大同小异。[②]

（五）建立企业环境信用信息共享公开平台

环保领域信用建设的一个重要环节，就是对环保信用信息的处理和公开，而企业环境信用信息共享公开平台能有效对大量环保信用信息进行梳理、归集、评价、分类、共享和公开。2018 年 5 月 4 日，生态环境部就全国信用信息共享平台项目（二期）（生态环境部建设部分）系统开发与环境信用标准规范编制进行公开招标，大力支持环保领域信用平台建设。2019 年 3 月，生态环境部印发《2019 年环境影响评价与排放管理工作要点》，明确将建设全国统一的环境影响评价信用平台。

目前，中央层面有两个较为重要的环保领域信用监管平台，一个是

---

① 《贵州省环境保护厅关于在环保行政许可中试行实施信用承诺制度有关事项的通知》，贵州省环境保护厅网站，http://www.gzhjbh.gov.cn/zwgk/zcfg/xyzcfg/796047.shtml，访问日期：2019 年 4 月 17 日。

② 《厦门市环境保护局关于推行环保信用承诺和信用审查制度有关事项的通知》，厦门生态环境网，http://sthjj.xm.gov.cn/zwgk/tzgg/201712/t20171215_1832980.htm，访问日期：2019 年 4 月 19 日。

“环境信用·中国”，另一个是“信用中国”（全国信用信息共享平台）。前者的信息归集是以环境信用信息为重点，并辅以环境信用等级、环境信用手印等信息平台，后者则是聚焦全国范围内的各重大领域信息，包括但不限于环保领域，如扶贫领域违纪违规信息公示、能源领域信用信息公示、金融领域信用信息公示、政府信息公示以及食药监领域信息公示等。

地方层面，环境信用平台建设，一方面，依托于“信用某地”或者“信用中国（某地）”，实现信用信息的有效整合。例如，大庆市通过“信用大庆”，依托现有的环保业务信息系统，有效地整合了企业环境信用信息资源，建设了企业、法人等环境信用信息系统，从而在全市实现了企业环境信用记录归集、储存、发布和应用的电子化、信息化。此外，大庆市还计划建设面向公众的独立的企业环境信用信息平台，最终在“横向上”强化与履行信用管理职能部门之间的联合，在“纵向上”与部、省、市信用平台达到信息共享，形成企业环境信用信息一张网。[①] 另一方面，地方环境信用平台建设有的也依托于原有的生态环境部门网站，增加一些新的窗口（功能），全方位多层次地将环境信用信息展现出来。以四川省为例，四川省在原生态环境厅网站上开通了“专题专栏”（其中就包括了污染源环境监管信息公开）、“环境重点信息公开”等窗口。此外，该网站也加强了与直属单位（如四川省环境监察执法局、四川省生态环境监测总站和四川省环境信息中心等）的信息共享，力争打造出全方位、多角度、信息全、内容丰富的环境信用信息平台。

① 《关于印发〈大庆市环境保护局“2018 信用培育建设年”活动实施方案〉的通知》，信用大庆网站，http://credit.daqing.gov.cn/zcfg/20180509/2429.html，访问日期：2019 年 4 月 28 日。

三、环保领域企业信用建设情况

企业是社会主义市场经济中重要的主体，同时也是信用建设的重要主体。环保领域企业的信用建设工作可以分为两部分，一部分是对内进行企业自身环保信用建设，另一部分是对外积极主动参与环境信用评价。

（一）制定诚信经营准则，提高环境保护的责任意识

随着社会信用体系建设不断推进，环保诚信也逐渐受到了各方的重视。环保诚信既是企业生存与发展的重要依托，也是社会主义诚信体系建设不可或缺的一部分。当前，经过多方共同参与、共同努力，我国企业环保诚信建设取得了一定的成绩。以下列举一些相关企业的例子。

1. 中国石油化工集团公司

中国石油化工集团公司（以下简称中国石化）秉承诚信的价值理念，在企业的核心价值观中，明确将诚信作为其在制定战略和进行生产经营行为时必须坚守的原则和标准。具体到环保领域，近年来，中国石化积极开展环保信用建设工作，主要如下：

2012 年 11 月，中国石化正式发布《中国石油化工集团公司环境保护白皮书》（2012 版）。这是中国石化首次发布环境保护白皮书，也是中国企业发布的首个环境保护白皮书。该本白皮书分为前言、主体和展望三部分，前言部分提出了中国石化的环保理念、成效和责任；主体部分从公司治理、绿色战略、低碳能源和清洁生产等 8 个方面，介绍了中国石化在绿色低碳和环境保护方面的工作，并选用 24 个有代表性、有针对性的

案例；展望部分提出了中国石化关于环境保护的更高追求、重点方向以及责任和承诺。该本白皮书的发布，不仅是介绍中国石化的环保理念、政策和成绩，更重要目的在于要向全社会公开承诺，把环保理念和认识切实转化为行动，体现出以诚实守信担负起环保责任的担当。①

2013 年 3 月，为进一步贯彻落实绿色低碳战略，加快构建资源节约型、环境友好型企业，打造绿色低碳发展新优势，促进可持续发展，中国石化正式成立能源管理与环境保护部，这是央企首次成立专门负责绿色低碳、能源与环境的部门。②

2015 年 8 月，中国石化下属的中石化节能环保工程科技有限公司正式成立。这是中国石化上游唯一的节能环保工程公司，定位为上游节能环保政策研究及技术支持中心，以及面向国内外节能环保市场的综合一体化工程承包商和技术服务商。该公司的成立，将有助于中国石化在环境发展方面更好地履行相关法定义务。③

2017 年，中国石化推出绿色企业行动计划，这是国内最大规模的全产业链绿色企业创建行动。该计划包括绿色生产、绿色发展、绿色能源、绿色文化、绿色科技和绿色服务等内容。该计划的推行，体现了中国石化通过实际行动切实承担环保义务。

2. 攀枝花兴中钛业有限公司

攀枝花兴中钛业有限公司自 2003 年建厂以来，一直秉承着环保诚信

---

① 《中国石化发布首个环境保护白皮书》，新华网，http://www.xinhuanet.com//politics/2012-11/30/c_124025976.htm，访问日期：2019 年 5 月 12 日。

② 《中国石化集团公司成立能源管理与环境保护部》，国际石油网，http://oil.in-en.com/html/oil-1776824.shtml，访问日期：2019 年 5 月 12 日。

③ 《中石化节能环保工程科技有限公司成立》，中国经济导报网，http://www.ceh.com.cn/cjpd/2015/08/866702.shtml，访问日期：2019 年 5 月 12 日。

的理念，不断加大环保投入，确保绿色环保生产。在公司进行诸多项目建设时，严格按照环保法规定的“三同时”制度进行，切实地提高自身环保诚信意识（如主动公开与环保有关的信息）等。此外，该公司还制作了企业事业单位环境信息公开表，积极主动向社会公开公司的基本信息、排污信息、污染物治理设施建设和运行情况、建设项目环境影响评价、相关环境保护行政许可情况以及其他应当公开的环境信息。

3. 山东玉皇化工有限公司

山东玉皇化工有限公司自创立伊始，通过制定诚信经营准则的方式，确保自身在长期的经营生产中一如既往地朝着成为环保诚信企业的方向建设。该公司着力从环保信用、纳税信用、合同信用等方面入手，坚持诚信经营，稳健发展。在这样的发展理念下，该公司赢得了良好的社会信誉。

（二）坚守诚信，多举措积极推动环境保护责任的落实

1. 中国石油天然气集团有限公司

中国石油天然气集团有限公司（以下简称中国石油）在生产经营中，将诚信作为企业的核心经营理念，坚持“环保优先”，提倡走低碳发展、绿色发展之路，致力于保护生态、节能减排，力求通过开发清洁能源和环境友好产品、发展循环经济，最大限度地降低经营活动对环境的影响，努力创造能源与环境的和谐。实践中，中国石油通过多项措施的实施，或直接或间接地推动环境保护责任的落实。[①] 具体如下：

（1）就环境风险管理而言：积极开展环境风险识别、评价，建立实

① 中国石油官网：http://csr.cnpc.com.cn/cnpccsr/ecology/bhst.shtml。

施预测、预警、监控的风险防控管理模式，将环境保护的风险管理关口前移，建立健全“分层管理、分级防控”的风险管理机制，对环保风险实行分级、分层、分专业管控，确保环保风险全面受控。

（2）就清洁生产而言：坚持清洁生产，严格控制污染物排放，加强废弃物管理，全面落实国家“十二五”污染减排目标责任制要求，采用先进适用技术，努力将对生态环境的不利影响降至最低。

（3）就可持续利用资源而言：一方面做到努力减少化石能源的消耗，降低能源消耗强度，持续提升能源利用效率，注重节能源头管控，对新建、改（扩）建工程项目依据有关标准规范开展节能评估，推广应用油气田加热提效、炼油化工能量系统优化等节能技术和设备；另一方面在加强生产经营过程中格外注重用能管理，对主要耗能用水装置、设备和系统进行节能监测和评价。此外，中国石油还开展三级污染防控体系，目的在于减少水体污染的风险。

（4）就生态保护而言：在秉承“诚信 + 环保优先”共同发展的背景下，对于生态保护也格外关注与注重，在生态保护与恢复、生态监测与评估、生态保护示范项目建设等方面，采取了多项措施来保护生态环境，切实做到了企业在环保信用建设中“更高的社会责任实现”。

2. 中国海洋石油有限公司

中国海洋石油有限公司（以下简称中海油）在自身不断发展中，始终秉承绿色、低碳、清洁与环保至上的发展理念，通过加大资源节约型、环境友好型企业的建设力度，持续推进各项环保管理工作顺利进行，积极推进环保责任的落实。

在生态文明建设的框架下，中海油推进绿色发展、加大海洋环保管控力度，在 2017 年度内持续开展海上环保制度的制、修订工作，如《境内海上油气田环境影响评价管理细则》《境内海洋油气开发工程环保设施竣工验收管理细则》《环境事件报告细则》等，在各个阶段有效减少环境风险隐患，不断提升环境管理水准。同时，中海油还开展了2017年度专项海上平台达标排放监测，切实加强生产过程污染物排放监管，并借助信息化手段加强环保关键节点的监控，有针对性地开展环保专项督查，持续规范环保管理行为。在2018年度，中海油环境保护管理工作按照事后控制不如事中控制，事中控制不如事前控制，事前控制不如全过程控制的管理原则，以加强环境影响评价管理为核心，通过应用中海油环保管理信息系统为平台，在项目建设的全过程推动环境保护全过程管理。①

3. 中煤新集能源股份有限公司新集二矿

中煤新集能源股份有限公司新集二矿（以下简称中煤新集二矿）在实践中高度重视环境保护，从矿井设计开始就严格执行环境保护“三同时”制度。在日常经营中严格按照国家法律法规和公司“绿色矿山”发展理念，实施矿山绿色环保建设，不仅加强对环保工作的考核权重，还坚定不移地实施污染物科学化治理、去矸还林、添置绿化等绿色环保措施。通过建立良好的环境保护管理体系，有力推动了环境保护工作的顺利开展。2018年11月，该公司再次获省环境信用评价诚信单位殊荣。

（三）积极作出承诺并主动向社会公布环保信用承诺书

2017年4月17日，广东省珠海市珠海蓝冠电子科技有限公司在其

① 内容来源于中海油2018年4月19日、2019年4月11日发布的《2017年环境、社会及管治报告》《2018年环境、社会及管治报告》，中国海洋石油有限公司网站，https://www.cnoocltd.com/col/col3971/index.html，访问日期：2019年5月14日。

官网上向社会公布了《环保信用承诺书》。该公司公布承诺书的目的在于进一步提高环保自律意识，承担环保社会责任，转变环保意识，从原先的环保部门"要我做"转变为积极主动"我要做"。在内容上，《环保信用承诺书》共计十一条，规定了公司应当严格遵守环境保护法律法规，积极开展清洁生产和节能减排活动，加强日常管理并在异常情况出现后及时向环保部门汇报，合法排污，不设置暗管、暗口，依法处置危险废物，主动接受环保部门的分级分类管理和监督，建立完整的企业环境档案资料等内容。①

2017 年 11 月 30 日，陕西省西安市 65 家企业（其中涉气重点企业 38 家，涉水重点企业 27 家）在该市涉气涉水重点企业公开警示约谈会上，签署了企业环保守法承诺书。一些与会企业的负责人明确表示，今后将加大环保投入，建设高标准、高质量的污染防治措施，做到污染物不直排、不偷排、不漏排，并采取限产、调整负荷等措施，落实重污染天气应急响应的要求。在这些企业的《环保守法承诺书》中载明了"本企业承诺，污染物不直排、不偷排，若违背以上承诺，承担相关法律责任"的内容。②《环保守法承诺书》的签署，将会使相关企业在今后生产经营中，越发关注与注重自身的环保诚信建设。

2018 年 12 月 17 日，江西省武宁县 54 家重点企业的法定代表人集

① 《环保信用承诺书》，珠海市蓝冠电子科技有限公司网站，http://www.zh-languan.com/index.php?c=article&id=386，访问日期：2019 年 5 月 9 日。

② 《"污染物不直排不偷排"——65 家重点企业签署环保守法承诺书》，西安晚报数字报刊，http://epaper.xiancn.com/xawb/html/2017-11/30/content_507343.htm，访问日期：2019 年 5 月 3 日。

体签署了《企业环保诚信守法承诺书》,[①] 意在通过公众监督和自身守信的方式，力促企业在环保领域加强诚信建设。

2019 年 1 月 6 日，江西省九江市的多家重点排污企业集体签署了《企业环保诚信守法承诺书》，进一步促进该市重点排污企业环保公开承诺制度的发展完善。[②]

此外，江苏省徐州市、常熟市、泰州市、贵州省黔东南市、山东省青岛市、广西壮族自治区梧州市、河北省唐山市、广东省中山市、新疆维吾尔自治区等多地的重点企业，也都分别作出了环保承诺并向社会公开，主动接受社会公众和相关政府部门的监督。

四、环保领域行业协会信用建设情况

（一）积极开展环保企业信用评价工作

1. 中国环境保护产业协会开展环保企业信用评价工作

（1）开展评价工作的背景

2014 年，民政部等八部门联合印发《关于推进行业协会商会诚信自律建设工作的意见》（民发〔2014〕225 号），鼓励行业协会在社会信用体系建设中发挥重要作用。经相关部门批准，中国环境保护产业协会早在 2011 年，就制定并发布了《中国环境保护产业行业企业信用等级评价

---

① 《武宁县重点企业集中签订〈环保承诺书〉》，大江网，http://jj.jxnews.com.cn/system/2018/12/17/017275346.shtml，访问日期：2019 年 5 月 12 日。

② 《九江市集中开展重点排污企业〈环保承诺书〉签订仪式》，中国九江网，http://www.jiujiang.gov.cn/zwzx/jrjj/201901/t20190106_1965620.htm，访问日期：2019 年 5 月 12 日。

管理办法》，旨在通过免费评价的方式开展环保企业信用评价工作，为会员企业提供信用等级评价服务。

（2）开展评价工作的依据

2018 年 6 月，中国环境保护产业协会对《环保企业信用等级评价管理办法》进行了修订。新办法简化了评价机构、评价等级，优化了评价流程，扩大了企业的申报范围并重点加强对守信企业的推介，鼓励符合条件的行业内所有企业积极参加信用评价申报工作，提升信用评价工作在行业内的代表性。《环保企业信用评价管理办法（试行）》经中国环境保护产业协会第五届理事会第三次会议审议通过施行。同年 10 月，协会发布了《环保企业信用评价指标体系》，建立了环保企业信用评价基础性指标框架，进一步规范了环保企业信用评价工作。具体而言，该评价指标涉及企业的守信意愿、守信能力及守信表现 3 个方面，涵盖了企业的价值理念、管理能力、财务能力、市场能力、履约能力、社会责任和环境保护情况等要素，将企业的信用情况评为三等九级。[①]

（3）开展评价工作的成就

从 2012 年开展环保企业信用评价工作起，中国环境保护产业协会已累计开展了 11 批评价工作，共有 1200 余家（次）会员企业参加评价，670 余家企业被授予 A 级以上信用等级，259 家企业获得 AAA 信用等级。[②]

① 《中国环保产业协会推动环保企业信用建设　范围扩大到非会员企业——51 家企业新获 AAA 信用等级》，中国环境网，https://www.cenews.com.cn/company/201905/t20190507_898382.html，访问日期：2019 年 5 月 13 日。

② 《中国环境保护产业协会公布第 11 批环保企业信用评价结果 51 家企业新获 AAA 信用等级》，北极星水处理网，http://huanbao.bjx.com.cn/news/20190507/978930.shtml，访问日期：2019 年 5 月 5 日。

2. 中华环保联合会开展环保企业信用评价工作

中华环保联合会于2012年10月正式启动节能环保行业的信用等级评价工作，到目前为止已经连续开展了近25批节能环保行业企业信用等级评价工作。

（二）广泛开展环境信用评价专项培训工作

2015年，原环保部会同国家发展改革委、人民银行和原银监会印发《企业环境信用评价办法（实行）》。为建立环境信用评价体系，加快建立“守信激励、失信惩戒”的机制，中华环保联合会面向全社会、面向企业开展了《企业环境信用评价》专业能力培训。

早在2014年，中国环境科学学会就与中国金融培训中心联合开展了“环境信用评价专业技术培训”，培训的对象主要包括商业银行中从事风险管理和内部控制、信贷管理、信用评价等相关工作的人员，会计师事务所、律师事务所、保险公司、投资公司、担保公司中从事环境风险管理及信用评价等相关工作的人员，重污染行业企业、产能过剩行业企业、从事能源开发、基础设施建设和可能对生态环境造成重大影响的企业中的相关从业人员。①

（三）积极制定并公布环保产业协会信用承诺书

1. 中国环境保护产业协会

中国环境保护产业协会作为行业信用体系建设首批试点单位之一，为积极落实试点工作，于2017年7月28日起草了《中国环境保护产业

① 《环境信用评价专业技术培训工作开展》，腾讯教育网，https://edu.qq.com/a/20140905/046499.htm，访问日期：2019年5月4日。

协会诚信自律承诺书》。该自律承诺书共计七条，主要内容为：以全面推进协会的信用体系建设为出发点，加强对协会收费环节的把控，通过主动向有关主体公开年度工作报告等形式，进一步完善内部治理结构、加强对协会工作人员的监督，增强协会的透明度和公信力。

2. 辽宁省环境保护协会

2019 年 4 月 18 日，辽宁省环境保护协会公布《辽宁省环境保护产业协会信用承诺书》。[①] 该承诺书共计七条，主要从准守法律法规、进行优质公平的服务、自愿入会、不乱收费、信息公开、协会内部自我治理与监督等方面，进行公开承诺。

3. 呼和浩特市环保产业协会

2018 年 11 月 26 日，呼和浩特市召开了“呼和浩特市社会组织诚信自律信用承诺书”集体签署仪式，呼和浩特市环保产业协会现场签署了“呼和浩特市社会组织诚信自律信用承诺书”。该承诺书的目的在于带领本行业会员单位加强自律与诚信建设，不断提升内部治理和社会服务能力，以服务政府、服务行业、服务企业和服务社会为宗旨，通过自觉遵守“诚信自律信用承诺书”，努力促进环保信用建设。[②]

（四）发布《环保企业信用评价指标体系》团体标准

中国环境保护产业协会在积极开展环保企业信用评价工作外，还组

---

① 《辽宁省环境保护产业协会信用承诺书》，辽宁省环境保护产业协会网站，http://www.lnepia.com/aspx/main/newsview.aspx?channel_id=6%20&id=286，访问日期：2019 年 5 月 5 日。

② 《呼和浩特市环保产业协会参加“呼和浩特市社会组织诚信自律信用承诺书”集体签署仪式》，中国环境保护产业协会网站，http://www.caepi.org.cn/epasp/website/webgl/webgl Controller/view?xh=1542935462774035975168，访问日期：2019 年 5 月 5 日。

织制定了全国首个环保产业的信用标准——《环保企业信用评价指标体系》（T/CAEPI 15-2018）团体标准，并于 2018 年 11 月 21 日正式发布。该标准紧密结合当前我国环保产业发展的实际情况和环保企业自身特点，不仅参照了国家标准《企业信用评价指标体系》（GB/T 23794-2015），也借鉴了国际相关评价机构、国内有关行业组织、银行等金融机构的相关评价指标，可为行业组织、第三方机构开展企业信用评价及环保企业自我评估提供参考依据。标准的发布将有利于提升协会环保企业信用评价工作的规范性、权威性和影响力，有利于确保评价工作的客观公正。[①]

（五）建立环保产业信用平台

为进一步助推环保行业协会的信用建设，中国环境保护产业协会着手开发建设了“环保产业信用平台”。平台上线之后，公众除了可在平台查询企业信用档案和信用建设相关的政策法规、工作动态以外，还可以知晓相关企业违法违规行为的负面信息。协会在建设平台的同时，还积极推进行业信用信息的应用，认真帮助守信环保企业拓展市场和融资渠道，让守信企业真正受益。不仅如此，该协会就环保产业信用平台的未来发展方向也作出了详细规划，拟在环保行业信用信息共享及宣传方面加强与“信用中国”网站的合作，并与监测、环评等行业内业务单位建立数据信息共享机制，在平台关联、企业动态监管、企业信用结果采信

① 《中国环境保护产业协会发布〈环保企业信用评价指标体系〉团体标准　助力行业信用体系建设》，信用中国网站，https://www.creditchina.gov.cn/hangyexinyong_824/zonghedongtai/hangyexiehuishanghui/201812/t20181205_141364.html，访问日期：2019 年 5 月 1 日。

等方面拓展合作空间。①

五、完善环保领域信用建设建议

（一）加快推进环保领域信用立法

当前，我国环保信用立法较为欠缺，暂无一部根本性的环保领域信用立法。就法律效力层级而言，现有环保信用立法层次普遍不高。前述国务院颁布的有关信用体系建设的《纲要》、环保领域执法的《通知》以及建立信用领域联合惩戒机制的《指导意见》等，并不是严格意义上的行政法规。环保部门联合发展改革委、人民银行以及其他部门发布的《意见》《指导意见》《备忘录》等，也不是严格意义上的法律法规和规章。就法律体系层面而言，目前我国所有的环境保护法律均没有明文规定环保信用制度。2015 年修订的《环境保护法》只是规定了企业、事业单位和其他生产经营者的环境违法信息，应当记入社会诚信档案，而并未明确说明应当建立环保信用制度。自 1979 年《环境保护法（试行）》颁布以来，我国先后制定出台了《水污染防治法》《大气污染防治法》《海洋环境保护法》《环境噪声污染防治法》和《清洁生产法》等一系列环境保护法律，然而这些法律均没有明确规定环保信用制度。②

环保领域信用立法可以尝试从以下两方面来积极推进。一是应当提

① 《中国环保产业协会推动环保企业信用建设　范围扩大到非会员企业——51 家企业新获 AAA 信用等级》，中国环境网，https://www.cenews.com.cn/company/201905/t20190507_898382.html，访问日期：2019 年 5 月 2 日。

② 杨兴、吴国平：《完善企业环保信用立法的思考》，载《法学杂志》2010 年第 10 期。

升我国环保信用立法的法律层级。二是构建健全和完善的环保信用法律体系。目前，地方环保信用立法在加快推进，为环保领域的信用建设提供了更加充分的立法根据。

（二）进一步加强多元主体共同参与环保信用建设

1. 合理配置政府部门的职责。环保领域信用建设，应当根据监管部门事权的差异性，通过合理配置各相关部门职责，努力实现“政监分离”。[①] 具体而言，在对企业进行环境信用监管时，尽量减少对企业正常自主经营的影响，同时应当进一步明确各监管机构的职能，建立统一权威的环境信用监管机构。

2. 完善企业的治理架构。目的在于增强企业环境信用自律，通过企业内部治理架构的完善，使其达到由遵守底线义务到兼顾社会责任的“更高实现”[②]。具体而言，可以通过建立企业内部环境信用信息识别制度、环境信用信息披露制度和环境信用信息共享机制等系列制度，既提高企业自身进行环保信用建设的能力，又激发企业参与环保信用建设的热情。

3. 充分发挥行业协会的重要作用。环保行业协会一方面可以不断完善环境信用评价规范，积极开展环境信用评价工作，深化行业自律，推动环保信用建设；另一方面可以利用简报、月刊、培训会和研讨会等多种方式，宣传环保行业信用文化，开展诚信文化的宣传教育活动，促进行业企业诚信文化建设。

---

① 王浩：《论合作监管体系之构建——以石油天然气行业政府监管为例》，载《中国行政管理》2018 年第 3 期。

② 王瑞雪：《政府规制中信用工具研究》，载《中国法学》2017 年第 4 期。

（三）建立激励型环境信用监管方式

在环保信用建设中，为有效激发不同主体的积极性，可以通过引入行政激励监管、行政允诺监管和行政评级监管等方式，对不同的主体采取不同的激励方式。具体而言：

第一，行政激励监管。所谓行政激励监管，是指行政主体通过经济诱因的方式和手段间接引导市场主体作出或者不作出一定行为，以实现其既定的政策目标的行政活动方式。其中的“激励”指向的是同经济诱因有关的激励，如市场优先准入、优先采购、绿色采购、优先立项等。[①] 具体到环保领域，在信用建设中针对守信且积极履行法定环保义务的企业，采取优惠便利、投资倾斜、金融扶持、市场优先准入、评奖评优、提供环保生态专项资金以及增加交易机会等降低市场交易成本的激励措施。

第二，行政允诺监管。监管部门要求市场主体以规范格式向社会作出公开承诺，将信用承诺纳入信用档案，作为事中事后监管的参考，并接受社会监督，其目的在于实现政府监管和社会监督有机结合。

第三，行政评级监管。如将信用评级结果应用到项目核准（备案）、市场准入、日常监管、政府采购、专项资金补贴和评优评奖等工作中去，并将通过共享共通的方式，与其他政府部门、行业组织建立联合激励惩戒机制。又如依照企业在上一年度的环境信用状况，经过环境信用信息评级后，针对被评为环保诚信的企业，可使其享受优先安排环保专项资金或其他补助资金、优先推荐环保评先评优、减少“随机抽查”和监督性监测频次等多项政策优惠，针对被评为环保失信的企业，纳入多部门

① 李沫：《激励型监管的行政法思考》，载《政治与法律》2009 年第 10 期。

联合惩戒，对其实施严审查行政许可、加大双随机执法抽查频次、在环境日常监管中给予重点关注、严审批各类环保专项资金补助申请、银行业金融机构严格贷款条件等措施。

（四）建立良好的合作程序机制

各相关主体共同参与是环保领域信用建设的必要条件，因此程序立法应当赋予各参与主体平等的地位，以程序机制规范各主体的参与行为，形成环保信用建设的最大合力。一方面，明确各主体的程序地位，赋予其实质性的参与权利。在环保信用评价标准的制定、实施等环节，可适当赋予环保行业协会、相关企业更多的实质性参与权利。在企业环境信用信息的收集、评价、共享和使用等环节，赋予行业协会、企业以建议权，在相关建议不被采纳的情况下，有关部门要建立相应的说明制度。另一方面，建立规范的合作程序规则。由于环保领域信用建设是多方主体（政府部门、企业、行业协会）参与，因此应当格外注意防范利益冲突，寻求最大共识。企业作为重要的市场参与主体，以追求经济利益最大化为价值导向，而政府部门作为公共利益的代言人，追求的是社会公共利益，因此要建立相应的协商程序规则，通过协商程序充分吸收各个环节的意见和建议，寻求环保信用建设的最大共识。①

（五）明确参与主体的责任划分

环保领域信用建设离不开各相关主体的共同参与，但也应当明确各

① 王浩：《论合作监管体系之构建——以石油天然气行业政府监管为例》，载《中国行政管理》2018年第3期。

方的责任划分，避免可能出现的推诿责任等问题。

首先，生态环境保护部门应当积极主动承担相应的监督和管理职责。一方面，各级生态环境保护部门要积极推动环保信用建设的各项制度设计和落实，并进行监督和考核；另一方面，要及时通过有关平台向社会公众公布企业环境信用的具体评级情况、监督情况和奖惩情况等信息，环保部门应当保障社会公众的知情权和监督权。

其次，生态环境保护行业协会应当承担起加强行业自律的责任。行业协会可以通过完善环境信用评价规范、加强同政府部门的联系、积极参与环保政策的制定以及有效开展信用评价等方式，不断加强行业自律，推动环保领域信用建设。

最后，生态环保企业应当依法依规加强自我规制。企业应积极主动承担法律规定的环保义务，如合法排污、清洁生产、主动接受环保部门的监督、新改扩建项目严格执行环评制度、严格执行“三同时”制度以及加强节能减排工作等。另外，还可以在结合自身实际的情况下，不断丰富企业环保信用文化建设，对工作人员普及环保信用知识，对外宣传企业的环保诚信发展理念，展示企业遵守环保承诺所做的具体工作等。

第三节　能源领域信用建设分析

随着国家信用建设体系建设进程不断加快，能源行业也迎来了信用建设的大发展。为进一步推动实现守信激励和失信惩戒，根据《国家能源局关于印发〈能源行业市场主体信用信息归集和使用管理办法〉的通知》（国能资质〔2016〕388号）等文件的要求，国家能源局综合司编制

《能源行业市场主体信用信息应用清单（2018 版）》。结合能源局之前制定印发的《能源行业信用体系建设实施意见（2016—2020 年）》（以下简称《实施意见》），能源信用建设工作全面铺展开来，进入一个新的阶段。

2018 年以来，在国家能源主管部门的推动下，能源行业大力推进本行业信用体系的机制建设、制度建设和平台建设，能源行业信用环境有了明显改善。能源企业纷纷开始重视信用问题，行业信用建设工作取得突出成效。截至 2019 年年初，能源行业信用信息平台归纳收集了覆盖电力、煤炭、石油气等能源领域的市场主体 81181 家，联合惩戒对象 3317 家。同时，通过“信用能源”网站发布双公示信息 34401 条、不良信用信息 27386 条、黑名单信息 7178 条，能源行业信用体系的庞大框架初现雏形。

一、能源行业信用建设总体发展概述

2018 年至 2019 年，在国家能源局、国家发展改革委、财政部等相关部门的大力推动下，相关立法进一步完善，能源行业信用体系建设工作取得了很大进展。具体而言，分为以下几个部分：

（一）能源行业信用制度建设

自 2016 年以来，国家能源局密集出台了一系列可操作性很强的信用建设规范性法律文件，为能源行业信用建设提供了制度保障和法律保障。这些文件着力点不同，但因其背景相似，在能源行业信用建设方面都起着重要作用。

国家能源局为加快推进能源行业信用体系建设，促进市场主体依法诚信经营，营造良好行业信用环境，于2016年12月8日发布《能源行业信用体系建设实施意见（2016—2020年）》，这是一个统领性的文件，起着统筹作用；为实现能源行业市场主体信用信息实行目录管理，加强信用信息应用，规范能源行业市场主体信用信息归集管理，建立标准明确、覆盖全面的能源领域信用数据库，于2017年12月6日发布《能源行业市场主体信用数据清单（2018年版）》；为进一步加强和规范能源行业信用信息数据归集工作，建立具备合法性、准确性和完整性的信用信息档案，实现信用信息电子化归集、存储、共享和数据化管理，于2017年12月21日发布《能源行业信用信息数据归集方案》；为进一步规范能源行业市场主体信用行为事项及分类，于2018年1月23日发布《能源行业市场主体信用信息应用清单（2018版）》；为加快推进能源行业信用体系建设，规范能源行业市场主体信用评价活动，于2018年9月4日发布《能源行业市场主体信用信息异议处理办法（试行）》；为规范能源行业市场主体信用信息的归集和使用，实现信用信息共享，促进能源行业信用体系建设，于2019年1月16日发布《能源行业信用状况年度分析报告（2019）》①。

在具体的能源行业，2018年2月，为完善电力领域失信标准与惩戒标准，将之体系化，国家发展改革委和国家能源局发布《关于加强和规

① 《能源行业信用状况年度分析报告（2019）》（以下简称《报告》）。《报告》由能源行业信用体系建设领导小组办公室、中电传媒编制，在国家能源局资质管理中心的指导下，中电传媒电力传媒数据研发中心完成撰写。根据《报告》，2018年，能源行业信用信息平台共归集市场主体（含行业协会及企业）81181个，其中电力行业市场主体34111个，占归集市场主体总数的42%，较2017年增长超过3倍；油气市场主体28206个，占归集市场主体总数的35%，较2017年增长超过22倍；煤炭市场主体18865个，占归集市场主体总数的23%，较2017年增长超过43倍。

范涉电力领域失信联合惩戒对象名单管理工作的实施意见》（发改运行规〔2018〕233号），明确了电力领域15个大项包含57个小项的“黑名单”认定标准。2019年5月，国家能源局予以进一步落实，发布《关于明确涉电力领域失信联合惩戒对象名单管理有关工作的通知》（国能综通资质〔2019〕33号），建立健全违法违规失信的联动惩戒机制。

（二）能源行业信用平台建设

平台建设是信用建设整体工作非常重要的一个环节。国家发展改革委、中国人民银行指导，国家信息中心主办，并由百度公司提供技术支持及运维的“信用中国”网站，已经成为国家实现褒扬诚信、惩戒失信的重要窗口。①

能源行业信用信息平台是能源行业市场主体信用信息归集、共享与使用的统一平台，总体建设思路为“1+2”，即“信息数据共享系统”加“信用能源”门户网站和移动客户端。信息数据共享系统是能源行业信用信息的中枢系统，实现能源行业各区域、各领域信用信息的共享交换，并做好与国家统一信用信息共享交换平台的对接。也是承载各项信用管理业务，实现集中统一管理的综合业务平台。“信用能源”门户网站和移动客户端，通过网站、手机APP、微博、微信等多媒体渠道及时、准确反映能源行业信用工作动态、政策法规，为社会公众提供信用信息公示、查询等服务，是能源行业网上信用服务窗口，也是褒扬诚信、惩戒失信的窗口。②门户网站和客户端自上线以来，信用信息应用、创新信用监管

① 信用中国官网：https://www.creditchina.gov.cn/。

② 《能源行业信用信息平台开发建设工作取得阶段性成果》，国家能源局电力业务资质管理中心网站，http://zizhi.nea.gov.cn/html/2017/zzdt_0808/1316.html，访问日期：2019年8月9日。

模式，使得能源行业信用体系建设得到了更好的发展，同时为能源管理方式的顺利转变和能源行业的健康发展做出许多贡献。

（三）能源行业信用信息归集

信用信息数据归集，在能源行业信用体系建设中具有重要性和基础性作用。信用信息规范归集是有效使用的基础，规范归集有利于充分发挥数据整合作用，大力推进社会联合奖惩的实现。信用体系建设需要大量数据辅以分析，信用信息归集将会展现越来越大的作用。2018 年年初，能源行业信用体系建设办公室成员单位，包括国家能源局市场监管司、安全司等 12 个部门及直属事业单位，18 家能源局派出监管机构，中电联、中国石油和化工联合会等 8 家能源行业协会，国家电网公司、中国石油化工集团公司等 14 家能源行业主要市场主体在京参加了国家能源局资质中心主办的能源行业信用信息数据归集培训会。该培训会的召开标志着能源行业信用信息数据归集工作全面启动，能源行业信用体系建设进入全行业共同参与阶段。

二、能源行业若干重要信用制度实施情况

自 2014 年国务院发布《社会信用体系建设规划纲要（2014—2020 年）》以来，各个领域开展了轰轰烈烈的信用建设工作。在此过程中，一批在实践中行之有效的信用制度逐步成型，如信用修复、告知承诺制、信用承诺等。按照能源领域信用建设的统一部署安排，能源主管部门在 2018 年 1 月至 2019 年 7 月开创或继续实施上述重要信用制度。

（一）信用修复

信用修复是社会信用体系建设的一个重要机制，是完善守信联合激励和失信联合惩戒机制的重要环节，是构建以信用为核心的事中事后监管机制的必然要求，同时也是失信主体退出惩戒措施的制度保障。建立和完善信用修复制度，有利于深化“放管服”服务，推动信用建设规范化、系统化，有利于规范市场经济的秩序，释放市场主体的活力；有利于激发失信主体守信意愿，保障失信主体的合法权利。早在2016年，国家能源局就出台了《能源行业信用体系建设实施意见（2016—2020年）》等一系列能源行业信用体系建设相关文件，为能源行业市场主体信用修复奠定了工作基础。之后，2017年能源行业信用信息平台正式上线。2019年，能源行业市场主体信用信息归集初见成效，这些都为信用修复的开展提供了前提。[①]

能源领域的信用修复，是指能源行业市场主体在失信信息披露期限内，纠正失信行为且消除不良影响后，向国家能源局及其派出能源监管机构（以下简称失信信息认定单位）提出修复申请，并经审核确认后，通过能源行业信用信息平台对其失信信息进行相应调整的过程。[②]调整后，该失信信息不再公开披露或作为失信惩戒的依据。2019年3月，国家能源局印发《能源行业市场主体信用修复管理办法（试行）》（国能发资质〔2019〕22号）（以下简称《修复管理办法》），对能源行业市场主体不良信用信息修复工作进行详细的界定，鼓励和引导能源行业失信主

① 《〈能源行业市场主体信用修复管理办法（试行）〉政策解读》，国家能源局网站，http://www.nea.gov.cn/2019-04/23/c_138001656.htm，访问日期：2018年8月9日。

② 《〈能源行业市场主体信用修复管理办法（试行）〉政策解读》，国家能源局网站，http://www.nea.gov.cn/2019-04/23/c_138001656.htm，访问日期：2018年8月9日。

体主动纠正失信行为，消除不良影响，以进一步促进全行业形成良好的诚信氛围。《修复管理办法》规定了信用修复分类、信用修复的条件和不得予以信用修复直至失信信息披露期限届满的情形，信用修复程序和对失信信息认定单位的监督管理。

在信用能源网站信用公示一栏中，可以查询到相关处罚信息。[①] 以 2018 年 1 月至 2019 年 5 月为例，共有 112 家能源企业受到行政处罚（第 1—6 页），在每页中随机查询 5 家企业的处罚信息，失信行为事项包括：承包单位将承包的工程转包或者违法分包，未取得承试电力设施许可证从事电气试验活动，承装（修、试）电力设施单位涂改、倒卖、出租、出借许可证或者以其他形式非法转让许可证，承装（修、试）电力设施单位隐瞒有关情况或者提供虚假申请材料申请许可事项变更等。各受罚企业均正常执行，说明能源领域的企业采取积极的措施使企业信用得到修复。

（二）告知承诺制

告知承诺是一项创新信用监管模式，指行政审批部门一次性告知企业办理资质审批事项所应满足的审批条件，企业作出满足审批条件的承诺并按要求提交申请材料，行政审批部门依据企业承诺和申请材料直接办理相关资质审批手续。告知承诺制首先应用于工程建设项目审批制度改革试点中。这是一项非常重要的举措，能够推动政府转变职能，有效加快审批速度，让项目更早启动，为企业提供便利。

国家能源局综合司印发《国家能源局 2018 年资质管理工作要点》，

① 信用能源网站的处罚信息查询：http://www.creditenergy.gov.cn/publicity#?page=6&type=punish。

要求探索创新信用监管模式，建立以事前告知承诺、事中事后信用分类监管为主的闭环监管机制，提升监管效能。在国家能源局综合司印发的《能源行业市场主体信用信息应用清单（2018 版）》中，信用监管措施分为行政许可、行政处罚、日常监管、表彰评优、其他应用 5 个类别，明确行政许可类中“信用良好”的应用类别的监管措施有告知承诺便利措施。此外，地方能源监管办积极响应国务院和国家能源局简政放权的有关政策，持续推进承装（修、试）电力设施企业资质许可申请告知承诺制，优化行政审批服务。如福建能源监管办，截至 2018 年 12 月底，已组织召开 6 次告知承诺会，共计 42 家承装（修、试）电力设施企业参加。①

（三）信用承诺

信用承诺制度是构建以信用为基础的新型市场监管机制的重要内容，是实行宽进严管、加强事中事后监管、促进市场公平竞争、释放市场主体活力的重要举措，是推动市场主体自我约束、诚信经营的重要抓手。信用承诺制度在能源行业中主要运用于主体申请行业准入和申请信用修复。2016 年年底，国家能源局印发的《能源行业信用体系建设实施意见（2016—2020 年）》提出：全面建立能源行业市场主体信用承诺制度，要求市场主体以规范格式向社会作出公开承诺，将信用承诺纳入信用档案，作为事中事后监管的参考，并接受社会监督，实现政府监管和社会监督有机结合。该实施意见要求能源行业的新设市场主体在申请行业准入时应填写信用承诺书，同时将信用承诺纳入市场主体信用档案；2020 年 12

① 《福建能源监管办积极推行告知承诺制　优化行政审批服务》，国家能源局福建监管办公室网站，http://fjb.nea.gov.cn/news_view.aspx?id=29498，访问日期：2019 年 8 月 9 日。

月底前，要求能源行业各市场主体填写信用承诺书并纳入市场主体信用档案，在“信用能源”网站公示。目前，在能源行业中，售电公司已经开始全面实施信用承诺制度。各地区也在积极推动落实信用承诺制度。如四川省、河南省人民政府提出健全企业家诚信经营激励约束机制，将全面推行企业信用承诺制度，将企业家信用承诺和商务活动情况纳入企业家信用记录。同时加快建立企业法定代表人及实际控制人的个人信用档案。山东能源监管办对 2018 年全省能源行业信用体系建设重点工作进行了全面部署，其中一项工作便是建立能源行业信用承诺制，完善信用承诺后续监管措施，丰富信用监管的方式方法。信用承诺在信用修复程序中也有所体现，根据《修复管理办法》的规定，修复主体向失信信息认定单位提出申请时，应提交信用承诺书。

信用承诺制的承诺主体是单位或自然人，表现形式是信用承诺书。以《修复管理办法》为例，该信用承诺书是能源行业市场主体申请信用修复需要提交的必要材料。承诺主体需通过“信用能源”网站填写《信用承诺书》，并下载打印、加盖公章后扫描上传。从信用承诺书的内容看，承诺书类似格式合同，由国家能源局制定，承诺主体不能修改变更内容。具体内容如下：遵守法律、法规、规章和政策规定；承诺不再发生违法失信行为；履行社会责任并接受社会监督；提交的信用修复申请材料真实可靠；如产生违背承诺事项的行为，接受相关部门限期不予信用修复的管理规定。

（四）履约保函

履约保函主要应用于电力市场售电公司。2017 年 10 月，国家能源局南方能源监管局面向市场主体公开征求《广东电力市场售电公司履约保函管理办法》意见，以广东地区为试点，标志着履约保函制度逐渐引入电力市场，电力市场风险防范机制建设向前迈出重要一步。

售电公司履约保函是电力市场新的交易信用保证方式，指为加强交易结算监管，防范电力市场欠费风险，售电公司以银行履约保函的方式向电网企业提供违约担保，由电网企业作为履约保函受益人。在售电公司未按交易中心出具的结算依据或合同及时足额支付相关市场结算费用时，电网企业可以用履约保函清算相关欠费。

履约保函这种保证方式可以有效引导和激励市场主体积极、主动地维护电力市场秩序，促进市场主体对合约精神的认同和落实，防范电力市场运行过程中的信用风险。越来越多省份发布了《售电公司履约保函管理办法》，对售电公司提出必须缴纳保证金的要求。交易中心根据保函缴纳情况审核各售电公司的交易资格及交易电量等。截至 2019 年 5 月，很多省区（如山西、辽宁、黑龙江、吉林、江苏、福建、湖南、广东、四川、贵州、云南、江西、陕西、新疆等）的售电交易都绑定了银行履约保函，履约保函成为售电公司参与市场的标配。各地区管理办法的主要区别在于保函额度分档不同。

特别需要说明的是，2018 年 3 月，昆明电力交易中心在全国首次发布了《云南电力市场交易信用保证管理办法（试行）》。此办法有三个亮点：一是信用保证适用范围覆盖全主体，适用范围在售电公司的基础上增加电力用户和发电企业，进一步加强了市场风险防范能力。其中，售电公司适用的条件为纳入目录并参与市场；电力用户和发电企业的适用条件为交易行为信用评价等级在 B 等级及以下。二是信用保证方式多样化。既可选择缴纳信用保证金，也可选择银行履约保函或集团履约保函，三种方式均具备同等效力。三是保证额度与交易行为信用评价挂钩。信用保证履行要求和保证额度与云南电力市场主体交易行为信用评价结果联动，实现基于基准缴纳等级，随等级上升下调所需保证额度、等级下降则上调所需保证额度。[①]这标志着继交易信用保证金后，履约保函作为新的交易信用保证方式正式被引入云南电力市场。从当前各省市的售电交易陆续适用履约保函的实践趋势看，履约保函这一保证方式也将全面适用于电力市场。

（五）联合激励惩戒机制

联合激励惩戒机制是指在政府部门协同联动、行业组织自律管理、信用服务机构积极参与、社会舆论广泛监督的社会共同治理格局中，以主体信用为基础，对诚实守信的主体采取激励措施，对违法、违约、影响社会公平正义、损害他人利益的失信主体采取惩戒的制度。激励措施重在褒扬、提供优先机会、减轻社会负担，使守信者在市场中获得更多机会和实惠，让信用成为市场配置资源的重要考量因素。惩戒措施包括行政性、市场性、行业性和社会性四类，重在约束、限制、提高失信成本。国务院于2016年6月印发的《关于建立完善守信联合激励和失信联合惩戒制度加快推进社会诚信建设的指导意见》是我国第一部关于信用联合激励惩戒的规范性文件。[②]

为响应国务院号召，加快推进能源行业信用体系建设，规范能源行业市场主体信用评价活动，国家能源局于2017年8月制定并印发《能源行业市场主体信用评价工作管理办法（试行）》。该办法要求：健全与

---

① 《云南电力市场引入履约保函交易信用保证方式》，中国电力企业联合会网站，http://www.cec.org.cn/zdlhuiyuandongtai/dianwang/2018-08-17/183825.html，访问日期：2019年8月9日。

② 《发展改革委介绍建立完善守信联合激励和失信联合惩戒制度有关情况》，中央人民政府网，http://www.gov.cn/xinwen/2016-06/17/content_5083228.htm，访问日期：2019年8月9日。

其他政府部门、行业组织信用信息和信用评价结果的共享互通，建立联合激励惩戒机制，发挥协同效应；鼓励市场主体在生产经营、交易谈判、招投标等经济活动中使用信用信息和信用评价结果，对守信主体采取优惠便利、增加交易机会等降低市场交易成本的激励措施；对失信主体采取取消优惠、提高保证金等增加交易成本的惩戒措施。国家发展改革委于2018年3月发布《关于做好〈关于加强和规范守信联合激励和失信联合惩戒对象名单管理工作的指导意见〉贯彻落实工作的通知》（发改办财金〔2018〕87号），要求：抓紧制定红黑名单认定与监管实施意见，组织认定、发布和更新红黑名单，加快签署信用联合奖惩备忘录，切实做好红黑名单信息共享公开，建立红黑名单信息内部处理机制，推动联合奖惩措施落实落地，认真做好联合奖惩案例归集和有序公示，引导失信主体纠正失信行为和开展信用修复。

根据国家能源局编制的《能源行业市场主体信用行为清单（2018版）》，信用行为分为市场主体失信行为严重程度和守信行为所获表彰、奖励级别，其中法人和自然人失信行为分为轻微、较重和严重；法人和自然人的守信行为分为国家级、省部级、地市级及以下。对于失信行为的惩戒以行政处罚的形式为主，例如责令限期整改或停产、吊销业务许可证、罚款、警告、列入不良信用记录和诚信“黑名单”等。对于守信行为的激励主要分为国家级、省部级、地市级等表彰奖励。根据国家能源局编制的《能源行业市场主体信用信息应用清单（2018版）》，以能源行业信用信息平台归集的市场主体信用信息为根据，对市场主体的信用状况进行分类标识，具体划分为信用良好、守信、失信、严重失信四类。信用监管措施分为行政许可、行政处罚、日常监管、表彰评优、其他应用五个类别，对这五类按照信用良好、守信、失信、严重失信采取不同的信用监管措施。例如，在日常监管中，对信用良好的主体采取包容审慎监管，免查或减少检查频次；对失信主体实施重点监管、提高检查频次，提高“双随机、一公开”检查抽取比例。

“信用能源”网站主页设立信用信息公示专栏，公示内容包括处罚信息、许可信息、联合惩戒、信用评价。[①] 在联合惩戒的各企业详情中，公示的信息有：企业名称、统一社会信用代码、组织机构代码、处罚决定书文号、处罚类别、处罚事由、失信行为事项、失信行为处罚标准、处罚内容、处罚日期、处罚执行情况、处罚机关、失信行为类别。此外，在主页右侧还有能源行业信用信息归集情况和能源行业企业信用情况的统计数据。截至 2019 年 5 月 11 日，能源行业信用信息归集情况：能源行业信用信息 462103 条，优良信用信息 19740 条，不良信用信息 38863 条，黑名单联合惩戒信息 8430 条。能源行业企业信用情况：归集能源行业企业总量 78252 家，涉优良信用信息企业 12333 家，涉不良信用信息企业 11128 家，涉联合惩戒企业 2287 家。

信用惩戒涉及市场主体权益和政府公信力，因此，除信用激励外，各级政府部门也非常重视违法失信惩戒联动机制的完善。例如，2018 年 1 月，南方能源监管局发布《国家能源局关于进一步做好承装（修、试）电力设施许可管理简政放权放管结合优化服务有关工作事项的通知》，其中包括关于强化承装（修、试）电力设施许可管理“黑名单”制度的规定；2018 年 2 月，国家发展改革委、国家能源局发布《关于加强和规范涉电力领域失信联合惩戒对象名单管理工作的实施意见》；2018 年 5 月，山东能源监管办印发《国家能源局山东监管办公室涉电力领域失信联合惩戒

① 能源信用网址：http://www.creditenergy.gov.cn/main。

对象名单管理工作实施办法》，对失信联合惩戒对象名单和重点关注名单的认定、公布、信用修复、异议处理、移出等作出明确规定，并对市场主体及个人的商业秘密、隐私信息、声誉权益保护提出明确要求，确保各市场主体的合法权益不受侵害；2018 年 6 月，东北能源监管局制定出台《东北能源监管局“黑名单”及“重点关注名单”认定管理办法（试行）》；2019 年 3 月，安徽省市场监督管理局会同发展改革委等多个部门制发安徽省《严重失信企业联合惩戒暂行办法》，围绕构建“一处失信、处处受限”的信用惩戒大格局，明确严重失信的评判标准、监管惩戒措施以及实施条件、实施机构、法律依据等，依托省事中事后综合监管平台开展联合惩戒；陕西省市场监督管理局制定发布《违法失信企业“黑名单”管理制度》；2019 年 4 月，江苏能源监管办制定印发《江苏能源监管信用体系建设工作方案》和《江苏能源监管办信用信息归集办法（试行）》，其中包括“黑名单”的认定与管理。扬州市发布《扬州市节能失信行为认定和管理办法（试行）》，针对全市机关、企事业单位等出台 18 条措施，把节能失信行为认定等级分为“一般失信行为”“较重失信行为”和“严重失信行为”三个等级，并建立信用披露机制。

（六）信用评价和行业标准

2017 年 8 月，为加快推进能源行业信用体系建设，规范能源行业市场主体信用评价活动，国家能源局制定了《能源行业市场主体信用评价工作管理办法（试行）》（以下简称《信用评价工作管理办法》）。[①] 根据

① 《能源行业市场主体信用评价工作管理办法（试行）》，信用中国网站，https://www.creditchina.gov.cn/zhengcefagui/zhengcefagui/zhongyangzhengcefagui1/201802/t20180223_109169.html，访问日期：2019 年 8 月 9 日。

《信用评价工作管理办法》，信用评价是指信用评价机构（以下简称评价机构）依据有关法律法规和能源行业市场主体信用信息，根据能源行业市场主体信用评价标准，采用规范的程序和方法，对能源行业市场主体的信用状况进行评价，确定其信用等级，并通过能源行业信用信息平台进行共享、向社会公开的活动。其中，评价机构是指全国性能源行业组织，经国务院征信业监督管理部门许可或备案的第三方信用服务机构可与全国性能源行业组织合作开展能源行业信用评价工作。

目前，能源行业进行信用评价的企业类别为：煤炭生产、电力设计、电力服务、发电、电力建设、售电、其他。不同类别的评价机构不同：煤炭生产由中国煤炭工业协会进行评价；电力设计、电力服务、发电由中国电力企业联合会进行评价；电力建设、售电由中国电力建设企业协会进行评价。由于能源行业涉及多个领域，为使各领域信用评价规范专业化，各能源行业有关部门或协会制定了相应的评价规范。正在生效的规范如电力行业的电力建设领域信用评价规范，煤炭行业的煤炭生产企业信用评价指标、煤矿工程建设企业信用评价指标、煤炭勘查企业信用评价指标、煤矿机械设备制造企业信用评价指标、煤炭流通企业信用评价指标等。2019 年 3 月，为进一步推进涉电力领域信用体系建设，建立统一、系统、规范的涉电力领域信用评价标准体系，中国电力企业联合会负责筹建涉电力领域信用评价标准化技术委员会。

我国核电标准化工作近年取得了阶段性进展，发布核电标准 900 余项。[①] 为加快我国自主核电标准体系建设，全面支撑核电安全高效发展和

① 《关于加强核电标准化工作的指导意见解读》，国家能源局网站，http://www.nea.gov.cn/2018-08/10/c_137381380.htm，访问日期：2019 年 8 月 11 日。

国际合作，2018 年 7 月国务院办公厅印发《关于加强核电标准化工作的指导意见》，该意见以“完善机制、加强实施、统筹规划、助力出口”为原则，当前的发展目标为用 1—2 年时间，进一步完善和优化我国核电技术标准体系，提高标准自主化和协调性，形成一套自主统一的、与我国工业基础相匹配的核电标准。

此外，根据《信用评价工作管理办法》，企业信用等级证书有效期由三年调整为二年。加大了各专门行业协会评级频率，使动态评级更加严格，促进涉电力企业更积极地遵守规定，优化或保持信用等级。

三、能源行业协会参与信用监管情况

（一）煤炭行业协会

我国煤炭行业协会有中国煤炭工业协会、中国煤炭建设协会、中国煤炭城市发展联合促进会以及各省、直辖市煤炭行业协会等。上述煤炭行业协会中，就组织规模和涵盖范围来看，经原国家经贸委和民政部批准成立的全国煤炭行业综合性社团组织——中国煤炭工业协会是目前煤炭行业最大的社团组织。本报告重点考察该协会的行业信用建设情况。

中国煤炭工业协会信用建设工作主要有制定煤炭行业信用标准和行规行约、开展行业信用评价试点工作、发布企业社会责任报告等。近年来，中国煤炭工业协会陆续发布了《中国煤炭行业自律公约》（2013 年）、《中国煤炭工业协会关于深入推进煤炭行业信用体系建设的指导意见》（2015 年）等文件，初步开始了信用建设的探索。2017 年，中国煤炭工业协会的主要工作有：开展 2017 年煤炭行业企业信用等级评价年度复查；

组织开展 2017 年煤炭行业企业信用等级评价申报；召开 2016 年度煤炭行业企业信用等级评价结果发布会；公布 2016 年煤炭行业信用企业复查结果等。为进一步推进煤炭行业信用体系建设，提升煤炭企业信用管理水平，中国煤炭工业协会于 2018 年 3 月 14 日在广西壮族自治区南宁市召开了 2019 年煤炭行业信用体系建设工作会。会议发布了 2018 年煤炭行业信用等级评价结果，兖矿集团等 121 家企业荣获 AAA 级、AA 级信用企业称号。

总体来看，中国煤炭工业协会工作主要集中于信用等级评价与企业社会责任报告发布上，目前还缺乏统一的信用平台，信用建设工作还需要加快进展。

（二）电力行业协会

我国电力行业协会有中国电力企业联合会（以下简称中电联）①、中国电力建设企业协会（以下简称中电建协）② 以及各省、直辖市电力行业协会等。中电联、中电建协均拥有丰富的资源优势、专业优势、信息优势和人才优势，是推动电力信用体系建设的重要力量。两个协会积极开展电力标准制（修）订、全过程工程质量控制、科技创新成果推广、企业质量管理提升、调查研究、信息统计、信用评价、技能培训、反映诉求及电力国际产能合作等工作，业务范围基本覆盖电力建设各专业领域，已成为行业内有影响、有权威、有信誉的行业协会。本报告主要介绍中电联和中电建协参与信用建设情况。

---

① 中国电力企业联合会网址：http://www.cec.org.cn/。

② 中国电力建设企业协会网址：http://www.cepca.org.cn/。

1. 中电联

2017 年 9 月，国家发展改革委正式委托中电联开展电力行业信用体系建设有关工作：一是积极支持行业协会协同开展电力行业信用体系建设工作，充分发挥中电联的工作优势，协同政府部门加快推进电力行业信用体系建设工作；二是同意中电联作为电力行业市场主体相关备案信息共享单位，各级电力交易机构和市场主体应配合做好有关工作；三是配合政府部门加强守信联合激励对象和失信联合惩戒对象名单管理，完善名单归集和发布的标准，初期由中电联负责名单归集和发布工作；四是推动行业标准出台规范电力行业信用评价工作，支持电力行业信用评价标准纳入行业标准统一发布，开展信用评价工作不应收取费用；五是依规扎实推进工作，加大投入、加强组织，按照有关规定和要求推进工作。[①] 在 2017 年年底至 2019 年上半年，中电联开展电力行业信用体系建设的工作主要有以下几项：

2017 年 12 月，中电联、中电建协起草《电力建设领域信用评价规范（试行）》，经国家能源局批准发布。

2018 年 3 月，中电联充分发挥行业协会协同监督作用，全面推进涉电力领域市场主体信用体系建设工作。开展涉电力领域市场主体信用信息采集工作，通知相关主体及时在“信用电力”网站中“信用信息采集”版块完成填报工作。

2018 年下半年，中电联陆续公示 3 批信用企业评价结果，140 个初评企业获得年度电力行业信用等级，66 个复评企业继续持有电力行业信用等级。复评中有 2 个升级信用企业，1 个降级信用企业。对公示名单

① 《国家发改委委托中电联开展电力行业信用体系建设》，中国电力企业联合会网站，http://kjfw.cec.org.cn/xinyongpingjia/2017-09-13/173097.html，访问日期：2019 年 8 月 11 日。

进行统计，企业评级为AAA共计142个、AAA-共计41个、AA+共计15个、AA共计7个、AA-共计1个。[①]参评企业数量为历年之最，比2017年增加57个，评级为AAA的占比略有提高。

2018年8月，中电联发布《中国电力行业信用年度发展报告2018》[②]，该报告以电力市场主体提供的信用建设资料为依据，以信用评价采集的数据为支撑，从行业信用体系建设与发展的视角出发，全面、客观、准确反映电力行业信用体系建设发展实际情况的专业报告。报告共六章，重点围绕电力行业信用体系建设背景、总体规划、工作开展情况、阶段性成果、发展展望等方面，介绍2017年度中电联协同电力市场主体开展信用体系建设的工作情况、主要电力集团涌现出的信用建设典型案例，并对行业信用体系建设存在的问题与挑战提出相关建议。该报告为2018年首次出版发行，兼具指导性与实操性，对更好更快推动电力行业信用体系建设工作具有积极作用。

2019年3月，为进一步推进涉电领域信用体系建设，建立统一、系统、规范的涉电力领域信用评价标准体系，中电联负责筹建涉电力领域信用评价标准化技术委员会。

2. 中电建协

截至2017年年底，中电建协有567家会员单位、64家理事单位、

---

① 《中国电力联合会电力行业2018年信用企业评价结果公示（三批）》，中国电力企业联合会网站，http://kjfw.cec.org.cn/kejifuwu/2018-07-27/183112.html；http://kjfw.cec.org.cn/keji fuwu/2018-11-08/186275.html；http://kjfw.cec.org.cn/kejifuwu/2019-01-18/188283.html，访问日期：2019年8月11日。

② 《中国电力行业信用年度发展报告2018》，中国电力企业联合会网站，http://www.cec.org.cn/zhuanti/2018nianzhuanti/zhongdianlianfabu2018nianniandux iliefazhanbaogao/2018-08-14/183683.html，访问日期：2019年8月11日。

68 名理事，是目前我国电力建设行业唯一的社会组织。[①]

中电建协积极推进电力建设领域信用体系的建设工作，其 2018 年的主要工作为：3 月开展电力建设企业信用评价工作，受评审企业包括初评企业、复评企业和年检企业；4 月组织举办《电力建设领域信用评价规范（试行）》宣贯培训；5 月签署《关于加强能源行业市场主体信用信息共享的合作备忘录》，需及时向信用信息平台归集企业基本信息、资质认证信息、不良行为信息等信用信息，以保证数据完整真实有效，并可根据业务需要在工作中对信用信息加以应用；7 月组织电力建设领域信用评价财务专业培训班，开展电力建设诚信典型企业评选活动，以提高电力建设企业信用管理水平，发挥诚信典型企业的示范引领作用；12 月在官网上信用电建专栏中公示 2018 年度中国工程建设诚信典型企业、电力建设领域诚信典型企业、黑名单、列入观察名单企业、电力建设企业安全生产情况和电力建设企业自律处罚信息。

综上所述，中电联和中电建协均积极开展电力行业信用体系建设工作，两协会各有侧重。中电联主要负责电力行业领域整体信用监督，中电建联则主要负责电力建设信用监督。

（三）石油天然气行业协会

石油天然气行业目前存在几个行业协会，如中国石油和化学工业联合会、中国石油企业协会、中国天然气行业联合会、中国城市燃气协会等。这些协会中，中国石油和化学工业联合会同中国煤炭工业协

① 中国电力建设企业协会会员单位基本状况详见：http://www.cepca.org.cn/Article.Aspx?id=10901。

会、中电联一样，是在经济体制改革时期由原主管部门转轨而成立的行业协会。本部分重点考察中国石油和化学工业联合会的行业信用建设状况。

中国石油和化学工业联合会于 2001 年 4 月 28 日在北京成立，是石油和化工行业具有服务和一定管理职能的全国性、综合性的社会中介组织。[①] 成立该协会是继 1998 年从化学工业部到国家石油化学工业局这一政府经济管理职能大变革之后，石油和化工行业管理体制的又一次大跨越。中国石油和化学工业联合会目前拥有会员单位 300 多家。从公开的途径查阅信息发现，中国石油和化学工业联合会并无太多关于信用建设的信息。笔者分析，这大概跟我国能源行业各领域的市场化改革进程有关。在传统煤电油核能源行业中，煤炭早已实现了完全市场化，电力也随着发电和售电环节的放开引入了市场竞争，核电虽然由于和核能有关从而具有一定的神秘性和封闭性，但是近年来越来越多的国有发电企业进入核电领域，也使得该领域处于一种混合所有制的状态。而在石油天然气行业，“法定”的三巨头上下游一体化运作，陆上、海上以及中国南北分而治之，这些都使得石油天然气行业的市场化程度大打折扣。因此，作为市场法律制度中重要的信用制度在石油天然气行业还有待更多建树。

不过，在国家发展改革委牵头下，政府有关部委陆续出台了一些针对石油天然气行业信用建设的举措。2016 年 4 月，国家发展改革委发出《关于征询开展石油天然气行业信用建设相关工作合作意向的函》，向社会公开征集有资质的征信机构开展石油天然气行业的信用建设工作。2017 年 8 月，国家发展改革委联合 20 个部门下发《关于对石油天然气

① 中国石油和化学工业联合会：http://www.cpcia.org.cn/department/gyxh/xhjj.htm。

行业严重违法失信主体实施联合惩戒的合作备忘录》，针对石油天然气行业严重违法失信主体开展联合惩戒工作，对惩戒对象、惩戒措施和实施方式等相关事宜作了明确规范，对国内天然气行业信用体系的建设以及整个市场的发展和改革意义重大。根据此备忘录，将实施相关领域从业资格或权利的限制、安全监管监察方面的惩戒措施、质量监督检验检疫方面的惩戒措施、在环境保护方面的惩戒措施、在税收征管方面的惩戒措施等，涉及企业包括勘探开发企业，对外合作开采陆上、海洋石油企业，天然气基础设施建设和运行企业，有关原油加工企业，原油、成品油批发、仓储、零售企业和城镇燃气经营者等。

从中国石油和化学工业联合会官网显示的信息来看，该行业协会成立了信用体系建设领导小组，根据有关部门的要求，陆续开展过石油和化学工业企业信用等级评价、中国石油和化学工业联合会会员信用承诺书草稿的征求意见等工作。另外，也并未查找到太多其他几个石油天然气行业协会的信用建设信息。可见，石油天然气行业中，行业协会在信用建设中的作用有待进一步加强。

（四）核工业行业协会

2018 年，我国新投产 7 台核电机组，新增装机容量 884 万千瓦，AP1000 和 EPR 全球首堆建成投产。截至 2019 年 1 月 20 日，我国在运核电机组达到 45 台，装机容量 4590 万千瓦，排名世界第三；在建机组 11 台，装机容量 1218 万千瓦。[①] 根据中电联统计，2018 年我国核电发电

① 《2018 年我国核电安全状况良好》，北极星电力网，http://news.bjx.com.cn/html/20190124/959154.shtml，访问日期：2019 年 8 月 15 日。

量约 2944 亿千瓦时，同比增长 18.6%，占全国总发电量的 4.2%，相当于少消耗 0.9 亿吨标准煤，减少二氧化碳排放 2.8 亿吨。2018 年，我国在运核电机组继续保持安全稳定运行，未发生 1 级及以上运行事件，主要运行技术指标保持国际前列；在建核电工程安全质量受控。[①]由此可见，核能的开发和安全发展对于国家的经济提升、技术进步起着举足轻重的作用，因此对于核能领域的信用监督也是不能忽略的。

在核能行业发展中发挥主要作用的是中国核能行业协会。[②]该协会经过十多年的发展，基本形成在行业内具有较高公认度的核电同行评估及经验交流、重大课题研究、科技奖励及成果鉴定、技术咨询服务、安全及质量管理等行业培训以及国际核电展等支柱性服务业务，基本形成协会"三刊一网"、微信公众号等新媒体应用，以及核电运营信息网、核电系列数据统计分析报告、行业科技创新成果信息等核能行业信息共享服务。截至 2018 年 9 月，协会共有副理事长单位 17 个，常务理事单位 29 个，理事单位 59 个，会员单位 292 个，联系会员单位 36 个。[③]

中国核能行业协会积极推进核能领域监管、信用体系的建设工作，主要侧重于核电建设质量安全、信息安全的评估。早在 2014 年 3 月，为贯彻党的十八大精神，落实中国核能行业协会第二届会员大会确定的目标任务，全面提升协会行业自律与诚信建设水平，充分发挥协会、会员单位在核能行业发展中的积极作用，根据民政部《关于开展行业协会行业自律与诚信建设活动的通知》（民函〔2013〕111 号）的要求，中国核

① 《速读丨2018 年我国核电发电量约 2944 亿千瓦时》，中国电力新闻网，http://www.cpnn.com.cn/zdyw/201901/t20190125_1119368.html，访问日期：2019 年 8 月 15 日。

② 中国核能行业协会网址：http://www.china-nea.cn/。

③ 会员名录详见：http://www.china-nea.cn/site/content/32907.html。

能行业协会制定了行业自律与诚信建设活动实施方案。但是公开途径尚不能查找到该协会信用建设取得进展的情况。

（五）新能源和可再生能源行业协会

新能源和可再生能源主要包括：太阳能、地热能、风能、海洋能、生物质能和核聚变能。可再生能源类型多样、比较分散，产业发展程度差别较大。并且，和传统的煤电油核不同，市场化改革前，可再生能源行业并没有一个统一的行业主管部门，因此也没有类似煤电油核领域脱胎于行业主管部门的行业协会。本部分以中国光伏行业协会（以下简称光伏协会）① 为例来介绍。

光伏协会是由民政部批准成立、工业和信息化部主管的国家一级协会，是全国性、行业性、非营利性社会组织。截至 2019 年 3 月 4 日，光伏协会会员数量已达376家②，包括多晶硅、硅片、电池、组件、专用设备、辅材辅料、配套部件、系统集成、光伏发电等各产业链环节的企事业单位、行业研究机构、标准及检测认证机构、大专院校、地方光伏行业组织等。通过公开途径未能查询到光伏协会对于行业信用工作的专项安排，只有一些分散的新闻信息。

2018 年 3 月 28 日下午，中国光伏行业协会组织召开“光伏行业信用体系建设”座谈会。中国光伏行业协会会员部主任王亮主持会议。来自水规院、中国新能源海外投融资联盟、中信保、国富泰、工商银行、兴业银行、平安银行、质检中心、中民国际融资租赁、华菁证券、协鑫、晶澳、天合

---

① 中国光伏行业协会网址：http://www.chinapv.org.cn/index.html。

② 中国光伏行业协会会员名单（截至 2019 年 3 月 4 日）：http://www.chinapv.org.cn/member_name/735.html。

光能、英利等行业组织、保险、金融机构、检测认证机构和光伏企业专家参会。会上，各机构代表就光伏行业信用体系建设的工作方向、信用体系等级评价工作管理办法及指示体系、光伏行业企业信用等级评价结果推广及应用等方面进行了充分研讨。参会机构均认为光伏信用等级评价方案的准确性、有效性及公正性对于光伏行业信用体系建设，提高行业信用水平，规范行业经营秩序，保障行业健康有序发展起着至关重要的作用。①

2019 年 4 月，光伏协会户用光伏专业委员会倡议光伏相关业务单位，积极加入并遵守户用光伏从业者自律公约（试行），公约旨在建立自律性管理约束机制，规范户用光伏从业者行为，推动市场诚信建设。截至 2019 年 3 月，共有 59 家企业签署该“自律公约”。②

（六）节能行业协会

中国节能协会（China Energy Conservation Association，CECA）是由原国家经贸委于 1984 年设立的，并于 1989 年正式在民政部注册的节能领域的国家一级社团组织，主管单位是国家质检总局，在业务上受国家发展改革委、工业和信息化部的指导。中国节能协会是由从事能源开发、转化、节约、管理、研究、教育、信息以及环境保护、综合利用等方面的企事业单位、管理机构、社会团体组成的跨部门、跨行业的全国性的非营利专业社会团体。协会的业务范围涉及电力、煤炭、石油、机械、电子、冶金、化工、铁道、交通、建筑、有色、环保等行业及部门，拥

① 参见 http://www.chinapv.org.cn/com_news/462.html。

② “户用光伏从业者自律公约”第二批加入单位详见：http://www.chinapv.org.cn/association_news/725.html。

有众多企业会员。①

2017 年，中国节能协会主要开展了以下信用建设相关工作：节能服务行业企业信用评价的申报工作，具体由节能服务产业委员会（EMCA）负责；节能行业企业信用等级评价工作，对申请企业进行了信用评级并进行了公示②；发布《2017 节能服务产业发展报告》；有序推进行业自律建设，包括开展节能服务公司评级、节能企业信用等级评价、合同能源管理服务认证等工作，进一步促进行业自律和优化产业环境。③

四、能源企业信用状况实证分析——以国企、民企信用建设比对为例

目前，国家市场监督管理总局设立国家企业信用信息公示系统④，对企业信用信息、经营异常名录、严重违法失信企业名单等信用信息进行公示。企业信用信息具体包括：基础信息（营业执照信息、股东及出资信息、主要人员信息、分支机构信息、"多证合一"信息、清算信息、变更信息、动产抵押登记信息、股权出质登记信息、知识产权出质登记信息、商标注册信息、抽查检查结果信息、双随机抽查结果信息和司法协助信息等 15 项信息，以及由企业提供、企业对其报送信息的真实性、合法性负责的信息）、行政许可信息、行政处罚信息、列入经营异常名录信

① 中国节能协会官网：http://www.cecaweb.org.cn/。

② 《关于申报 2017 年节能行业企业信用等级评价工作的通知》，搜狐网，http://www.sohu.com/a/134469245_694580，访问日期：2019 年 9 月 15 日。

③ 《2017 节能服务产业发展报告》，搜狐网，https://www.sohu.com/a/220500556_100069237，访问日期：2019 年 9 月 15 日。

④ 国家企业信用信息公示系统：http://www.gsxt.gov.cn/corp-query-homepage.html。

息和列入严重违法失信企业名单（黑名单）。国家能源局设立信用能源信用公示系统[①]，我们可以在该网站进行许可信息查询和处罚信息查询，但仅限于电力企业。中国电力建设协会设立电力建设企业信用信息平台，[②]可以查询红黑名单、信用评价（仅限于提出申请信用评价且已被评出信用等级的电力企业，共277家）和信用档案。信用档案中可以查询到企业的基本信息（企业名称、企业地址、法人代表、注册资本、营业执照注册号、组织机构代码证号、统一社会信用代码和经营范围8项），企业资质，企业经营管理信息，人力资源信息，评优表彰信息，行业质量安全、涉诉、自律等信息，完成年度工程实物量和机械设备8项信息。目前信用档案中共记载339家电力企业的信息。

笔者通过实证的方法分析自2018年1月至2019年5月能源行业的国有独资、国家控股企业和非国有企业的企业信用状况，主要参考上述网站公示的信用信息。通过“天眼查”对能源行业企业进行随机抽样，分别选取了50家国有独资、国家控股企业和非国有企业，经营领域涉及电力、煤炭、天然气、燃气、水利开发建设等方面。围绕各企业在公示平台显示的抽查检查、结果双随机抽查结果、行政处罚、司法协助信息、列入经营异常名录信息和列入严重违法失信企业名单6项目进行定量分析。结果如下：

抽查检查：50家国有独资或国家控股企业在选取的期间均未接受过抽查检查；50家非国有企业有7家在选取的期间接受过抽查检查共计10次，合格次数为6次（占比60%）。

双随机抽查：50家国有独资或国家控股企业中有3家在选取的

① 信用能源信用公示：http://www.creditenergy.gov.cn/publicity#?type=punish&page=1。

② 电力建设企业信用信息平台：http://credit.cepca.org.cn/。

期间接受过双随机抽查共计 3 次，43 项，合格项数为 42 项（占比约 97.67%）；50 家非国有企业中有 8 家在选取的期间接受过双随机抽查共计 9 次，68 项，合格项数为 58 项（占比约 85.29%）。

行政处罚：50 家国有独资或国家控股企业中有 1 家在选取的期间接受过行政处罚共计 1 次，未受行政处罚的企业有 49 家（占比 98%）；50 家非国有企业中有 3 家在选取的期间接受过行政处罚共计 8 次，未受行政处罚的企业有 47 家（占比 94%）。

司法协助（冻结股权）：50 家国有独资或国家控股企业中有 1 家的股权在选取的期间被冻结，涉及的法律文书共 3 个，未涉及司法强制执行的企业有 49 家（占比 98%）；50 家非国有企业中有 4 家的股权在选取的期间被冻结，涉及的法律文书共 13 个，未涉及司法强制执行的企业有 46 家（占比 92%）。

列入经营异常名录：50 家国有独资或国家控股企业中有 2 家在选取的期间被列入经营异常名录，共计 3 次，未涉及经营异常的企业有 48 家（占比 96%）；50 家非国有企业中有 3 家在选取的期间被列入经营异常名录，共计 3 次，未涉及经营异常的企业有 47 家（占比 94%）。

严重违法失信企业名单：50 家国有独资或国家控股企业和 50 家非国有企业在选取的期间均未被列入严重违法失信企业名单（黑名单）。

从以上分析来看，能源行业企业信用情况整体较好，国有独资或国家控股企业的企业信用略优于非国有企业。电力建设企业虽有数百家申请信用评价并被评价机构评级，但考虑到电力建设企业的总数量大①，积极参与信用评价的企业相对还是很少。

① 根据“天眼查”，电力、热力生产和供应业在业的企业有 29189 家，存续的有 10 万多家。查询网址：https://www.tianyancha.com/search/oc44-s2。

表 8-7 国有独资或国家控股企业的情况（2018 年 1 月 1 日—2019 年 5 月 12 日）[①]

企业名称	抽查检查结果（次数，抽查/检查，结果）	双随机抽查结果（次数，项数，结果）	行政处罚	司法协助信息（冻结股权）	列入经营异常名录信息（次数）	列入严重违法失信企业名单
阳江市大河水力发电有限公司						
莱阳市热电厂						
宁洱哈尼族彝族自治县菜籽地铁厂						
国电内蒙古东胜热电有限公司						
忠县忠石大堰管理处						
海南电网有限责任公司乐东供电局						
江西省港航建设投资有限公司						
新疆生产建设兵团第一师电力安装工程有限责任公司						
国家电力投资集团有限公司						
黑龙江省建设投资集团有限公司						

① 为便于查看，表 8-7 和表 8-8 中的空白表示该企业未被抽查检查、双随机抽查、行政处罚、司法协助、列入经营异常名录、列入严重违法失信企业名单。

续表

企业名称	抽查检查结果（次数，抽查/检查，结果）	双随机抽查结果（次数，项数，结果）	行政处罚	司法协助信息（冻结股权）	列入经营异常名录信息（次数）	列入严重违法失信企业名单
黑龙江国际工程技术合作公司						
通化电力工程公司						
中国石油天然气股份有限公司						
中国化学工程股份有限公司						
国网黑龙江省电力有限公司电力科学研究院						
国家电网公司西南分部						
哈尔滨市电力工贸公司						
中国林业机械电力设备安装公司						
岳阳华能实业总公司						
哈尔滨市呼兰电业局电气安装公司						
新疆燃气集团有限公司						
秦皇岛市燃气总公司						
陕西燃气集团有限公司						
云南中石油昆仑燃气有限公司						
沈阳燃气有限公司						
鄂尔多斯市通惠供热燃气集团有限公司						

续表

企业名称	抽查检查结果（次数，抽查/检查，结果）	双随机抽查结果（次数，项数，结果）	行政处罚	司法协助信息（冻结股权）	列入经营异常名录信息（次数）	列入严重违法失信企业名单
中海福建燃气发电有限公司						
中国石油天然气集团有限公司						
中国石油天然气集团公司中俄合作项目部						
福建晋江天然气发电有限公司						
陕西润中清洁能源有限公司				3		
铜川市天然气有限公司						
绍兴柯桥中国轻纺城管道燃气有限公司		1，2，均未发现问题				
蓬安县天然气公司			1			
咸阳市天然气有限公司						
张家口市宣化煤气总公司						
云南能投华煜天然气产业发展有限公司						
北京炼焦化学厂						
河北峰煤焦化有限公司		1，31，均未发现问题				

续表

企业名称	抽查检查结果（次数，抽查/检查，结果）	双随机抽查结果（次数，项数，结果）	行政处罚	司法协助信息（冻结股权）	列入经营异常名录信息（次数）	列入严重违法失信企业名单
国家能源集团煤焦化有限责任公司						
中国石化塔河炼化有限责任公司						
福建省三钢（集团）有限责任公司						
宝鸡石油钢管有限责任公司		1，10，均未发现开展本次抽查涉及的经营活动				
中国石化青岛炼油化工有限责任公司						
陕西延长石油延安能源化工有限责任公司						
福建炼油化工有限公司						
中海石油炼化有限责任公司						
镇沅兴源水务投资有限公司						
襄阳市襄州区水利开发投资有限公司					2	
霍山县水资源开发有限公司					1	

表 8-8　非国有企业的情况（2018 年 1 月 1 日—2019 年 5 月 12 日）

企业名称	抽查检查结果（次数，抽查/检查，结果）	双随机抽查结果（次数，项数，结果）	行政处罚	司法协助信息（冻结股权）	列入经营异常名录信息（次数）	列入严重违法失信企业名单
包头华资实业股份有限公司						
巴马瑶族自治县水利电业有限公司		1，2，未发现问题；发现问题已责令改正				
天津天保能源股份有限公司						
河北新金钢铁有限公司	2，抽查，均未发现问题					
国网甘肃省电力公司甘南供电公司	1，抽查，未发现问题	1，31，均未发现问题				
石家庄广源安装工程有限公司岗南电站						
黄骅市德润新能源开发有限公司						
秦皇岛秦热发电有限责任公司		1，10，均未发现问题				
北京德青源农业科技股份有限公司						

续表

企业名称	抽查检查结果（次数，抽查/检查，结果）	双随机抽查结果（次数，项数，结果）	行政处罚	司法协助信息（冻结股权）	列入经营异常名录信息（次数）	列入严重违法失信企业名单
广西昇晖海河水电开发有限责任公司						
临沂华龙热电有限公司	1，检查，正常		1			
沽源县光辉新能源发电有限公司						
二连浩特长风协合风能开发有限公司						
正镶白旗国电光伏发电有限公司		1，2，均未发现问题				
江苏丰辉电力建设有限公司						
常州市广业安装有限公司						
南通四建集团有限公司	2，检查，正常	1，1，未发现问题	6			
中建安装集团有限公司						
湖南大发电力工程有限公司						
铁岭市低压开关厂					1	
中石油昆仑燃气有限公司						
中油海科燃气有限公司				3		

续表

企业名称	抽查检查结果（次数，抽查/检查，结果）	双随机抽查结果（次数，项数，结果）	行政处罚	司法协助信息（冻结股权）	列入经营异常名录信息（次数）	列入严重违法失信企业名单
奥德集团有限公司			1			
宝塔燃气有限公司						
中油中泰燃气投资集团有限公司						
中民融和燃气投资有限公司						
华港燃气集团有限公司						
中国航发燃气轮机有限公司						
天津市燃气集团有限公司						
北京北燃京唐燃气科技有限责任公司					1	
中国石油管道局工程有限公司						
中海油天津液化天然气有限责任公司						
国能石油天然气进出口有限公司						
新疆能源（集团）石油天然气有限责任公司						
山东蓬莱宝塔伊纳天然气有限公司				1		

续表

企业名称	抽查检查结果（次数，抽查/检查，结果）	双随机抽查结果（次数，项数，结果）	行政处罚	司法协助信息（冻结股权）	列入经营异常名录信息（次数）	列入严重违法失信企业名单
华信天然气（上海）有限公司	1，抽查，通过登记的住所（经营场所）无法联系	1，9，均通过登记的住所（经营场所）无法联系		3	1	
内蒙古大唐国际克什克腾煤制天然气有限责任公司						
武汉市绿能天然气运输集团有限公司		2，11，均未发现问题		6		
平朔工业集团有限责任公司						
山西潞安集团余吾煤业有限责任公司						
山西省长治经坊煤业有限公司	1，检查，超标排放					
山西灵石华瀛金泰源煤业有限公司	2，检查，均不合格					
毕节中城能源有限责任公司						
贵能（富源）清洁能源开发有限公司						

续表

企业名称	抽查检查结果（次数，抽查/检查，结果）	双随机抽查结果（次数，项数，结果）	行政处罚	司法协助信息（冻结股权）	列入经营异常名录信息（次数）	列入严重违法失信企业名单
黑龙江龙煤七台河矿业有限责任公司						
杭锦旗西部能源开发有限公司						
宁夏王洼煤业有限公司		1，2，均未发现问题				
中誉国信能源有限公司						
天津津滨威立雅水业有限公司						

五、能源行业信用建设的建议

能源行业信用建设已经取得一定成绩，但是还存在着各能源类型领域发展不均衡、信用平台建设还不够等问题。能源行业处于一个高速发展的时间段，目前我国的能源行业既包括诸如中石油、中石化、国家电网等超大型老牌国有企业，也有众多新型中小型企业，如光伏企业、清洁能源企业、节能服务企业等。能源行业信用建设将为能源企业公平竞争保驾护航，本部分对进一步完善健全能源行业信用建设提出如下建议：

（一）进一步落实监管模式创新，推动建立以信用为基础的新型监管模式

在监管过程中，结合大数据等先进的技术手段和科学的方法推进能源行业信用情况的分析、监测、预警及报告发布工作，为加强事中事后监管做好数据支撑，同时探索建立以事前告知承诺、事中事后信用分类监管为主的闭环监管机制，提升监管效能。另外，还应对重点问题开展能源重点领域失信行为的专项治理，梳理排查严重违法违规和失信行为，做好信息的互通和共享工作，强化整改督查和联合惩戒，并根据负面清单等进行细致的分类监管，促进能源行业高质量发展。常态化发布年度信用状况分析、月度失信黑名单统计等情况，建立标准科学统一、指标合理完备的能源企业信用评估模型，在许可审查、事中和事后监管等环节中探索对不同信用等级的市场主体进行差别化分类监管，全力推动监管工作呈现新成效。

（二）进一步完善能源行业信用平台的建设，加快信用信息归集工作通报

在大数据时代，信息的收集、整理和共享将极大程度上提高信用工作的效率以及准确度。和商事登记的信用平台、信用信息归集工作相比，能源行业的此项工作还差很远。许多信用信息不能互联互通，还有很多信息缺失。从各能源种类行业来看，大部分的平台甚至都还没有开通。能源行业信用信息平台如能形成覆盖全行业的信用信息共享体系，并适时开展信用信息归集工作通报，将有效保障能源行业信用体系建设工作顺利进行。通过建立横向互联、上下互通的信息共享平台，建立数据归集定期报告和考核制度，为信用体系建设夯实数据基础。

依托能源行业信用信息平台和“信用能源”网站，向签约行业协会

及企业共享市场主体的行政处罚信息、行政许可信息、行政检查和红黑名单等信用信息，并积极支持市场主体开展信用体系建设。及时向信用信息平台归集企业基本信息、资质认证信息、不良行为信息等信用信息，以保证数据完整真实有效，并可根据业务需要在工作中对信用信息加以应用。全面归集共享能源行业信用信息、开展失信惩戒和守信激励、加强信用信息和信用产品的社会化应用和试点信用分类监管等工作，进一步推进能源行业信用建设取得显著成效，行业发展信用环境明显改善，建成满足能源行业发展要求的信用体系，以信用建设促进行业整体发展。

持续提升信用平台支撑作用。围绕信用分类监管、失信联合惩戒、信息统计分析、风险监测预警和信用修复等业务，继续完善能源行业信用信息平台功能，继续实施信用平台与各数据系统的接口对接，推进信用平台与资质许可等业务系统的信息共享，加强平台安全运行管理。

（三）充分发挥信用服务机构在能源领域信用体系建设中的重要作用

信用服务机构是社会信用体系建设的重要力量。社会信用体系建设的大发展离不开信用服务机构和信用服务市场的大发展。培育发展信用服务机构，有利于利用信用服务机构的人员、技术、服务优势，促进政府和市场共建共创、共享共用、互利互赢，形成社会信用体系建设强大合力。培育发展信用服务机构，有利于加快形成市场化信用服务与公共性信用服务互为补充、商业信用信息与公共信用信息互相交融、信用信息基础服务与增值服务相辅相成的多层次信用服务体系。发挥信用服务机构的作用，有利于提高信用服务机构的公信力、竞争力，为推动社会信用体系建设提供市场化、专业化力量支持。在能源领域，应发挥信用服务机构的作用，培育和发展信用服务市场，推动信用服务产品开发创新和广泛运用，激发信用服务市场活力。

（四）完善失信联合惩戒机制，持续推进行业共建

加快制定出台规范“黑名单”管理的细化措施，依托全国信用信息共享平台和能源行业信用信息平台与相关部委、地方政府、能源企业和行业协会等对严重失信主体实施联合惩戒，形成能源领域信用体系建设强大合力。通过扩大信用宣传覆盖面和渠道普及信用知识，推动能源企业和协会采取不同形式加强内部信用管理、提升人员信用意识，营造全行业共建共享共治的良好信用氛围。

第四节　交通领域信用建设分析

一、交通领域信用建设现状

（一）交通运输部

我国从 2006 年至今一直致力于交通领域信用的建设，包括公路水路运输企业信用管理和生产安全、公路建设市场信用信息管理平台等方面，统一了全国公路建设市场相关从业企业信用的评价标准，也实现了此领域的信用信息共享，扩充了公路施工企业信用信息数据结构，增设了设计企业信用信息数据，优化了系统功能。在交通运输行业信用评价规章制度和标准规范方面，交通运输部发布了一系列相关政策文件，从这些文件我们可以看出我国交通领域内的信用建设工作逐步细化（详见表 8–9）。

表 8–9

时间	发布（设立）机关	名　称	主要内容及意义
2006 年 6 月 23 日	交通运输部	《道路运输企业质量信誉考核办法（试行）》	各省市随后出台了相应的各种运输行业企业信用考核制度，其信用等级可以分为四档，优良 –AAA 级、合格 –AA 级、基本合格 –A 级和不合格 –B 级，不同的等级有不同的记分考核标准，该项办法主要适用于出租行业信用评价考核制度方面。
2009 年 11 月 27 日	交通运输部	《公路建设市场信用信息管理办法》	《办法》明确指出“我国按照部、省两级建立公路建设市场信用信息管理系统”。
2014 年 4 月 23 日	交通运输部	《公路水路建设与运输市场信用信息服务系统省级工程建设指南》	将公路水路建设运输市场从业企业和人员信用信息进行分类和编码，明确信用评价指标体系的适用对象包括道路客运、货运、危货运输经营企业、机动车维修企业、驾驶员五类，规定省部之间交换相关信用信息。
2015 年 7 月 22 日	交通运输部	《交通运输企业安全生产诚信体系建设实施方案》	《方案》以国家社会信用体系等级为划分基础，从交通运输行业信用体系建设的实际出发，确定了交通运输企业安全生产信用的等级如何划分，规定交通运输企业安全生产诚信管理的主要内容分为：道路运输（含客运、普通货运、危险货物运输、客运站场、驾校、维修等）、城市客运（含城市公共汽车、城市轨道交通、出租车等）、水路运输、公路水运工程建设（含设计单位、建设单位、施工单位、监理单位等）等 7 类。除此之外，还规定交通运输企业安全生产信用等级划分的制定由交通运输部统一负责，包括 AA、A、B、C、D 五个等级。

续表

时间	发布（设立）机关	名　　称	主要内容及意义
2016年3月9日	交通运输部	部信用体系建设领导小组及其办公室	明确了小组和办公室的责任，推动交通信用体系建设的步伐，有力地促进了经济社会的稳定发展，按照国家社会信用体系发展相关要求，进一步明确责任分工，健全工作机制，整合资源力量，确保各项工作有序推进和稳步实施。
2017年1月3日	国家发展和改革委员会、交通运输部、公安部、中国民航局、中国铁路总公司等	《关于加强交通出行领域信用建设的指导意见》	加强交通出行领域信用建设，规范市场秩序，提高交通参与者的诚信意识，营造良好的出行环境，不断满足广大人民群众日益提高的出行需要。
2017年4月20日	交通运输部	《海事信用信息管理办法》	对海事信用建设的目标、原则、标准、运用等一系列重要问题作出了规定。海事信用信息将与国家信用信息平台实现数据共享，向社会开放，接受查询。
2017年9月6日	交通运输部	《水路运输市场信用信息管理办法（试行）》	《办法》明确了水路运输市场信用信息管理的目的依据、适用范围和管理原则；规定了相关管理部门、行业协会、从业单位及从业人员相应的权利、责任和义务，对水路运输市场信用信息归集、公开、应用提出了规范要求，建立了信用信息管理过程中的异议处理和权益保护机制，提出了从业单位和从业人员违法违规失信行为主要内容。将有力提升我国水路运输市场信用管理水平，充分发挥信用管理在事中事后监管和维护市场秩序中的作用，进一步支撑社会信用体系建设。

续表

时间	发布（设立）机关	名　　称	主要内容及意义
2017年12月7日	交通运输部	《水路运输市场信用信息管理办法（试行）》	《办法》明确了水路运输市场从业单位及有关从业人员的信用信息归集、共享、应用等管理活动，有力地推进水路运输市场信用体系建设，并且有助于维护公平竞争的市场秩序。
2017年12月7日	交通运输部	《公路水路行业安全生产信用管理办法（试行）》	《办法》明确了交通运输部负责指导全国公路水路行业安全生产信用管理工作。有助于进一步规范公路水路行业安全生产信用管理工作，促进交通运输生产经营单位及其关键岗位人员诚实守信、安全生产。 生产经营单位安全生产信用管理按业务领域分为道路运输、水路运输、港口营运、交通工程建设、交通设施养护工程和其他六个类型。每个类型可按照业务属性分为若干类别。将生产经营单位和从业人员安全生产信用等级分为AA、A、B、C、D五个级别，AA为最高信用等级，D为最低信用等级，并确立了相应的等级评定标准、信息公布方式。公路水路行业安全生产信用管理工作，促进交通运输生产经营单位及其关键岗位人员诚实守信、安全生产。
2018年3月28日	国家发展改革委、人民银行、交通运输部、中央宣传部、中央文明办、中央网信办、工业和信息化部、财政部等联合签署	《关于对交通运输工程建设领域守信典型企业实施联合激励的合作备忘录》	确立了联合激励对象、激励措施，为守信典型企业给予重点支持和优惠政策，符合"褒扬诚信、惩戒失信"的总体要求，建立健全守信联合激励机制，有利于加快推进交通运输信用体系建设。

续表

时间	发布（设立）机关	名　称	主要内容及意义
2018年5月24日	交通运输部	《出租汽车服务质量信誉考核办法》	《办法》将出租汽车企业服务质量信誉考核等级分为AAAAA级、AAAA级、AAA级、AA级、A级和B级。规定了巡游出租汽车企业和网络预约出租车服务质量信誉考核指标和奖惩措施，对出租汽车企业和驾驶员考核分值的分布设定进行了调整，加大了对为乘客提供运营服务等事项的考核分值，适度减少对企业管理制度等事项的要求，鼓励企业加强内部管理，落实企业主体责任，引导驾驶员主动提高服务质量。进一步完善了出租汽车信用管理体系，提升了出租汽车服务水平。
2018年7月27日	交通运输部	《公路水运工程试验检测信用评鉴办法》	《办法》有助于加强公路水运工程试验检测管理和信用体系建设，增强试验检测机构和人员诚信意识，促进试验检测市场健康有序发展，营造诚信守法的检测市场环境。
2018年12月27日	交通运输部	《交通运输守信联合激励和失信联合惩戒对象名单管理办法（试行）》	进一步完善交通运输领域守信联合激励和失信联合惩戒工作，健全以信用为核心的交通运输新型监管机制，持续推进"放管服"改革，营造公平竞争的市场环境。
2019年4月1日	交通运输部	《2019年交通运输信用体系建设工作要点》	以"信用交通省"创建为载体，聚焦信用信息归集和应用，加强信用法规制度和标准规范建设，推进信用数据共享公开，推动信用评价、联合奖惩和信用修复，开展诚信教育和诚信文化建设，加快建立以信用为核心的新型监管机制，进一步提升行业治理能力和治理水平，为建设交通强国、建设信用中国提供坚实支撑。

（二）地方省市

表 8–10

地点	发布（设立）机关	时间	名称	主要内容及意义
北京市	北京市交通委	2007 年 12 月至 2008 年 3 月	交通行业质量信誉考核系统和路政行业质量信誉考核系统	分别实现对省际、旅游、货运、修管等有关行业企业质量信誉，以及设计单位、施工单位等履约行为等的年度信用考核及等级评分。
		2015 年 3 月开始建设，2016 年 9 月通过初步验收	统筹推进信用信誉与监管巡查系统	信用信誉与监管巡查系统和“首都运政通”主体功能基本建设完成，同时接入交管局及交通执法总队相关违法违章数据，为各行业管理部门开展年度考核工作提供数据支撑。
上海市	上海市交通委	2013 年 7 月 31 日	《上海市交通运输驾驶员信用评价实施细则》	将交通运输作为信用体系建设的重点领域之一，全面启动新一轮信用体系建设工作，明确将“出租汽车驾驶员、机动车驾驶培训教练员、道路危险货物运输驾驶员、道路旅客运输驾驶员”4 类驾驶员纳入信用评价先行试点范围。
		2016 年 4 月 12 日	《上海市文明交通三年行动计划（2016—2018 年）》	努力探索将交通违规及违法行为、交通事故信息等与企业及个人的信用挂钩，并将造成严重影响的不良交通行为纳入上海市公共信用信息征信平台，进而采取相应的惩戒措施。该行动计划的出台，标志着上海市正式开始了新一轮的交通文明建设工作，并在实施过程中不断展现出良好效果。

续表

地点	发布（设立）机关	时间	名称	主要内容及意义
浙江省	交通运输厅	2007年7月5日	《浙江省道路运输企业信用考核办法》	同年开始建设浙江省交通运输厅建设市场诚信信息系统，经升级改造，目前已通过数据接口和全国水运工程建设市场信用信息管理系统建立了信用信息交换共享机制，同时推进与该省有关部门信用信息的对接共享事宜。2010年开始开发浙江省交通建设市场信用评价管理系统，通过在线填报、动态录入等手段进一步推动信用评价工作，2011年系统正式上线投入使用。此外，浙江省开发了道路运输企业信用管理系统，覆盖所有客运企业、危货企业、驾培企业，部分维修企业、货运企业、客运出租企业、客运站、货运站检测站等，信息来源浙江运政处罚数据、浙江高速交警处罚数据、浙江路政处罚数据、长三角运政处罚数据等。
广东省	深圳市交通委	2013年1月15日	《深圳市交通建设市场信用评价管理办法》	信用评价管理工作实行统一领导、分级管理、分级负责的体制机制，信用评价实行定期评价和动态评价相结合，同时实行信用等级划分及信用综合评分制，评价结果作为市交通建设工程招投标活动、市场监管依据。

续表

地点	发布（设立）机关	时间	名称	主要内容及意义
	广州市交通委	2016年3月30日		加强对出租车司机信用考核、公开和应用，敦促各约租车平台企业加大对非法网络约租车清理力度，试点开展电子执法工作，进一步完善司机信誉档案，加大信誉信息公开力度，完善不良信用记录名单制度，严格把关行业准入，积极推进守信激励和失信惩戒的社会监督机制。
江苏省	交通运输厅	2016年6月12日	《江苏省道路水路运输经营者信用管理办法》 《江苏省道路运输违法行为累积记分管理办法》 《江苏省道路运输从业人员信用管理办法》	通过对相关经营者及从业人员的信用信息公开，将失信信息纳入公共信用信息系统等不同举措，推动行业自身信用管理与社会信用管理的信息共享与共治，加快形成政府、市场、社会协同共治的新格局。江苏省积极推进江苏省交通运输行业信用管理体系建设，并成为交通运输部确定在全国各省（区、市）中第1批第1个试点建设“公路水路建设与运输市场信用信息服务系统”的省份。
山东省	交通运输厅	2010年12月24日	《山东省交通建设市场信用信息管理实施细则（试行）》	这四个文件对全省各级部门管理职责，信息内容、征集、更新、发布、查询，以及信息公开的责任主体、公开主体、公开载体、公开内容和要求等都作了具体明确规定，统一了信用信息管理办法、信用评价规则标准和项目信息公开办法，为信用系统建设的后续工作推进提供了制度保障，提高了交通运输主管部门的公信力。

续表

地点	发布（设立）机关	时间	名称	主要内容及意义
		2010年12月24日	《山东省交通建设市场从业单位和人员信用评价实施细则（试行）》	
		2011年11月12日	《山东省公路水运工程项目信息公开实施暂行办法（试行）》	
		2011年11月12日	《山东省公路水运工程项目信息公开编码规范》	
辽宁省	交通运输厅	2014年10月	辽宁省公路水运建设与运输市场信用信息服务系统	新系统涵盖公路建设市场、水运建设市场、道路运输服务市场、水路运输服务市场、招投标管理及信息发布六大版块，充分整合利用现有业务管理系统的信用信息，将日常管理工作与信用管理工作相结合，构建信用信息管理系统与业务管理系统间的信用信息共享机制，逐步实现信用信息数据的自行报送、自动交换、跨平台抓取数据等功能。

续表

地点	发布（设立）机关	时间	名称	主要内容及意义
贵州省	交通运输厅	2017 年 3 月 27 日	《贵州省水运工程勘察设计、施工及设备安装企业信用评价实施细则（试行）》	结合贵州省实际情况，总结近年水运工程勘察设计、施工及设备安装从业企业信用评价的经验，评价在贵州省行政区域内从事水运工程勘察设计、施工及设备安装企业的信用，规定了主要评价对象和评价主体。
湖南省	交通运输厅	2017 年 3 月 1 日	《湖南省公路水运工程施工企业信用评价实施细则》	确定了公路水路施工单位信用评价的对象、主体和评定标准，进一步规范了湖南省公路水运工程施工单位的信用评价工作，加强廉政建设，遵循公平、公正、公开的原则。
吉林省	交通运输厅	2017 年 6 月 15 日	《公路建设项目设计、施工企业信用评价实施细则》	吉林省交通运输厅依据有关法律法规、标准规范、合同文件等，按照评价标准对具有公路设计、施工资质的企业在吉林省境内公路建设市场从业行为进行评价。信用评价结果将作为设计、施工企业参与我省公路建设项目招投标活动的重要依据，有助于进一步规范吉林省的公路工程设计、施工企业的信用评价工作。
甘肃省	交通运输厅	2018 年 10 月 15 日	《甘肃省公路施工企业信用评价实施细则》	规定了甘肃省交通运输厅负责公路施工企业的信用评价管理工作，对相关企业实行定期评价和动态评价相结合的方式，确定了评价依据和内容，有助于规范公路施工企业信用评价工作，统一了方法和标准。

续表

地点	发布（设立）机关	时间	名称	主要内容及意义
		2019 年 1 月 18 日	《甘肃省公路建设市场信用信息管理办法》	加强了甘肃省公路建设市场的信用信息管理，规范了建设从业单位和从业人员的市场行为，有助于营造诚实守信的市场环境，可以充分保障公路工程的质量和安全。

二、交通领域信用建设的实证分析——基于公路建设市场的违法失信行为分析

表 8-11

<table>
<tr><th>序号</th><th>单位名称</th><th>项目名称</th><th>认定的不良行为</th><th>处罚开始时间</th><th>处罚结束时间</th></tr>
<tr><td rowspan="3">1</td><td rowspan="3">四川达攀建设工程有限公司</td><td>四川平昌至涵水公路改扩建工程第一批</td><td>省级及以上交通运输主管部门要求企业填报向社会公布的信息，存在虚假。</td><td>2018 年 11 月 8 日</td><td>2019 年 11 月 8 日</td></tr>
<tr><td>G318（雅安—康定）段改线新建工程</td><td rowspan="2">省级及以上交通运输主管部门要求企业填报向社会公布的信息，存在虚假。</td><td>2018 年 11 月 8 日</td><td>2019 年 11 月 8 日</td></tr>
<tr><td>四川省雅安至康定高速公路项目绿化工程施工 LH6 标段</td><td>2018 年 11 月 9 日</td><td>2019 年 11 月 9 日</td></tr>
</table>

续表

序号	单位名称	项目名称	认定的不良行为	处罚开始时间	处罚结束时间
2	陕西福林源路桥建设有限公司	海北州门源至切纳龙洼一级公路新建工程	省级及以上交通运输主管部门要求企业填报向社会公布的信息，存在虚假。	2018年10月18日	2019年10月18日
		省道214楚元公路能禹至环洲段建设工程		2018年10月18日	2019年10月18日
3	四川云冠建筑工程有限公司	巴达高速公路绿化工程	省级及以上交通运输主管部门要求企业填报向社会公布的信息，存在虚假。	2018年10月17日	2019年10月17日
4	四川省向禄建设工程有限公司	巴广渝高速公路仪陇段绿化工程施工	省级及以上交通运输主管部门要求企业填报向社会公布的信息，存在虚假。	2018年10月7日	2019年10月7日
5	醴陵市远泰建设工程有限公司	理县至小金公路（S450线）安全保障防护工程	省级及以上交通运输主管部门要求企业填报向社会公布的信息，存在虚假。	2018年10月7日	2019年10月7日
6	四川熙韵建筑工程有限公司	S202石桥至管村段公路改建工程	省级及以上交通运输主管部门要求企业填报向社会公布的信息，存在虚假。	2018年9月21日	2019年9月21日
7	中核西北建设集团有限公司	折达二级公路考勒隧道	违法转包。	2018年9月13日	2019年9月13日
8	江西建工建筑安装有限责任公司	国省干线公路巴仁口服务区建设项目施工招标	串通投标。	2018年9月13日	2019年9月13日

续表

序号	单位名称	项目名称	认定的不良行为	处罚开始时间	处罚结束时间
9	太原市华宝通工程监理有限公司	折达二级公路考勒隧道	转让监理业务。	2018 年 9 月 13 日	2019 年 9 月 13 日
10	四川省向禄建设工程有限公司	石棉县湾河至新棉公路交通安全设施工程	省级及以上交通运输主管部门要求企业填报向社会公布的信息，存在虚假。	2018 年 8 月 27 日	2019 年 8 月 27 日
11	四川盛锋建筑工程有限公司	国道 108 线干线公路示范改造工程石棉境内段工程	省级及以上交通运输主管部门要求企业填报向社会公布的信息，存在虚假。	2018 年 8 月 27 日	2018 年 8 月 27 日

资料来源：信用交通官网

从表 8-11 我们可以看出，2018 年公路建设市场的违法失信行为主要包括四种：向社会公开虚假信息、违法转包、串通投标和转让监理业务。

这四种违法失信行为一般会受到相应的失信惩戒：

第一，省级及以上交通运输主管部门要求企业填报向社会公布的信息，存在虚假。根据《公路施工企业信用评价规则》（交公路发〔2009〕733 号）失信行为“省级及以上交通运输主管部门要求企业填报向社会公布的信息，存在虚假的扣 3 分 / 次（在企业总分中扣除）”（行为代码 GLSG3-2），由涉事企业注册地省级交通运输主管部门在开展 2018 年度信用评价时对企业进行信用扣分。当企业在注册地省份投标或履约时无失信行为扣分的，则由存在失信行为所在地的省级交通运输主管部门对企业进行信用扣分处理，如存在多个省份的，则指定一个省份对企业进行信用扣分。若企业对处罚措施有异议，可向部公路局提出申诉。

第二，违法转包。部分地方依据《中华人民共和国招标投标法》、交通运输部《公路建设市场信用信息管理办法（试行）》（交公路发〔2009〕731号）和《公路施工企业信用评价规则（试行）》（交公路发〔2009〕733号）等相关规定，对于违法转包的不良行为，将在公路建设市场信用信息管理系统中予以公布，公路建设市场信用评价结果直接定为D级。

第三，串通投标。根据相关地方的实践，对于此类违法行为，其公路建设市场信用评价结果直接定为D级，在一定期限内禁止在公路建设市场参与投标。

第四，转让监理业务。对于此类严重不良行为，部分地方的实践是在省级公路建设市场信用信息管理系统中予以公布并同步推送至全国公路建设市场信用信息管理系统，公布期限2年，将公路建设市场信用评价结果直接定为D级。

三、交通领域信用信息服务平台

目前，我国正处于深化经济体制改革和完善社会主义市场经济体制的攻坚期，建立健全社会信用体系是完善社会主义市场经济体制、构建社会主义和谐社会的迫切要求。同时，交通运输是社会信用体系商务诚信建设的重要领域，为贯彻落实社会信用体系建设规划纲要，切实加强交通运输行业信用体系建设，推动交通运输科学发展，交通运输部于2015年5月印发了《关于加强交通运输行业信用体系建设的若干意见》（交政研发〔2015〕75号），为行业信用体系建设提出了顶层设计。交通运输信用信息服务平台作为行业信用信息发布、服务与宣传窗口，是行业信用体系建设的重要内容，是交通运输信用信息归集、共享、公开和应用的重要载体，是褒扬诚信、惩戒失信的主阵地，对于加强交通运输行业诚信建设、提升行业诚信意识和信用水平具有积极作用。

（一）交通领域信用信息服务平台的结构

交通运输行业信用信息服务平台通过部省联动采集全国的信用信息，并且负责该平台的管理与服务。该平台由部、省两级平台组成，部级平台的主要功能是提供 PC 端、手机端和微信端的服务（详见表 8–12），该服务所提供的行业信用信息主要是通过内容管理系统、数据采集软件、信息发布系统等支撑软件来汇聚的。部级信用信息服务平台对省级信用信息服务平台发布的政策法规、标准规范、工作动态、诚信失信公示等信息会定期进行采集，实现部省信息联动。省级信用信息服务平台基于省级信用信息的整合，提供信用信息发布、信用信息查询等服务。

表 8–12

服务形式	功　　能
PC 端服务	1. 信用信息发布：及时发布交通运输行业信用相关政策法规、标准规范、信用体系建设工作动态、信用知识等信息，提供站内检索服务。 2. 信用信息查询主要提供交通运输政府部门行政许可和行政处罚双公示信息，从业企业基本信息、良好信息、不良信息、信用评价信息，以及联合惩戒黑名单、联合激励红名单信息查询服务。 3. 征信服务：主要提供信用报告、信用评价等服务。 4. 信用反馈：为从业者和社会公众提供咨询、建议、投诉举报等窗口。
手机 APP	基于对内容管理系统信息的同步，及时发布 PC 端发布的信用信息，提供信用信息综合查询服务。
微信订阅号	依托微信公众平台建立微信订阅号，及时发布行业信用政策法规、标准规范和工作动态，接入信用信息综合查询系统，实现微信端双公示、企业信用和红黑名单信息的查询。

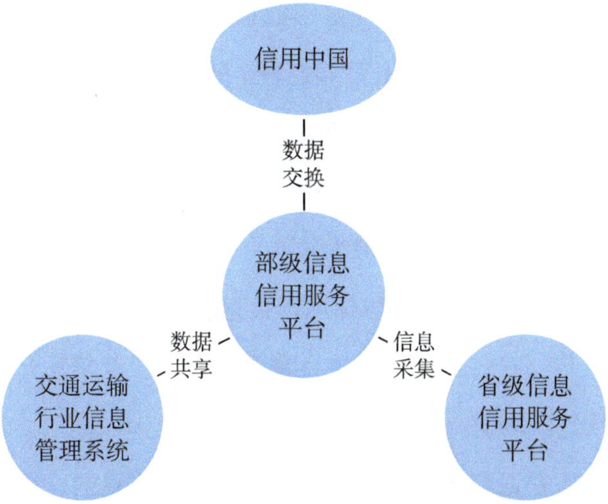

图 8-5　交通领域信用信息服务平台结构

交通运输行业信用信息管理系统将公路建设市场、水运工程建设市场、公路水运工程试验检测、道路运输市场、水路运输市场和海事等领域信用信息管理系统有机整合起来，归集全国交通运输信用信息和交通运输行业信用信息服务平台实现了数据共享。此外，部级信用信息服务平台和“信用中国”进行了数据互换，将交通运输行业信用数据提供给“信用中国”，二者共同分享来自法院、市场监管、公安等部门的信用信息。

（二）“信用交通”的结构和功能

平台建设的主要推动力是各地政府，交通运输部负责组织建设交通运输行业信用信息服务平台，该平台在 2016 年 9 月建成并开通对外载体，即“信用交通”网站群。“信用交通”网站群分为两部分：“信用交通”总网站和“信用交通”地方网站，对交通运输行业信用信息进行整合，为社会和行业主要提供以下四种信用信息服务：第一，信用工作信息公开，发布交通运输行业信用工作政策法规、标准规范、动态等信息；第二，信用公示，公示联合惩戒备忘录和失信黑名单、联合激励备忘录和诚信红名单，以及行政许可、行政处罚等信息，并提供查询服务；第三，法人和自然人信用信息查询，提供法人和自然人基本信息、资质资格、良好记录、不良记录和信用评价等信用档案查询服务，以及信用报告服务；第四，信用宣传，宣传行业信用体系建设成果，普及信用知识，开展多种形式的信用宣传活动。

基于“信用交通”网站群的建设，目前信用信息的应用主要体现在行业监管、公共服务和市场服务三个方面。

首先，支持政府部门联合行政执法，实现行业监管的目的。“信用交通”网站群把企业信用档案以及联合惩戒黑名单、联合激励红名单等信息进行整合，政府部门在依法行政和执法检查的过程中可以参考这些信息，重点监督检查信用较差的企业，并且给予信用良好的企业相对优惠的政策和经济发展支持。

其次，有助于保障政府部门有序、公平地分配公共资源。在进行基本建设或者服务项目采购招标过程中，政府部门和企事业单位可以通过信用信息查询投标单位的信用档案，查看其信用报告，将投标单位的信用情况及时全面地掌握在自己手中，从而可以挑选信誉比较好的企业，把项目实施的风险降到最低。除此之外，法人或自然人若想申请政府各种福利政策、优惠政策，首先必须具有良好的信用。

最后，为市场提供服务，可以为特定的机构提供信用评价和风险评估业务。这种业务主要是通过“信用交通”网站群整合的信用信息，实现和第三方征信机构合作，然后实施信用评价和风险评估。比如，与行业协会合作，当协会需要对企业进行信用评价、开展诚信企业建设时，为其提供“信用交通”网站群整合的信用信息或者数据。

四、交通领域信用信息服务管理平台的特点

交通领域信用信息服务平台在政府行政执法、分配公共资源的过程中起到了很大的支持作用，也促进了行业和协会等的发展，因而分析该平台的特点也是一个十分重要的问题。

（一）交通领域信用信息服务平台的性质

现在，“信用交通”网站群是作为交通运输部政府网站子站运行的。“信用交通”网站群主要是一个提供公共信用信息的平台，本质上是行业运行的公共基础设施，负责把政府机关、事业单位、企业等法人和自然人在社会经济活动中形成的信息整合起来，形成包含其身份、经济状况、履约能力和商业信誉等信用能力的信用档案。它的建设一般是由政府部门或其下属的企事业单位来负责的，主要服务功能是提供面向行业和社会公众的公益性、基础性信用信息。信用信息服务平台所提供的行业信用政策法规、标准规范、工作动态和信用公示等信息是典型的政府信息公开服务，但是其所提供的法人和自然人信用档案并不是政府信息，法人和自然人信用查询、信用报告等服务是基础公共服务。

（二）交通领域信用信息服务平台纵向整合国家、地方公共信用服务平台提供的信息

近年来，我国大力推进社会信用体系建设，政府部门也普遍建立起

了公共信用信息服务平台。2015年6月，由国家发展改革委、人民银行指导，国家信息中心主办的“信用中国”网站开通。目前，公共信用信息服务平台在全国绝大部分地区已经被不同程度地建立起来。在我国现行的条块管理体制下，交通运输行业信用信息服务平台对交通运输主管部门产生的信用信息主要进行纵向上的有机整合，一方面把交通领域信用信息提供给“信用中国”，另一方面“信用中国”与该平台进行其他行业的数据共享。除此之外，在服务方面，交通运输行业信用信息服务平台在对交通运输行业从业单位和人员信用信息进行整合的基础上，提供有关行业监管和行业经济活动的服务，同时为社会化、市场化服务提供支持。该平台与国家、地方公共信用服务平台在整合的信用信息上有重复或交叉，但在服务上更加聚焦、更有针对性。

（三）交通领域信用信息服务平台的运营模式具有基础性、公益性和经济性

该平台作为行业公共基础设施，为社会提供的服务具有公益性质，目前由政府部门主导建设和运维，提供公益性、基础性信用信息服务。但信用信息服务平台的经济性，主要体现在它可以在市场服务中发挥更大的价值。因此，在信用信息大量归集并形成一定规模和体系的基础上，可以允许平台进行市场化服务的探索，以充分发挥信用信息的价值，推动行业信用体系建设。同时政府部门应该加强监管的力度，促使行业信用信息服务平台按照相关法律法规和政策规定，更好地为第三方征信机构、行业协会等提供服务，从而更好地服务于行业的发展。

五、加强交通领域信用建设

（一）加强信息标准体系建设

交通运输行业信用体系建设的环节涉及交通运输各业务领域、各类信用主体以及信用工作。它的领域主要可以分为公路水路工程建设、客货运服务、安全生产和科研活动。交通运输信用管理工作内容主要是信用信息采集、信息共享、信用评价考核、信用激励与约束、信用修复与异议处理以及信用文化建设。

信息标准一方面为交通运输的高质量发展提供了坚实的技术支撑，另一方面也为交通运输行业治理体系和治理能力现代化打下了重要的制度性基础。加强信用体系建设需要充分发挥标准的基础性支撑作用，因此急需制定有关标准来协调、统一、精简和优化信用信息采集、信用评价、信用结果应用等信用管理的各环节工作。

加强交通领域信用建设必须以《交通运输部关于加强交通运输行业信用体系建设的若干意见》（以下简称《意见》）为依据，符合《意见》明确的交通运输行业信用体系建设要求和目标，从提高交通建设和运输服务质量出发，科学地规划未来的行业发展。除此之外，还要把工程建设、运输服务、安全生产等行业发展重点领域急需的信用标准作为重中之重，为交通运输行业信用体系建设提供有力支撑。在设计交通运输信用标准体系框架时要紧紧围绕信用信息采集、信用评价、信用信息应用和信用管理等信用活动的各个环节，这种体系框架可以很大地方便信用主管部门的使用，也可以加强交通运输行业信用标准化工作的统筹规划，明确行业信用标准化工作重点，进一步推进行业信用标准规范的制定。

（二）完善信息服务平台

根据交通运输部相关文献明确的原则和交通运输行业特点，交通行业信用信息化建设应牢牢坚持“政府推动，社会共建；加强衔接，协作共享；强化应用，重点突破；统筹规划，分步实施”的原则，把行业信用规章制度和标准体系的完善作为出发点，以建立健全信用监管和奖惩制度为支撑，重点要放在行业信用信息公开、共享、应用的推动上，逐渐推进交通行业信用信息平台的建设，实现行业诚信意识和信用管理水平的全面提升，打造全行业诚实守信的良好环境，充分保障交通行业持续健康发展。

第一，贯彻落实相关政策和规定，建立完善并且符合行业自身发展特点的信用管理体制机制，行政信用奖惩措施可以从完善的法律法规制度、健全的交通行业信用奖惩联动机制以及严格的信用监管机制中获得有力的支持和保障，从而充分有效地发挥“诚信奖励，失信惩戒”的约束机制和信用效果。

第二，研究制定和出台信用信息共享的政策法规及交通行业信用信息化相关标准规范，在宏观和微观层面促进行业间及行业内的信用信息共享，使现有业务系统及各级信用信息化平台可在统一标准下实现信用信息的数据交换与共享。

第三，规范不同地区、不同部门对不良行为等标准的制定，以交通行业统一的信用评价方法、指标体系及评价标准进行信用等级划分，使信用信息化基础建设得以规范，避免和减少信用评定上各成体系、无法有效互认的壁垒现象。

第四，在国家和交通运输部的统一组织领导下，大力推进交通行业信用信息资源的整合，同时充分发挥云计算、大数据等现代科技优势，从技术层面实现信用信息资源的共享及现有信用信息资源的有效利用。

第五，提高社会和企业的信用意识，增强信用信息安全保障措施，有效处理好信用信息共享与个人隐私及企业机密的关系问题，有效地突破企业、政府及社会之间阻碍真正实现信用信息共享的壁垒。

六、结语

当前，我国社会信用体系建设还有很长的路要走，需要继续完善评价方法及评价流程，需要进一步加强信息采集管理制度、信用评价制度、信用信息公开制度和信用信息安全管理制度等建设。这也是交通行业信用建设应该继续完善的内容，建立并完善交通行业信用体系是交通行业的良性发展乃至整个社会经济发展的重要抓手。

第九部分　上市公司信用建设

资本市场是典型的信息市场、信用市场，信用体系建设是维护资本市场发展的基石。近年来，中国证监会深入领会习近平总书记关于加强社会诚信建设的系列重要指示精神，扎实贯彻落实国务院关于转变政府职能、深化简政放权、创新监管方式、完善社会主义市场经济体制的决策部署，积极顺应政务信息化及全国信用信息共享平台加速建设的有利形势，基本建成以社会信用体系建设为重要依托，以失信联合惩戒与守信联合激励为核心内容，以重点领域精准奖惩为重要手段的资本市场诚信监管协同机制，在提升资本市场监管有效性和市场诚信水平方面取得了良好效果。

一、证监会推动资本市场信用建设的基本进程

资本市场在金融运行中具有牵一发而动全身的作用。2018 年以来，证监会统筹推进发行、上市、信息披露、交易、退市、投资者适当性管理等基础制度改革，深化市场化并购重组改革，优化再融资制度，提高上市公司质量，致力于打造一个“规范、透明、开放、有活力、有韧性”的资本市场，为推动资本市场信用建设做出了很大努力。主要体现在以

下四个方面：

（一）构建立体式的资本市场诚信监管制度

一是修订并施行《证券期货市场诚信监督管理办法》。修订后的《办法》共六章五十条，包括总则，诚信信息的采集和管理，诚信信息的公开与查询，诚信约束、激励与引导，监督与管理，附则等内容，于2018年7月1日起施行。本次修订重点主要体现在以下七个方面：

第一，扩充诚信信息覆盖的主体范围和信息内容范围，实现资本市场诚信监管“全覆盖”。将证券期货市场投资者、新三板挂牌公司、区域性股权市场运营机构及相关企业、证券期货传播媒介机构等重要市场主体纳入诚信档案主体范围；将融资融券、证券质押、回购等信用交易活动中的违约失信信息，债券发行人、担保人的违约失信信息，拒不执行生效行政处罚、监管措施，拒不配合监管检查或者调查，以不正当手段干扰监管执法，拒不履行已达成的证券期货纠纷调解协议等市场主体严重失信信息纳入诚信监管范围。

第二，建立重大违法失信信息公示的“黑名单”制度。向社会公开行政处罚、市场禁入、证券期货犯罪、拒不配合监督检查或者调查、拒不执行生效处罚决定及严重侵害投资者合法权益、市场反应强烈的其他违法失信信息。

第三，建立市场准入环节的诚信承诺制度。行政许可事项申请涉及的相关当事人应当提交书面承诺，承诺申请材料真实、准确、完整，并将诚实合法地参与证券期货市场活动。

第四，建立主要市场主体诚信积分管理制度，对主要市场主体实施诚信分类监管。

第五，建立行政许可“绿色通道”制度，激励守信，对诚信状况良好的行政许可事项申请人实行优先审查制度。

第六，建立健全市场主体之间的诚信状况查询制度。要求在办理账户开立业务、开展信用类业务环节、主要市场机构聘任高管人员及从业人员、证券公司、证券服务机构受托从事证券服务等市场活动中，必须查询相关主体的诚信档案，将有严重违法失信行为的“害群之马”挡在资本市场门外，净化市场诚信环境。

第七，强化事后监管的诚信约束。实现在监管的各流程、各环节都要查询诚信档案，作为采取监管执法措施的重要考量因素。[①]

二是构建“一处失信、处处受限”信用惩戒格局。2018 年，证监会积极探索失信联合惩戒新型机制与渠道，针对社会反响强烈的逾期不履行公开承诺、逾期不履行证券期货行政罚没款行为，会同铁路总公司和民航局，对相关当事人、责任人采取为期一年的“限乘限飞”措施，有效促进了监管公信力、执法威慑力与市场诚信度的提升。自 2018 年 6 月起，根据相关规定，证监会向铁路总公司、民航局报送证券期货市场特定严重失信人 95 人，分 7 批在“信用中国”网站进行公示。

三是构建跨部门、跨领域、跨地区的诚信约束与协同监管体系。证监会自 2015 年以来，已向全国信用信息共享平台推送违法失信信息共计 10530 条，包含行政处罚信息 4091 条、市场禁入信息 469 条、纪律处分

① 《证监会发布修订后的〈证券期货市场诚信监督管理办法〉》，中国证监会网站，http://www.csrc.gov.cn/pub/newsite/zjhxwfb/xwdd/201803/t20180330_335997.html，访问日期：2018 年 3 月 30 日。

信息5970条[①]，供发展改革委、人民银行、财政部、海关总署和市场监管总局等近20个部门，在行政许可、日常监管等工作中参考使用。2018年，证监会新参与签署了针对政府采购、科研、公共资源交易、出入境检验检疫、知识产权、社会保险、文化、医疗和旅游等21个领域失信行为的部际联合惩戒备忘录及针对交通运输工程建设领域守信行为的联合激励备忘录，并与市场监管总局、民航局分别签署专项合作协议，对严重违法失信企业专门加强信息交流和联合惩戒。

（二）完善资本市场的制度规则，夯实资本市场制度基础

资本市场是法制保障、规则导向的市场。2018年以来，证监会紧紧围绕服务实体经济、防控金融风险和深化金融改革三项任务，根据相关法律、行政法规的规定要求，紧密结合实际，大力加强资本市场基础制度建设，极大地促进了资本市场信用制度建设。

一是健全多层次资本市场制度体系。制定《区域性股权市场信息报送指引（试行）》，对报送内容、方式、要求和监督管理进行了明确规定；实施《证券期货业场外市场交易系统接口》等金融行业系列标准，有利于扩展及完善场外交易系统和柜台交易系统的功能，提升证券公司柜台市场互联互通的对接效率；出台《上市公司创业投资基金股东减持股份的特别规定》，加快了投资期限较长的创业投资基金股东减持股份节奏。

二是完善上市公司治理准则和退市制度。修订《上市公司治理准则》，强化董事会审计委员会的作用，确立了环境、社会责任和公司治理（ESG）

① 《资本市场诚信监管协同机制进一步强化》，中国证监会网站，http://www.csrc.gov.cn/pub/jilin/jljcxjs/201906/t20190628_358376.htm，访问日期：2019年1月25日。

信息披露的基本框架，对独立董事强化职权并规范要求，增强上市公司透明度。制定《关于完善上市公司股票停复牌制度的指导意见》，确立上市公司股票停复牌的基本原则，压缩股票停牌期限，强化股票停复牌信息披露要求。发布《关于修改〈关于改革完善并严格实施上市公司退市制度的若干意见〉的决定》，明确上市公司因重大违法暂停上市、终止上市的标准、程序等事项。同时，进一步加大对财务状况严重不良、长期亏损、“僵尸企业”等符合退市财务指标企业的退市执行力度。

三是进一步完善信息披露制度。修订《公开发行证券的公司信息披露编报规则第 19 号——财务信息的更正及相关披露》《公开发行证券的公司信息披露编报规则第 14 号——非标准审计意见及其涉及事项的处理》，进一步规范公开发行证券的公司财务信息披露行为。出台《公开募集证券投资基金信息披露管理办法》，优化信息披露方式，明确重大关联交易等重要信息的披露，提高信息披露违规成本。发布《公开发行证券的公司信息披露内容与格式准则第 26 号——上市公司重大资产重组（2018 年修订）》，聚焦核心要素的披露，减少、简化上市公司并购重组预案披露要求。

四是进一步扩大证券业对外开放。研究制定《外商投资证券公司管理办法》《外商投资期货公司管理办法》《关于开展创新企业境内发行股票或存托凭证试点的若干意见》《证券公司和证券投资基金管理公司境外设立、收购、参股经营机构管理办法》《存托凭证发行与交易管理办法（试行）》《首次公开发行股票并上市管理办法》《首次公开发行股票并在创业板上市管理办法》等规章，制定试点红筹企业发行上市、持续监管、保荐机构尽职调查、会计处理、存托协议指引以及证券基金经营机构使用香港机构证券投资咨询服务暂行规定等规范性文件。

五是进一步提升证券期货行业机构监管效能。研究起草《证券公司股权管理规定》《证券公司投资银行类业务内部控制指引》《证券期货经营机构及其工作人员廉洁从业规定》《关于加强证券公司在投资银行类业务中聘请第三方等廉洁从业风险防控的意见》《关于进一步规范货币市场基金互联网销售、赎回相关服务的指导意见》《发行监管问答——关于引导规范上市公司融资行为的监管要求》等，夯实新阶段证券期货行业规范发展的基础。实施《上市公司国有股权监督管理办法》，完善上市企业国有资产交易监管制度体系。修改完善《行政许可实施程序规定》，明确规定了不予受理或中止审核等相关内容。

（三）持续保持稽查执法高压态势

按照依法全面从严监管总体要求，证监会坚持“精准立案、精准查处、精准打击”原则，严厉查处侵蚀市场运行基础、积聚市场重大风险、群众反映强烈的各类市场乱象，坚决维护市场秩序，切实保护投资者合法权益。

一是重点查办了以下四类严重违法违规案件。第一，严重损害上市公司利益、损害中小股东合法权益的案件。包括虚假披露信息，通过虚构交易粉饰业绩，或实施“忽悠式”重组非法牟利的案件；大股东、实际控制人及上市公司董监高等人员通过违规担保、资金占用、关联交易等方式，恶意掏空上市公司的案件；严重违背现金分红制度规则，长期具备分红条件而不分红且涉嫌违法违规的“铁公鸡”案件。第二，严重积聚市场风险，危害市场平稳运行的违法违规案件。包括通过违规聚集市场资金，滥用杠杆交易，放大市场风险的案件；借助新型金融工具，滥用金融科技之名，或者跨市场实施违法交易的案件。第三，严重破坏公平交易原则，影响市场功能发挥的案件。包括利用重组题材进行炒作，利用内幕信息抢先买入或提前避损的案件；多账户多点布局、内外勾结、虚实结合，趁机借势操纵股票价格的案件。第四，严重扰乱信息传播秩序，恶意制造市场恐慌情绪的案件。包括通过互联网、自媒体肆意发表针对个股、板块、市场走势和监管政策的不实不当言论的行为；充当股市“黑嘴”，引诱不明真相的投资者参与交易，从中牟利的案件。①

二是更加注重科技化监管执法。证监会正式印发了《稽查执法科技化建设工作规划》，坚持以办案为核心、以数据为基础、以共享为原则、以管理为主线、以质量为保障、以技术为支撑，全面建设覆盖证券期货稽查执法各个环节的“六大工程”。第一，数据集中工程。整合系统内外部、执法上下游、链条前后端执法数据资源，容纳包括稽查案件数据、日常监管数据、交易业务数据、部委共享数据和市场社会数据等数据内容，建设兼容性强的执法大数据平台。第二，数据建模工程。运用机器算法提供线索发现、类案调查模型和疑难案件突破等案件调查智能解决方案。第三，取证软件工程。开发统一兼容的，针对主体、资金、交易关联等取证需要的电子取证工具集，提高调查取证的科技化水平。第四，质量控制工程。构建证据审查、行为认定、处罚裁量的智能控制体系，促进执法工作标准规范。第五，案件管理工程。对稽查处罚全链条进行信息、程序和流程的自动管控，实现案件线索、调查、审理、处罚、复议和诉讼的全覆盖。第六，调查辅助工程。建设类案比对、法条推送、语音笔录、文书生成和电子送达等执法辅助工具集，为案件查办提供技

① 《证监会通报2018年稽查执法重点领域和工作部署》，中国证监会网站，http://www.csrc.gov.cn/pub/newsite/jcj/gzdt/201803/t20180327_335802.html，访问日期：2019年6月1日。

术支持和保障。[①]

三是细化和明确量罚标准，强化打击力度。依据最高人民法院、最高人民检察院出台的《关于办理操纵证券、期货市场刑事案件适用法律若干问题的解释》《关于办理利用未公开信息交易刑事案件适用法律若干问题的解释》，针对操纵市场和“老鼠仓”犯罪出现的新变化、新特点，对入罪和加重处罚的情节标准进行了调整，强化了对两类证券期货违法犯罪行为的打击力度。

（四）加强跨地区、跨境监管合作

一是加入国际证监会组织的多边监管合作备忘录。2018年，与伊朗、开曼群岛、柬埔寨和德国签署或更新了《证券期货监管合作谅解备忘录》。截至目前，中国证监会已与64个国家和地区的证券期货监管机构建立了跨境监管与执法合作机制，有利于加强预判重大国际经济金融风险，及时了解境外机构相关情况，有效防范和处置跨境金融风险。

二是实施沪股通、深股通看穿监管机制。通过为北向投资者配发识别码，实现看穿式监管与间接持有体系的对接。内地与香港还签署了《跨境衍生品监管备忘录》《关于跨境受监管机构监管合作及交换信息谅解备忘录》，建立了半年一次的双边高层会晤机制，就加强线索发现、信息通报、执法协同和培训交流等工作进行研究，对H股监管、沪深港通业务、上市公司会计审计监管、期货衍生品监管以及打击市场操纵等达成了广泛的合作共识。

---

① 《证监会印发实施〈稽查执法科技化建设工作规划〉》，中国证监会网站，http://www.csrc.gov.cn/pub/newsite/jczd/tzgg/201806/t20180608_339535.html，访问日期：2019年6月1日。

三是正式启动沪伦通，签署《上海与伦敦市场互联互通机制监管合作谅解备忘录》。根据相关规定，证监会起草了《上海证券交易所与伦敦证券交易所市场互联互通存托凭证业务监管规定（试行）》，进一步规范沪伦通存托凭证业务涉及的发行上市、交易、信息披露、跨境转换等行为，对参与沪伦通的相关市场主体和行为提出了具体规范性要求。

二、中国证券期货市场诚信情况和行政处罚情况

（一）中国证券期货市场诚信情况

2018 年度，证监会资本市场诚信数据库累计收录市场主体信息 99.6 万余条，收录诚信信息 42.9 万余条，收录外部委交换信息 1285 万余条。具体情况如下：

从违法失信主体情况看，一是存在违法失信记录的机构共 1251 家，相比 2017 年增加 179 家。其中，上市公司相关责任主体 416 家、非上市公众公司相关责任主体 85 家、公司债券发行人 30 家、证券公司（含分公司和营业部）69 家、基金管理公司（含从事特定客户资产管理业务的子公司）37 家、期货公司（含营业部）66 家、证券投资咨询机构 56 家、基金销售机构 36 家、资信评级机构 6 家，会计师事务所 36 家、资产评估机构 17 家、律师事务所 7 家、私募基金管理人 259 家、机构投资者 104 家、其他违法失信机构 27 家。其中，以上市公司相关主体、私募基金管理人相关主体和非上市公众公司相关主体为主，约占全部机构违法违规主体的 60.8%。二是存在违法失信记录的个人共 2333 人，相比 2017 年增加 617 人。其中，上市公司相关人员 1306 人、非上市公众公司相关

人员 112 人、公司债券发行人相关人员 51 人，证券公司从业人员 107 人、基金管理公司从业人员 63 人、期货公司从业人员 70 人、证券投资咨询机构从业人员 3 人、会计师事务所从业人员 156 人、资产评估机构从业人员 32 人、律师事务所从业人员 5 人、私募基金管理人从业人员 78 人、个人投资者 338 人、其他人员 12 人。其中，以上市公司相关人员（包括上市公司董监高，上市公司控股股东、实际控制人，上市公司持股 5%以上个人投资者，上市公司并购重组交易对方董监高，拟上市公司董监高）为主，占比 56%。

从违法失信行为情况看，上市公司责任主体的违法失信行为主要是信息披露违法，占比 50.1%，仍然高居首位；内控管理违法失信行为占比 18.4%；业务经营违法失信行为占比 16.4%；市场交易违法失信行为占比 13.8%；其他违法失信行为占比 1.3%。

此外，令人欣慰的是，2018 年度市场主体对资本市场诚信状况的关注度、重视程度大幅提升。各类市场主体向证监会各派出机构申请实地查询诚信报告 2687 次，社会公众通过证监会官网“市场诚信信息查询平台”栏目公开查询 435.7 万次，较上年分别增长了 23.7% 和 43.3%。①

（二）证监会行政处罚情况

证监会始终坚持依法全面从严监管理念，不断强化监管执法工作，统一执法理念，凝聚监管合力，提升处罚效能，严厉打击资本市场各类违法违规行为。2018 年度，共作出行政处罚决定 310 件，同比增长

① 《证监会通报 2018 年证券期货市场诚信情况》，中国证监会网站，http://www.csrc.gov.cn/shanxi/xxfw/tzzsyd/jczs/201905/t20190516_355817.htm，访问日期：2019 年 6 月 10 日。

38.39%，罚没款金额106.41亿元，同比增长42.28%，市场禁入50人，同比增长13.64%，有力维护了资本市场运行秩序，监管执法工作取得了良好效果。

一是处罚信息披露违法类案件56起。对通过虚构客户、伪造合同、虚假交易等方式虚增利润，隐瞒重大环境污染被处罚或刑事立案，报送具有虚假财务数据的申请文件骗取债券发行核准，未按规定披露年报审计机构变更事项和年度报告，未按规定披露相关关联交易、股份质押和对外担保等情形依法进行了行政处罚。

二是处罚操纵市场类案件38起。对通过控制配资账户在内的多个证券账户操纵多只股票、通过信托计划等方式放大资金杠杆实施操纵行为、通过签订理财协议等控制使用多个机构账户和自然人账户集中资金优势拉抬股价、通过控制使用多个信托产品账户和收益互换产品账户实施操纵行为，ETF、新三板股票、国债价格等新类型、新领域操纵市场案件以及“抢帽子”“信息型”典型操纵市场案件等依法进行了行政处罚。

三是处罚内幕交易类案件87起。其中，57起案件内幕信息涉及资产并购重组事项。并购重组事项筹划周期长、牵涉面广，且对市场具有重大影响，易成为不法行为人用以谋取不正当利益的工具。

四是处罚中介机构违法类案件13起。对国信证券、中原证券、东方花旗等证券公司作为资产并购重组项目财务顾问，相关《财务顾问报告》存在虚假记载或重大遗漏；大华所、立信所和中天运所等会计师事务所作为上市公司相关业务审计机构，相关审计报告存在虚假记载；万隆评估、中企华评估、中和评估和银信评估作为相关业务评估机构，出具的《评估报告》存在虚假记载或误导性陈述等情形依法进行了行政处罚。

五是处罚私募基金领域违法案件10起。对通过利用所知悉的基金账户实施“老鼠仓”交易、控制利用其发行的私募基金账户及其他账户操纵股价、在其发行私募基金持有上市公司股份比例达到5%时未依法进行披露和报告、提供虚假信息和材料进行备案等情形依法进行了查处。

六是处罚短线交易案件13起。对部分上市公司董事、监事、高级管理人员及大股东合规意识缺失，为谋求不正当利益，违反禁令交易自家股票等情形依法进行了查处。

七是处罚从业人员违法违规案件24起。其中，对证券从业人员通过利用他人证券账户违规买卖股票、私下接受客户委托进行证券交易等情形依法进行了严惩。

除上述案件外，证监会还对编造传播虚假信息、超比例持股未披露、法人非法利用他人账户以及期货市场违法等50余起其他类型案件依法作出了行政处罚。①

三、资本市场违法失信典型案件分析

鉴于之前的《中国企业信用建设报告（2016）》和《中国企业信用建设报告（2017—2018）》对信息披露违法、欺诈发行、操纵市场、内幕交易、“老鼠仓”、中介机构违法等上市公司常见的违法违规行为进行了分析，此处就不再赘述。经过梳理证监会2018年度开展的专项执法行动和专项现场检查所暴露出来的违法失信行为和问题，对以下重点领域和典型案件中的主要违法失信行为进行分析：

① 《2018年证监会行政处罚情况综述》，中国证监会网站，http://www.csrc.gov.cn/pub/newsite/zjhxwfb/xwdd/201901/t20190104_349383.html，访问日期：2019年6月10日。

（一）编造传播证券期货虚假信息违法行为分析

资本市场是基于信息定价的市场，信息传播的真实、准确、完整是市场健康、稳定、有效运行的重要基础，信息传播秩序也是市场秩序的重要内容。近两年来，市场主体多元化特征与信息传播网络化趋势相互叠加，编造传播虚假信息、扰乱证券期货市场秩序的情况时有发生，社会影响十分恶劣。

2016年以来，证监会立案稽查相关案件7起，行政处罚11起，作出行政处罚事先告知2起，移送公安机关采取治安管理处罚措施2起。

当前，编造传播虚假信息案件主要呈现出以下特点：一是从虚假信息的类型看，恶意编造监管动向甚至监管政策的明显增多，相关案件比重达到75%，甚至出现为牟取私利编造监管机构将调查“做空势力”的谎言；二是从涉及的市场领域看，虚假信息的编造传播已经不限于证券市场，开始向期货市场蔓延；三是从违法主体上看，个别媒体、自媒体工作人员为吸引眼球屡次作案，最近2年此类人员涉案数量占到此类案件总量的71%；四是从虚假信息传播路径看，由之前的“广场式”公开散布为主，转变为由“茶坊式”社交网络集聚、传播后转公开为主。①

（二）股市“黑嘴”扰乱市场信息传播秩序违法行为分析

在当前的资本市场中，有一批股市“黑嘴”违法从事投资咨询业务，误导投资者参与交易，甚至编造、传播虚假信息，伺机实施操纵市场等

① 《证监会通报查处编造传播证券期货虚假信息案件情况》，中国证监会网站，http://www.csrc.gov.cn/pub/newsite/jcj/gzdt/201801/t20180122_333013.html，访问日期：2019年6月10日。

不公平交易行为，从中谋取非法利益，诱发市场风险。主要特点是：

一是从行为涉及的主体看，有持牌咨询机构和分析师，网络工作室、大V和博主等并未取得业务许可的机构和人员，以及从事客户招揽、非法营销和信息散布的辅助人员。二是从信息传播的形式看，互联网、自媒体是虚假信息散布传播的主要载体，通过微博、股吧、博客、视频直播等公开平台进行的“一对多”客户招揽以及通过微信、QQ私聊、建群等推送信息“点对点”诱导投资者。三是从涉嫌违法行为的类型看，有的涉嫌编造、传播证券期货虚假信息，有的涉嫌蛊惑交易，有的涉嫌“抢帽子”交易，有的通过组织团队诱骗投资者入群入会涉嫌非法经营咨询业务。①

这类案件涉及的违法行为集中表现为：一是部分期货市场交易者以恶意举报、散布谣言等方式误导投资者，严重扰乱期货市场信息传播秩序。二是涉案主体控制大量账户提前买入股票后，利用财经网站、自媒体等传播平台散布传播虚假信息，诱使投资者高位接盘，其反向交易获利。三是不具有投资咨询业务资格的人员以“专家”“老师”等名义进行网络直播指导投资，通过会员缴费、收益分成等方式赚取不法利益。四是不法机构挂靠证券投资咨询公司非法销售荐股软件或进行“一对一”微信荐股，收取盈利分成。五是有的证券投资咨询机构从业人员涉嫌为操纵市场提供“推票”服务，鼓吹个股上涨，诱使散户高位接盘，并按

① 《证监会召开打击市场“黑嘴”专项执法行动案件调度推进会》，中国证监会网站，http://www.csrc.gov.cn/pub/newsite/zjhxwfb/xwdd/201806/t20180615_339933.html，访问日期：2019年6月10日。

交易量收取服务费。①

（三）资本市场屡查屡犯违法主体违法行为分析

证券市场公开、公平、公正的市场秩序要求参与市场活动的主体尊崇法律规范、恪守法律底线。目前资本市场相关主体一而再、再而三地实施操纵市场、内幕交易、“老鼠仓”交易等违法违规行为，严重侵蚀资本市场运行基础。

这类案件违法主体的行为表现主要为：一是利用他人账户，通过“马甲”掩护，隐蔽变换违法身份；二是通过虚构业务环节、拉长操作链条、销毁藏匿交易痕迹等多种方式，升级违法手段，掩饰相关违法活动；三是涉案金额巨大，行为手法凶悍，有的操纵市场案件甚至累计交易金额超过100亿元，获利达7000万元，严重影响市场稳定。②

主要特点有：一是从案件类型上看，屡查屡犯主体的违法行为呈现多项违法复合杂糅的特点。有的曾因内幕交易、超比例持股等违法行为被证监会行政处罚，又因涉嫌操纵市场和信息披露违法被证监会调查。二是从组织模式看，涉案主体集团化、职业化趋势明显，在资金、操作、决策端设置专人专岗，组织严密、分工明确。三是从行为特征上看，屡查屡犯主体规避调查手段更加隐蔽，有的涉案主体内部口头传授规避调

① 《证监会通报2018年专项执法行动第一批案件查办进展》，中国证监会网站，http://www.csrc.gov.cn/pub/newsite/zjhxwfb/xwdd/201809/t20180928_344726.html，访问日期：2019年6月10日。

② 《证监会部署2018年第二批专项执法行动　严厉打击资本市场屡查屡犯违法主体》，中国证监会网站，http://www.csrc.gov.cn/pub/newsite/zjhxwfb/xwdd/201806/t20180629_340516.html，访问日期：2019年6月10日。

查“行为规范”，刻意掩饰违法活动，调查取证面临更大挑战。①

（四）审计机构基础审计程序（函证）违法行为分析

函证作为一项基础审计程序，可以为会计师事务所直接从第三方获取外部证据，为多个账户及交易的多项认定提供审计证据，是影响审计执业质量的重要环节。2018 年，证监会统一组织各证监局对证券资格会计师事务所开展专项检查，共抽取 38 家会计师事务所执业的 365 个审计项目，发现函证程序执行中普遍存在不规范问题。具体表现为：

一是部分执业项目的银行和往来款函证过程未保持必要控制，如未留存必要的询证函收发记录、未充分核对收发函地址等，个别询证函甚至由被审计单位代为寄出与收回。二是一些执业项目的审计人员未勤勉尽责，函证程序遗漏个别银行账户和重要往来款账户，且未记录不予函证的理由、缺乏替代审计程序，包括零余额账户、第三方支付（支付宝、微信）账户、金额重大的往来款项及应收账款抵押、保理情况。三是一些执业项目由于审计人员未保持谨慎性原则和必要的职业怀疑，在未收到回函、回函信息不相符或回函存在异常情形时，未采取措施获取进一步审计证据，或执行的审计程序不恰当、不充分，如回函缺少签章或签章不符、回函账户余额及其权属状况存在差异、替代程序未涵盖全部发函金额等，甚至一些询证函回函日期在审计报告出具日之后，但会计师事务所也未考虑其对审计意见的影响。四是一些执业项目由于会计师事务所质量控制工作流于形式，还存在其他若干函证程序执行不到位问题，

---

① 《证监会通报 2018 年专项执法行动第二批案件查办进展》，中国证监会网站，http://www.csrc.gov.cn/pub/newsite/zjhxwfb/xwdd/201810/t20181019_345485.html，访问日期：2019 年 6 月 10 日。

如函证内容填写有误或关键信息缺失、未明确函证抽样标准或未按照标准严格执行、相关审计工作底稿不完善等。①

（五）审计与评估机构违法违规案件分析

会计信息是资本市场最基础、最重要的信息之一，审计与评估机构是高质量会计信息的重要保障者和资本市场的主要参与者。2018 年，证监会组织对 4 家审计机构、3 家评估机构实施全面检查，合计抽查 49 个审计项目、32 个评估项目；对 5 家审计机构、3 家评估机构的 9 个执业项目实施专项检查②。在检查过程中发现存在以下主要问题：

一是在机构管理方面，部分审计与评估机构的内部管理不到位，总部和分支机构在人事、财务、业务、技术标准和信息管理等方面仍未完全统一；部分机构质量控制制度不健全，业务承接与保持、项目质量控制复核、监控等程序执行不到位；独立性管理有待加强，特别是执业人员违法买卖股票的问题仍有发生，个别审计机构非鉴证服务影响审计独立性的情况依然存在。

二是在审计执业项目方面，部分项目函证、监盘、分析程序、审计抽样、截止性测试等基础程序执行不到位；部分项目对收入确认条件、时点的判断不够谨慎，未能获取充分适当的审计证据；在重大股权或资产转让，固定资产、商誉等长期资产减值测试，关联方交易，利用专家

---

① 《证监会通报 2018 年度审计机构基础审计程序（函证）专项检查情况》，中国证监会网站，http://www.csrc.gov.cn/pub/newsite/zjhxwfb/xwdd/201810/t20181012_345209.html，访问日期：2019 年 6 月 13 日。

② 《证监会通报 2018 年度审计与评估机构检查处理情况》，中国证监会网站，http://www.csrc.gov.cn/pub/newsite/zjhxwfb/xwdd/201903/t20190329_353511.html，访问日期：2019 年 6 月 13 日。

工作等领域，存在关键审计程序执行不到位、职业判断依据不充分的情况；对传媒、影视、游戏等非传统行业仅执行了常规审计程序，未能结合业务特点实施更有针对性的风险应对措施。

三是在评估执业项目方面，部分评估机构现场调查不到位、资料收集不充分、核查验证不完善，未能保持足够的职业谨慎；在评定估算环节，未对评估资料进行有效的分析、归纳和整理，收益法中对营业收入及其增长率、毛利率、相关成本费用、收益期限、折现率等关键参数的选取缺乏合理依据，对相关可比公司选取不恰当，个别项目还存在明显计算错误；在信息披露环节，一些评估报告未充分披露与评估结论相关的重要信息，甚至存在披露内容与实际情况不符的问题。①

四、IPO 企业首发上市诚信情况分析

（一）2018 年度 IPO 企业首发上会情况统计分析

经统计，2014 年共 125 家企业上会，109 家过会，过会率为 87.2%；2015 年共 282 家企业上会，251 家企业过会，过会率为 89.01%；2016 年共 275 家企业上会，247 家企业过会，过会率为 89.82%；2017 年共 479 家企业上会，380 家企业过会，过会率为 79.33%；2018 年共 172 家企业上会（不含取消审核 IPO 企业，二次上会以最终结果计算），111 家企业过会，被否 59 家，暂缓表决 2 家，过会率为 64.5%。2018 年过会率创五

① 《证监会通报 2018 年度审计与评估机构检查处理情况》，中国证监会网站，http://www.csrc.gov.cn/pub/newsite/zjhxwfb/xwdd/201903/t20190329_353511.html，访问日期：2019 年 6 月 14 日。

年新低，过会企业数量不到 2017 年的 30%（见图 9–1）。

在 IPO 过会率创下历史新低的同时，2018 年登陆沪深两市的企业数量也只有 103 家，除去 IPO 停摆的 2013 年外，这一数据同样为近十年来最低。

而在地域层面，苏粤浙依然是国内 IPO 企业最多的三个省份，与此同时，有 12 个省份上市企业数量为零。2018 年，我国各省市 IPO 通过数前几名分别是：江苏省 22 家，浙江省 20 家，广东省 17 家，上海市 9 家，北京市 7 家。①

尽管 2018 年 A 股 IPO 市场通过率低，上市企业数量偏少，但单个企业融资规模却较往年增加，这一方面意味着在从严审核的趋势下，IPO 堰塞湖问题初步得到解决；另一方面也反映了资本市场支援实体经济，助力宏观经济转型的效应正在凸显，这一系列新的特征，也有望在 2019 年的 A 股市场得到延续。

图 9–1　2014—2018 年 IPO 通过数量与通过率变动趋势图

① 《再见，IPO2018！刚刚最后一单顺利过会！》，搜狐网，http://www.sohu.com/a/284441473_533363，访问日期：2019 年 6 月 15 日。

若以月份作为对比指标，2018 年 A 股 IPO 过会率变化呈现出先低后高的波动态势。其中，1 月共有 50 家企业首发上会，最终 18 家成功过会，过会率仅有 36%。此后 2 月至 7 月，虽然上市企业数量呈现波动，但过会率始终稳定在 60% 左右，直到 8 月才又重新低于 55%，不过至 11 月后，过会率再度呈现小幅攀升，该月 12 家企业上会，有 9 家成功过会（见图 9–2）。

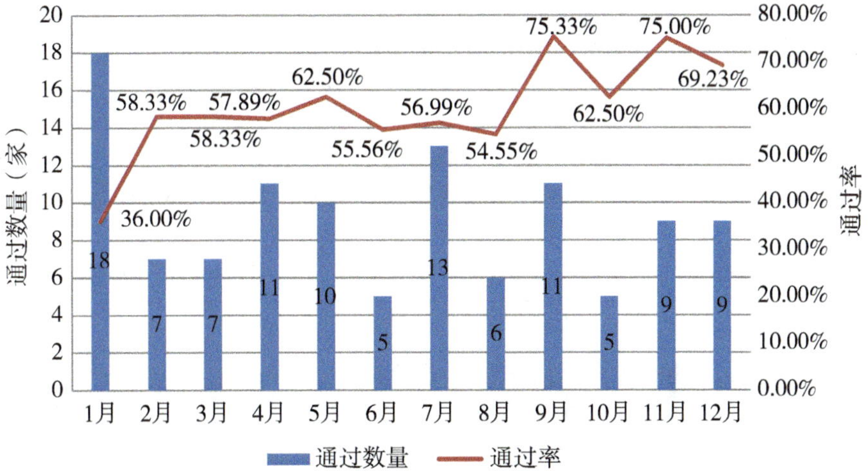

图 9–2　2018 年各月 IPO 通过数量和通过率变动趋势图

2018 年共 172 家企业上会（不含取消审核 IPO 企业，二次上会以最终结果计算），111 家企业过会，被否 59 家，暂缓表决 2 家，过会率为 64.5%。经过对 59 家被否企业的问题进行分析，发现发审委的审核重点集中在：财务问题、关联交易、持续盈利能力、毛利率问题、独立性问题、客户依赖、供应商和客户集中度等核心问题。以上都是企业在《首次公开发行股票招股说明书》进行信息披露过程中，发审委发现企业失信情况最多的问题，即虚假信息披露的具体表现（见表 9–1、表 9–2、表 9–3）。

表 9–1　上交所主板被否企业（27 家）

序列	企业简称	审委会关注点
1	欣贺股份	持续经营盈利能力、内部控制、关联交易、独立性问题、会计处理、毛利率
2	北京建工修复	会计处理、持续盈利能力、内部控制、毛利率
3	天津立中集团股份	外汇管理合规性、财务制度、关联交易、毛利率
4	安佑生物科技集团	持续经营能力、内部制度、会计处理、关联交易
5	北京挖金客信息科技	客户依赖、岗位业务匹配性、内部控制
6	南通冠东模塑	财务制度、境外资金合法性、相关资质要求
7	申联生物医药	潜在纠纷解决、相关资质要求、内部控制、会计处理
8	温州康宁医院	会计处理、关联交易
9	上海丽人丽妆	同行业可比性、客户依赖、持续经营盈利能力、会计处理
10	蓝电环保	客户依赖、会计处理、毛利率、业务技术及研发
11	华达新型材料	客户依赖、虚假交易、会计处理
12	宁波天益医疗器械	关联交易、会计处理、内部制度
13	南通国盛智能科技集团	毛利率、关联关系
14	常州恐龙园	同业竞争、营业收入和净利润大幅下滑、会计处理
15	中和药业	产品销售模式、毛利率、商业贿赂
16	叁益科技	毛利率下滑幅度较大、技术竞争风险、研发支出下滑、业务合法性、会计处理
17	中视电传	可替代风险、商业贿赂、毛利率变动较大、实际控制人的认定、税款补缴原因
18	万朗磁塑	内部合规管理、关联交易、是否存在利益输送
19	湖南五新隧道智能装备	关联交易、会计处理、内控制度合法性
20	广东波斯科技	毛利率显著高于同行业、与格力的关联关系、客户集中风险

续表

序列	企业简称	审委会关注点
21	杭州申昊科技	客户依赖、商业贿赂、盈利可持续性
22	上海晶丰明源半导体	销售数据真实性、毛利率低于同行业、会计处理、股权代持
23	北京金房暖通节能技术	实际控制人认定、客户依赖、会计处理、股权代持
24	上海秦森园林	会计处理、来自 PPP 项目营业收入及占比过高、关联交易
25	浙江力邦合信智能制动系统	会计处理、客户重大依赖、毛利率、股权代持、关联交易
26	国科恒泰（北京）医疗设计	“两票制”实施的影响、内控制度的完善、持续盈利能力、供应商重大依赖、独立性问题
27	苏州富士莱医药	会计处理、毛利率下降风险、产品结构单一、经销商依赖

表 9–2　深交所中小板被否企业（6 家）

序列	企业简称	审委会关注点
1	广州信联智通	关联交易、持续盈利能力、募投项目合理性、毛利率
2	时代装饰	会计处理、关联关系、是否存在为发行人输送利益
3	赣州腾远钴业新材料	相关资质证照、持续盈利能力、会计处理、内部制度安排、独立性质疑、关联方依赖质疑
4	广东朝阳电子科技	客户重大依赖、毛利率波动较大、会计处理、内部制度合法性
5	北京新时空科技	内部控制、会计处理、商业行为合法性
6	闽华电源	独立性问题、环保相关问题、毛利率、持续盈利能力、会计处理

表 9-3　深交所创业板被否企业（26 家）①

序列	企业简称	审委会关注点
1	上海龙旗科技	持续盈利能力、关联交易、股权转让、会计处理、内部控制
2	龙岩卓越新能源	是否对政府补助及税收优惠存在重大依赖、毛利率、内控制度
3	龙利得	拆入资金用途、会计处理、股权纠纷问题、新建产能是否能有效消化
4	天元实业	毛利率异常、业务可替代性、产能问题
5	广东格林精密部件	境外框架合法性、股份代持、关联交易、商业贿赂、税收问题、募投项目的合理性
6	河南蓝信科技	实际控制人、涉诉案件影响、内部治理、会计处理、股权比例
7	深圳华智融科技	外销数据问题、境外行为合法性、实际控制人、核心技术纠纷
8	浙江春晖智能控制	会计处理、股权转让实质、内部管理不合规
9	深圳市贝斯达医疗	会计处理、技术来源合法性、持续经营能力
10	杭州千岛湖鲟龙科技	境外收入占比过高、出口退税匹配度、会计处理、实际控制人
11	北京朝歌数码科技	核心竞争力、商业模式合理性、持续经营能力、毛利率、供应商依赖、会计处理
12	深圳雷杜生命科学	股权代持、毛利率、关联交易、可持续盈利能力、实际控制人
13	深圳市明微电子	盈利可持续性、行业竞争力、毛利率、供应商依赖
14	方邦电子	毛利率、会计处理、涉诉案件、募投项目合法性、股份支付
15	航天模塑	同业竞争、毛利率、会计处理

① 《1—11 月 57 家 IPO 企业被否原因汇总分析》，载“大象 IPO”（微信公众号），访问日期：2018 年 12 月 3 日。

续表

序列	企业简称	审委会关注点
16	博睿宏远	股份代持、会计处理、客户依赖性、财务制度
17	时代凌宇科技	关联交易、内部控制、是否对政府工程存在较大依赖
18	煜邦电力技术	经营可持续性、会计处理、商业贿赂
19	武汉微创光电	实际控制人、核心竞争力的可持续性、供应商依赖、会计处理、关联关系
20	国安达	产品质量缺陷、供应商、客户重叠、关联交易、毛利率
21	东莞市凯金新能源科技	关联方重大依赖、会计处理、毛利率
22	安徽金春无纺布	股份代持、会计处理、内部控制、主要产品核心竞争力、持续盈利能力
23	深圳市宇驰检测技术	股份代持、会计处理、关联关系、税收优惠政策问题
24	浙江恒强科技	实际控制人与员工存在大额资金往来原因、关联关系、会计处理、专利涉诉问题
25	珠海安联锐视科技	毛利率持续下滑、关联关系、对税收优惠存在重大依赖、各材料配比情况
26	常州银河世纪微电子	财务情况、子公司曾遭行政处罚、资产负债率高于同行业

（二）2018 年度 IPO 企业首发上市诚信情况分析

为严格落实依法全面从严监管理念，从源头上提高上市公司质量，2018 年上半年，证监会在做好日常发行监管工作的同时，分两批对 17 家 IPO 在审企业开展了现场检查。对于检查中发现的问题，证监会根据问题性质和影响程度进行了分类处理：

一是向稽查部门移交一家企业涉嫌违法违规线索，该企业主要涉及：

涉嫌虚增外销收入、出库单与物流单信息不一致、涉嫌提前确认收入、实际控制人涉嫌体外代垫发行人成本费用、成本核算不准确、向实际控制人等关联方违规转移资金且未披露等问题。

二是对 3 家保荐机构采取行政监管措施，主要涉及对发行人存在的个人卡资金去向未进行深入核查，未能发现发行人存在账外账户，存货监盘程序执行不到位，银行借款函证程序存在瑕疵，未充分关注发行人大额资金支付管控不规范等情况，尽职调查工作不够充分，违反《证券发行上市保荐业务管理办法》有关规定。

此外，在现场检查筹备和实施过程中，多家企业申请撤回申报材料。通过梳理撤回原因，发现上述企业不同程度存在法律瑕疵未解决、会计处理不规范、行业前景不明朗、持续盈利能力薄弱等问题，反映部分企业仍存在“带病申报”“抢跑占位”等情形，同时也反映部分中介机构存在调查不充分、核查把关不严格等问题。①

五、加强上市公司信用建设的思考

上市公司信用建设是一项重大的、复杂的、基础的系统性工程，与法律制度、企业发展、社会环境等息息相关，贯穿于证券发行、市场交易、稽查执法、强制退市等各环节。需要立法、行政、司法以及社会各方的共同努力，整体、协同推进上市公司信用建设。

① 《证监会通报 2018 年上半年 IPO 企业现场检查及问题处理情况》，中国证监会网站，http://www.csrc.gov.cn/pub/newsite/zjhxwfb/xwdd/201811/t20181116_346890.html，访问日期：2019 年 6 月 15 日。

（一）源头上把关，完善上市发行制度和程序

要提高上市公司信用建设，必须从源头上提高上市公司质量，切实强化对 IPO 申请企业的监管力度。目前，上海证券交易所正在试行科创板注册制，首批公司已在挂牌上市交易。进一步严格上市发行制度和程序，完善科创板审核注册配套保障制度势在必行。

一是以信息披露为中心，强化信息披露要求，建立具有针对性的信息披露制度，强化行业信息和经营风险信息披露，突出重大性原则并强调风险防控。

二是发行人要严格遵守信息披露规则体系，完善公司信息披露制度，发挥公司各管控节点的审核把关作用，确保信息披露真实、准确、完整、及时、公平，严格落实发行人在信息披露方面的责任。

三是证券公司要更加注重合规风控，严格履行对发行人信息的核查、验证义务，做好对发行人经营情况和风险进行客观中立的实质验证，在承销、保荐、定价发行、跟投等业务环节严格履行职责，做好投资者适当性管理工作。

四是证券中介机构要切实履行会计、法律等专业相关业务事项的特别注意义务，并履行好对其他业务事项的普通注意义务，勤勉尽责、审慎执业，提供高质量的中介专业服务。

五是证监会、上交所在审核注册过程中，依法严格审核把关，发现发行人、上市公司及相关人员在其他领域、其他部门存在违法失信记录的，将其作为履行审核注册职责的重要参考。

（二）全过程监管，提高机构监管科技化、智能化水平

新一轮科技革命和产业变革蓄势待发，以互联网、大数据、人工智能应用为主要特征的金融科技创新正在深刻地影响着资本市场，为资本市场传统运营模式和机制带来挑战的同时，也为上市公司信用建设工作带来新的机遇。

一是强化交易所一线监管，推进“以监管会员为中心”的交易行为监管模式和完善“刨根问底”式实质性信息披露监管模式，实现对证券公司柜台市场业务的统一监管。强化穿透核查，加强外部监管和内部管理、事前把关和事后追责，实现全方位、全过程监管。

二是加大科技监管执法力度。加快全市场监测监控系统建设，运用科技手段助力监管执法，形成实时精准的线索流、办案管理的程序流、调查处罚的标准链，实现线索发现的智能化、执法工作的流程化、执法标准的规范化，做到查询电子化、取证工具化、办公自动化。

（三）结果上严惩，加大打击力度和增加失信成本

一是继续秉持依法全面从严执法原则，进一步加强全系统执法尺度的统一性和协调性，对欺诈发行、虚假陈述、大股东违法减持、内幕交易、操纵市场等违法行为零容忍。

二是形成强制退市常态化机制。对构成欺诈发行、重大信息披露违法或者涉及国家安全、公共安全、生态安全、生产安全和公众健康安全等领域，严重危害市场秩序、严重侵害群众利益、造成重大社会影响的上市公司，要敢于“亮剑”，依法暂停、终止公司股票上市交易，形成优胜劣汰的良好机制。

三是完善失信联合惩戒机制。对发行人、上市公司、中介机构及相关责任人员作出行政处罚、市场禁入、监管措施、纪律处分、刑事移送等决定的，纳入金融信用信息基础数据库，实现信用信息部际共享。并依法依规对骗取发行注册、信息披露违法、违反保荐或证券服务相关规定的相关责任人员，实施多项失信联合惩戒措施，形成“一处失信、处处受限”的信用惩戒和诚信约束大格局。

后记

时光呼啸而过，《中国企业信用建设报告（2018—2019）》正式出版，这是我们与您的又一次如约相见！这是我们与您不变的约定，这是我们与您不变的仪式。生命需要一种仪式感，给约定加上些许情怀与重量。为中国信用建设贡献自己的力量，这就是我们的情怀。

事业的伟大不仅在于目标的壮丽，更在于过程的壮丽；生活的美好不仅在于享有的丰富，更在于经历的丰富。几度风雨几载春秋，转眼间，企业信用建设报告已经出版至第四部，从创办伊始的步履蹒跚，我们走过曲折和艰难，如今以更加成熟的姿态去向大家叙述我国信用建设的瞩目成就，去擘画未来信用发展的宏大愿景。这是过往的总结，更是现实的激励、未来的昭示。

在中国特色社会主义新时代的背景下，推动信用法治建设是未来信用建设的关键，同时也是有关信用建设学术研究的突破口。在法治已经成为社会共识的情况下，必须以法治作为信用建设的底色。信用建设应当是一个以法治为主导的制度建构过程。在涉及信用建设的相关领域必须以良法引领善治。宋代王安石曾语云："立善法于天下，则天下治；立善法于一国，则一国治。"从无法到有法，从有法到良法，从良法到善治，这是信用建设的必经之路。我国的信用建设在不断探索中创造了如今傲人的成绩，也必将继往开来，开创信用体系建设的新篇章，我们将共同见证！

因此，我们以年度报告的形式去总结、去反思我国企业信用制度的建设历程，以客观的分析、冷静的思考凝聚共识、提供启发，共同为我国信用建设建言献策。就企业信用建设而言，本报告仅仅是一个开端，我们期待各界同人能够以本报告为开端，将企业信用建设的学术研究与制度建设引向深入。

本报告基本沿袭了上一年度的逻辑思路，在掌握大量实证材料的基础上，全方位、多角度解读 2018 年至 2019 年我国企业信用建设的整体情况、主要做法和成效。本报告分为总报告、上篇、下篇三部分。总报告对 2018 年至 2019 年我国企业信用建设情况进行了宏观性的考察和分析；上篇以“企业信用制度、监管与共治”为主题，对我国企业信用制度与监管体系建设、企业信用信息平台建设、地方信用建设、行业协会信用建设以及信用中介服务进行了分析；下篇以“企业运行与信用建设”为主题，分别对企业债务履行与信用建设、消费者权益保护与企业信用建设、行业信用建设分析、上市公司信用建设进行了相应总结、提炼与归纳。报告以多元视角分析了 2018 年至 2019 年我国企业信用建设的突出成就与尚存问题，并对我国未来企业信用建设提出了相关建议。

本报告由王伟［中央党校（国家行政学院）政法部民商经济法室主任、教授］担任主编，负责承担总体策划、内容设计、组织撰写、调研安排、统稿及审核、修改定稿等工作。北京市市场监督管理局刘南斗协助承担了部分文稿的修改、审核等工作。本报告的各个章节由来自相关教学科研人员和实务界人士分别进行撰写。部分博士研究生和硕士研究生亦参与了报告的编写工作。

具体分工如下：

序号	主题		主要作者
1	总报告		王伟，中央党校（国家行政学院）政法部教授 任豪，中央党校（国家行政学院）硕士研究生
2	企业信用制度与监管体系建设		王伟，中央党校（国家行政学院）政法部教授 任豪，中央党校（国家行政学院）硕士研究生
3	企业信用信息平台建设		王文婷，中央党校（国家行政学院）政法部讲师 苗丝雨，中央党校（国家行政学院）博士研究生 高红，中央党校（国家行政学院）硕士研究生
4	地方信用建设实践创新		周雨，国家信息中心助理研究员
5	行业协会信用建设实践分析		朱国华，同济大学教授 张佳依，同济大学硕士研究生 李芸舟，同济大学硕士研究生 樊新红，同济大学博士研究生 熊文邦，中央党校（国家行政学院）博士研究生
6	信用中介服务的发展分析		祝丽丽，北京大学中国信用研究中心 吴瀚然，北京大学中国信用研究中心
7	企业债务履行与信用建设		王斐民，北方工业大学文法学院教授 马子玉，北方工业大学硕士研究生 宋书霞，北方工业大学硕士研究生
8	消费者权益保护与企业信用建设		陶嘉欣，中央党校（国家行政学院）硕士研究生
9	行业信用建设分析	电商领域信用建设	朱沙，北京联合大学硕士研究生 唐为强，北京联合大学硕士研究生
		环保领域信用建设	王浩，西南石油大学法学院院长助理 李静，西南石油大学法学院硕士研究生
		能源领域信用建设	陈兴华，北方工业大学副教授
		交通领域信用建设	潘瑞，中央党校（国家行政学院）硕士研究生
10	上市公司信用建设		郭福伟，北京市人民检察院 胡俊，中央党校（国家行政学院）硕士研究生

本报告的编撰，得到了中国行为法学会及本会相关领导、专家的支持和帮助。中国法制出版社连续四年慷慨支持和资助这项公益性研究，为本报告得以延续至今提供了重要支持。报告同时也借鉴了信用建设的最新研究成果。因此，报告是本研究团队以及相关单位和人士共同努力的结果。在此，特向他们表示衷心感谢。

是为记。

中国行为法学会企业治理研究分会

2019 年 9 月 15 日

图书在版编目 (CIP) 数据

中国企业信用建设报告 . 2018—2019 / 中国行为法学会企业治理研究分会编 .—北京：中国法制出版社，2020.1

ISBN 978-7-5216-0811-3

Ⅰ . ①中…　Ⅱ . ①中…　Ⅲ . ①企业信用－研究报告－中国－ 2018-2019　Ⅳ . ① F832.4

中国版本图书馆 CIP 数据核字（2020）第 020193 号

策划编辑：袁笋冰

责任编辑：袁笋冰　李槟红　　封面设计：周黎明

中国企业信用建设报告（2018—2019）

ZHONGGUO QIYE XINYONG JIANSHE BAOGAO（2018—2019）

编者 / 中国行为法学会企业治理研究分会

经销 / 新华书店

印刷 / 北京京华虎彩印刷有限公司

开本 / 710 毫米 ×1000 毫米　16 开　　印张 / 25.5　字数 / 372 千

版次 / 2020 年 4 月第 1 版　　2020 年 4 月第 1 次印刷

中国法制出版社出版

书号 ISBN 978-7-5216-0811-3　　定价：108.00 元

值班电话：010-66026508

北京西单横二条 2 号　邮政编码 100031　　传真：010-66031119

网址：http://www.zgfzs.com　　**编辑部电话：010-66075800**

市场营销部电话：010-66033393　　**邮购部电话：010-66033288**

（如有印装质量问题，请与本社编务印务管理部联系调换。电话：010-66032926）